《明治大学社会科学研究所叢書》

日本産業革命期における
地方の政治と経済

加藤　隆【編】

東京堂出版

まえがき

本書は、明治大学社会科学研究所より「総合研究」としての助成を受け、研究所叢書の一冊として取りまとめたものである。

「総合研究」では、執筆者が所属を超え、専門分野を超えることを条件づけている。それに従って五名が集った。メンバーを紹介すれば（論文掲載順、カッコ内は当時の所属・職格を示す）、渡辺隆喜（文学部教授）、富田信男（政治経済学部教授）、柳澤幸治（市立大月短期大学助教授）、加藤隆（政治経済学部教授）、秋谷紀男（長岡短期大学助教授）である。この五名が研究対象としたのは、明治二十年代から三十年代にかけて、政府の主導により地方制度の整備・立憲国家の成立・産業資本の育成などが、強力に押し進められた時期である。執筆者たちは、この時期における地方の動向に注目し、政治・経済にもたらされた特質を実証的に分析し、六編の研究成果が寄せられた。本書は、それを章建てとして構成したものである。

なお、編集にあたり、執筆者の意を体し、年号・数字など表記の在り方を統一することは避けた。各章の概略を記せば次のとおりである。

第一章、渡辺隆喜「産業革命期の地域政治」は、日本の産業革命期（日清・日露戦間期）における地方政治を、地租および地方財政との関連において特質づけようとするものである。事例としては、東北地方における自由民権運動の中心地である福島県を取り上げながら、明治二十三年十一月に開設の初期議会期以降の、地域動向を究明する。

渡辺によれば、産業革命期の地方政治は、確立する天皇制国家のもとで農村構造の変質にともなう政党運動が、いまだ民党的性格をのこしつつ変化し、新たな矛盾をかかえる時であった、としている。

第二章、富田信男「産業資本確立前夜における衆議院議員の動向」は、初期議会が「地主の議会」であると指摘されている点を検証するところから始める。そのような指摘は、第一回から第六回までの衆議院議員当選者が、過半数に渡って職業を「地主及農業」と記していることに依拠したためであり、必ずしも適切ではないとする。富田は当時の当選者を精査し、職業を「農業」とした者であっても、自から農業に携っている者がそれほど多くはないこと、また地主の勢力下にあり、小作人は選挙権を持っていなかったにも拘らず、かなりの当選者を出している点を明らかにする。つまり、地主であるから当選するというわけではなく、広い意味での地元への貢献度や、全国的知名度が当選に大きく貢献している点を明らかにするとともに、「農業」を職業として届け出た第一回当選者の場合を取り上げ、実業界への進出の実態を個別的に分析する。

第三章、柳澤幸治「産業革命期における山梨県の金融――納税銀行を中心として――」は、これまでの山梨県内の産業史の研究が、主として東山梨・東八代郡などの製糸業に集中しており、製糸金融との関連においてこれら郡部の銀行類似会社の経営分析に偏っているとする。そのため、必ずしも他郡部の金融構造については明らかになっているとはいいえないとして、明治十六年一月、西八代郡市川大門で設立された市川納税銀行の経営分析を試みる。同行の前身は市川納税社――市川納税合資会社である。同行は、市川大門の周辺農家が、農閑稼として手漉き和紙を生産し、その販売を取り扱う地元仲買商たちが設立し、資本主義化の進展にともなって銀行に改組したものである。商号からも明らかなように、経営は一貫して和紙農家の納税立替えを目的としたものであった点を分析している。

第四章、加藤隆「系統農会組織の形成過程にみる地方農会の動向——埼玉県を事例として——」は、明治二十年代における「農政の空白期」といわれている時期の、地方における勧業組織と農会の実態について考察したものである。事例としては埼玉県の場合を取り上げ、当時県内各地で設立をみた民営勧業会の中から、北足立郡滝馬室村出身の県議加藤政之助が強力に設立を推進し、時の農商務大臣井上馨が推奨演説を試みている「私立埼玉勧業会」について、設立事情・活動状況を分析し、系統農会組織の形成にいたる間の役割を考察する。これまで、当時の民営勧業会の性格・機能についての実証分析は少ないようであるので、史料提供の意義はあるであろう。

第五章、秋谷紀男「産業革命期における鉄道貨物輸送の発展と金融機関——飯野喜四郎と東京秋葉銀行を中心に——」は、日本資本主義の確立期である明治三十年代に貨物輸送が活発化してきたが、これにともなって地方の貨物輸送業者がいかなる同業者団体を結成したか。また業者たちは、貨物輸送に必要な資金調達にあたり、金融機関といかなる関連を結んでいったか、を分析する。事例としては、二十年代から地方鉄道貨物輸送団体の中心人物として活躍した埼玉県蓮田町出身の県議飯野喜四郎を取り上げ、彼が結成した鉄道貨物取扱業者団体の動向および、これら業者が多数参画した東京秋葉銀行（資本金一〇万円）の設立経緯・経営状況を詳細に考察している。

第六章、秋谷紀男「明治三十四年恐慌期における地方銀行経営と経営破綻——経営雑誌にみる銀行経営者の資質問題を中心に——」は、まず三十四年恐慌が地方銀行におよぼした影響と破綻の要因を、①低資本金と過剰融資による休業・破綻、②株式投資・商品相場投資の失敗による休業・破綻、③預金者の心理的不安による休業・破綻などに類型化を試みる。次いで当時の『銀行通信録』『東京経済雑誌』が、金融恐慌の原因をいかに報じているか、とくに銀行経営者の資質についていかに報じているか、を考察する。それによって、当時の銀行経営者は、銀行の社会的使命にたいする認識の欠如、つまり経営理念の欠如が、最も厳しく報じられている点を明らかにした。

本書は冒頭で触れたように、明治大学社会科学研究所の助成によるものである。刊行が遅れたにも拘らず、それを寛容された研究所関係各位にたいし、心から御礼を申し上げる次第である。また、出版を引き受けられた東京堂出版および同社編集部の堀川隆氏には、期日の迫った追い込み作業のため、多大の迷惑を掛けた。記して謝意を表したい。

二〇〇六年三月

代表　加藤　隆

目　次

第一章　産業革命期の地域政治

渡辺　隆喜

はじめに

日清・日露戦間期は日本の産業革命期である。近代都市中心の工業社会の成立は、封建社会以来主流であった農村社会にいかに影響を与え、変革を推進したのであろうか。資本主義の成立にともない、国家の地方的基盤として遅れた産業を代表する農村の、政治的財政的性格の特質を検討するのが本稿の課題である。

ところで、当該期の検討にあたって主題とするところは、政党史と地租および地方財政との関連である。研究史上有名なように、それまで地租軽減を主張し民党的性格を代表した自由党が、明治二六年以降、政府に接近し、三一年一二月、第二次山県内閣の第一三議会において地租増徴案に賛成し、積極財政支持の立場を明らかにし、ついに三三年、伊藤博文の組織する立憲政友会に合流する過程は、変節し軍国主義政党の性格を明確にする時期であった。幸徳秋水の「嗚乎自由党死す矣。而して其光栄ある歴史は全く抹殺されぬ」とする自由党を祭る文が公表される背景がそれであった。かっての農村を代表し国税軽減、地方財政緊縮にともなう地方自治確立を要求した自由党の面影はすでにない。積極財政と軍国経済支持への変節が、地域にもたらした影響は何であったかを、福島県を対象に検証する。

その場合、当該期のみならずその前後とのかかわりで、近代地方政党史の財政との関連で特色を明らかにしたいと思う。細井肇がその著『政争と党弊』（大正三年刊）のなかで、明治期の議会制度を回顧して「今や人民自体の政治が最も完全に行なわざる可らざるの時なり。然るに事実は全く之に反し、自治制は危機に瀕し憲政は其実なし」（1頁）とし、それは「今日の政治は国民の実生活と没交渉なる政治也」とする。「我国には政府自身の政争はあり、政党自身の党略はあり、然れども国民全体の政治なき」ゆえであるという。

人民の自由権利を保護し、輿論の代弁者たる代議士がその理念を忘れ、目前の利害にのみ拘泥する姿をなげき、普通選挙制による人民の覚醒を願うのである。茅原華山もこの著の序文で、国民生活を基礎とすべき政党が、「唯地主の代表者たるに留まる」こと、しかもその地主さえ自覚的に代議士を選出しておらず、生活に根ざした政論が形成されないばかりか、利益争奪の道具になっていることを指摘している。これら指摘は普選実施に活路を求めたものであったが、実状は今日でも同様のことが云えるように思われる。

『政争と党弊』により各府県の産業革命期における党争の特徴を明らかにし、あわせて福島県中心に五県の政党勢力伸長史を概観すれば第1表のようになる。五県に共通することは、改進党系勢力のつよかった明治一〇、二〇年代から旧自由党を吸収した立憲政友会系勢力が伸長する四〇年代へと変化する画渡期に、明治三〇年代は位置しているということである。三〇年代は産業革命期であるから、この時期は農村政党たる自由党系勢力が、政府に接近し吏党的性格を強めつつ、改進党系勢力を凌駕するところに特色がある。同著の序文との関連でいえば、政党の地主的性格、朋党主義が進み、国民生活より遊離する時期ということになる。全国的にも同様なことが云えるが、この傾向のなかで福島県がいかに対応したかをまず検証してみたい。

一、福島県政の党派的特色

福島県は東北における自由民権運動の中心地である。民権運動にかかわる研究も数多い。いま民権運動期の政党問題についてはここで触れない。明治二〇年代以降の議会開設期の動向に限定したい。

福島県の党派的傾向の推移を知るために、初期議会以来の衆議院議員の選挙結果を表示すれば第2表のようになる。明治二三年七月に実施された第一回総選挙は、有権者総数一三一三三人、このうち棄権者六四一人、ゆえに投票率は九五%である。当選議員は自由党二人に対し大成会五人で、実に福島事件以来の体制派への回帰の結果を、如実に反

第１表　明治期の各県政況

〈明治10年代〉	〈明治20年代〉	〈明治30年代〉	〈明治40年代〉	〈特色〉
長崎県　同好会・鶴鳴会（九州改進党）	鶴鳴会系多数派 国民協会	政友会（同好会系） 非政友	伯仲	政友派横暴の県政
静岡県　静陵社 岳南自由党 遠陽自由党	改進党伸張期	加藤平四郎知事 自由党育成	李家知事 政友派	党弊，利欲 党略の犠牲県
新潟県　自由党 頚城改進党	前半・自由党全盛後半・改進党伸張（越佐会）	三四倶楽部 （改進・国権分裂）	進歩，政友，非政友伯仲	政友派知事登場
埼玉県　自由，改進党伯仲 （秩父事件）	改進党全盛 明治27自由党伸張	自由・政友全盛	藩閥知事＋政友派	党弊他県より少
福島県　自由党福島支部 （福島・加波山） 福島自由新聞	大成会（吏党）と対立 岩磐大同倶楽部（自由党）伸張	自由党→政友会 東北同盟会， 進歩党	政友会全盛へ	鉄道，発電所問題 同志派７分， 政友派３分

（注）「政綱政策は主体なり．政権は後副条件なり（中略）．彼等党人の徒は此賭易き道理を逆転して，政権を第一義とし政綱政策の如きは捨てて顧みず」
「我国には政府自身の政争はあり．政党自身の党略はあり．然れども国民自体の政治なき」「国民の政治的に無自覚なる事其罪は大半に居る」（細井肇『戦争と党弊』大正３刊）

映する結果になった。総数七人のうち五人の吏党系議員は、民権運動の激しさの反動ともいえるものであった。それゆえ第二回総選挙では一挙に逆転し、定員七人のうち自由党四人、改進党一人となり、大成会系は二人に減少する。明治二七年三月の第三回総選挙では自由党五人と革新系二人となり、ついに吏党系は一人もいなくなる。

ところが、福島県が地県と異なるのはこれ以後の動きである。明治二七年九月の第四回総選挙では、自由党系四人―第二区平島松尾、第三区河野広中、吉田正雄、第五区愛沢寧堅―のほか革新系二人―第四区佐治幸平、柴四郎と大平倶楽部一人―第一区佐藤忠望の七人となる。これが第五回総選挙（明治三一年三月）では自由党系が零となる。かって自由党であった第三区当選者の河野広中、白石義朗は同盟倶楽部に移り、改進党系の進歩党が芳賀宇之吉（第一区）、佐治幸平、柴四郎（第四区）、門馬尚経（第五

第２表　福島県衆議院議員選挙結果表

	有権者	棄権･無効	棄権率	政派別議員数	総数
第１回(明 23.7)	13,133 人	641 人	5 %	自由 2 , 大成会 5	(7)
第２回(明 25.2)	11,885	758	6	自由 4 , 改進 1 , 大成会 2	(7)
第３回(明 27.3)	12,271	920	7	自由 5 , 革新 2	
第４回(明 27.9)	13,269	1,355	10	自由 4 , 革新 2 , 大平倶楽部 1	(7)
第５回(明 31.3)	13,171	1,293	10	改進 4 , 無所属 1 , 他 2	(7)
第６回(明 31.8)	14,548	2,973	20	憲本 7	(7)
第７回(明 35.8)	36,026	4,802	13	政友会 3 , 憲本 6	(9)
第８回(明 36.3)	34,958	6,062	17	政友会 2 , 憲本 6 , 中立 1	(9)
第９回(明 37.3)	26,093	3,638	14	政友会 2 , 憲本 6 , 無所属 1	(9)
第 10 回(明 41.5)	50,234	11,086	22	政友会 3 , 憲本 2 , 猶興会 2 , 大同 1 , 無 1	(9)
第 11 回(明 45.5)	46,161	3,794	8	政友会 5 , 国民党 4	(9)
第 12 回(大 4.3)	47,283	4,507	10	政友会 3 , 同志会 6	(9)

「大日本政戦記録史」（福島県）

区）の四人に増す。第二区の当選者安部井磐根は所属政党を明らかにしていないが、第一回総選挙以来大成会系の吏党であった。

明治三一年八月の第六回総選挙は、第五回総選挙結果を一層明確に示すことになった。改進党系の憲政本党が七人を独占するからである。当選者の菅野善右衛門（第一区）、安部井磐根（第二区）、河野広中、鈴木万治郎（第三区）、柴四郎、佐治幸平（第四区）、門馬尚経（第五区）がいずれも憲政本党を名乗り、また次点者の対抗馬も憲政本党系という、本党間の総選挙戦であった。かっての自由党、大成会系も憲政本党に合流しているのである。

全国的にも稀なこのような福島県の動向も、明治三五年八月の第七回総選挙以降は、全国的動向に準ずる動きとなる。大選区制となり若松市と郡部の二選挙区となった福島県は、有権者は三六〇二六人に増し、議員定員も九名となる。立憲政友会の結成がこの間に行なわれたのにともない、自由党系の政友会からの当選者は三人―渡辺鼎（市部）、日下義雄、室原重福（郡部）となり、憲政本党の六人に対抗する。この傾向は明治期をつうじ変わっていない。ただ明治四〇年代になり四一年五月の第一〇回総選挙で、多数派の憲政本党に内訌が起り、その影響から四五年五月総選挙（第一一回）では政友会系議員が五人に増加し、改進党系の国民党四人を上回ること

第3表　第2区（安達・安積郡）選挙結果

	有権者	棄権	無効	当選者	次　点
第1回	2,049人	81人	4人	安倍井磐根　771票	平島松尾　762票
第2回	1,813	93	3	安倍井磐根　1,004	平島松尾　707
第3回	1,866	137	3	平島松尾　875	安倍井磐根　846
第4回	2,044	140	2	平島松尾　963	安倍井磐根　937
第5回	2,092	164	2	安倍井磐根　983	平島松尾　938
第6回	2,308	711	3	安倍井磐根　1,515	平島松尾　74
郡部					
第7回	35,658	4,497	270	平島松尾　2,094	安倍井磐根　1,107 若松市1，郡部8
第8回	34,612	5,820	224	平島松尾　3,481	
第9回	25,784	3,484	134	平島松尾　1,824	安倍井磐根　1,153
第10回	49,588	10,630	356	平島松尾　3,122	
第11回	45,440	3,382	365	平島松尾　3,238	

「大日本政戦記録史」（福島県）

になる。

　この間、第一〇回総選挙より有権者総数は五〇二三四人に増し、直接国税による有権者資格も下降し、増加した新有権者を政友会系勢力が獲得するかたちで当選者が決定したことになる。明治四五年五月の政友会系議員の得票は二三四二九票で全体の五三％を占め、国民党は一八八八〇票で四三％である。得票率のわりには当選者が政友会系に多いのは、選挙戦の上手さによるものと思われる。第九回総選挙から一一回総選挙にかけての新有権者の増加分は、政友会系が七四％、国民党系が二六％獲得したことになり、政友会と新有権者の相関が問われねばならない。

　以上の経過を、具体的地域に即して検討するため、安達郡を対象として分析してみよう。安達郡は福島県の中通り地方中央部に位置し、信達郡に地続きの県内きっての経済発展地である。初期議会以来、大成会系の安部井磐根と自由党（→憲政本党）系の平島松尾の対立する第二区に安積郡（中心は郡山）とともに属す。分析するためには、平島松尾著『安達憲政史』（図書刊行会）があるので便利である。安達郡における衆議院議員の選挙結果は第3表のようになる。

表によると第一、二回は大成会系の安部井磐根、第三、四回が

第4表　第5回衆院総選挙各町村別得票（明31.3）

町村名	有権者	平島得票	安倍井得票	合計	棄権無効
本宮町	55	17	20	37	18
荒・青・仁村	86	64	22	86	0
岩根・高川村	37	23	14	37	0
和木沢村	121	28	93	121	0
白岩村	135	101	34	135	0
安達郡合計	1,480	696	632	1,328	152
安積郡	666	242	351	593	73
総計	2,146	938	983	1,921	225

平島松尾『安達憲政史』178ページ。

第5表　福島県会議員の党派別推移表

	選挙年月日	自　由	改進	その他	合計	安達郡選出
第8回	明治25.5	40人	10人	18人	68人	田倉岱州，平島松尾，安斉新八（以上自由） 本間忠蔵，安倍匡（以上吏党）
第9回	明治27.3				68	平島，田倉，安斉（非改選），伊藤弥，橋本隆之介（自）
第10回	29.3				68	伊藤，田倉，橋本（自由），大内政吉，安倍匡（進歩）
第11回	31.2	東北同盟19	進歩14	3	36	田倉岱州，伊藤弥，伊東一
第12回	31.3	東北同盟19	16	1	36	田倉(東北),伊藤八郎(進歩),佐々木道綱（中立）
第13回	32.3	20	8	1	36	伊藤（憲政），菅原（憲本），佐々木（中立）
第14回	32.9	29	6	2	37	伊藤（憲政），安倍匡，佐藤奨（憲本）
第15回	36.9	29	5	3	37	安斉新八（憲本），後藤良介（政），伊藤武寿（中立）
第16回	40.9	24	14	2	40	古田部健太郎（憲本），伊藤武寿，玉窓平治郎（政）
第17回	44.9	26	12	1	39	田倉孝雄(国民),小松四郎(国民)，伊藤武寿（政）
第18回	大正4.9	23	16	1	40	安斉新八（同志），伊藤武寿，谷良治（政）

平島松尾『安達憲政史』

自由党の平島松尾が当選する。第五、六回は安部井で、第七回以降一一回までは平島が選出されている。つまり安達郡は当初、吏党の地盤であり、間もなく自由党が逆転しながらその選出議員が東北同盟会を経て憲政本党に合同するため改進党系の地盤に変容する地域である。福島県の一般的傾向を典型的に代弁する土地柄であった。

第4表は明治三一年三月、第五回総選挙時の安達郡内における町村別得票表である。安部井当選時の結果を示すが、本宮地域を中心にみれば本宮町、和木沢村が安部井の支持基盤であり、他は平島支持村であったことがわかる。このような結果を、福島県会の党派別議員の推移と関連させてみれば、第5表のようになる。

福島県会における議員党派の消長は、明治一四年二月当時は自由党系二五名に対し、改進党系一三名、吏党系二七名、中立二六名と吏党、中立系が多く、必ずしも自由党の天下とはいい難い状況にあった。一六年二月選挙で自由二七名、改進一八名となり、民権政党系が伸長し、吏党系二四、中立系二四名と併立する。それでも圧倒的とは云い難い。この状況は明治二四年頃まで続く。

明治二五年三月現在、県史によれば自由三九名、改進一名に対し吏党一九、中立一四名となり、ようやく民権系四〇対吏党中立系三三となり、勢力差が明確になる。『安達憲政史』によれば、「委員総数六八名中、自由党所属の議員は四〇余名」（四三四ページ）とあり、残り二六名が改進党系ないし吏党・中立系であったことになる。自由党の「絶対過半数」がこのとき初めて確立する。この傾向は二九年まで続く。これを安達郡でみれば、二〇年代前半は自由党と吏党との対立、二七年三月改選で全議席五名が自由党となり、二九年には自由三に対し二名の進歩派議員が誕生する。この傾向は三〇年二月をもって大きく様変わりする。

同月一五日、中央において自由、改進（進歩）両党を合し、国民的大政党を樹立し、強力な政党改革を行い、藩閥勢力に対抗することを意図した河野広中らが、自由党を脱退する退党趣意書を発表するからである。福島県下の多くの政友はこれに同調したが、相馬、石城郡有志がこれに反対し、自由党に残ったため、脱党者は東北同盟会を組織し、自由党が分裂するに至った。この東北同盟会は改進党系の進歩党を合併し憲政本党となり、福島県政の中核を担うことになるが、安達郡ではこの動きに同調した平島松尾衆議院議員に対し、県会議員有志は河野、平島の「専断同志を売るものと称して、自由党存続の議を定」めたという。[1] そのため福島県選出代議士および県会議員の主導勢力たる憲政本党に対し、安達郡の動向はむしろ反対的である。明治三一年三月の府県制施行による第一回選挙以来、安部井磐根系の中立議員と、自由系、改進（進歩）系の各一名が、政友会二対憲政本党一の割合になる。つまり安達郡は福島県会と異なり政友会主導の郡ということになる。

このことは当時開設された郡会において顕著である。安達郡会選挙は明治三〇年一一月の第一回選挙で、自由一三名、進歩一三名であったものが、明治三三年一〇月の第二回選挙では自由系憲政会一三名に対し、憲政本党一七名となり、これが三六年一〇月の第三回選挙では政友会一一名、憲政本党一一名、中立八名となる。明治四〇年一〇月の第四回選挙で勢力比は逆転し、政友一五名に対し改進系の同志会八名、中立七名となる。このとき逆転した政友派は四四年に再逆転されるものの、大正期をつうじ大勢派になるのである。

問題は以上のような勢力消長史が何を物語るかである。福島県は国会および県会で明治三〇年代以降大正中期まで、改進党系の進歩党—憲政本党—国民党—同志会系勢力が主導するが、安達郡ではこの体制をつき崩す、旧自由党系の憲政会—立憲政友会系勢力が台頭、郡会より県会に波及し大正中期以降の政友会主導体制を準備する、先兵の役割を果すのである。産業革命期の日清・日露戦間期は、まさにこのような動向が出そろった時期であった。

注

（1）　平島松尾『安達憲政史』一八七ページ。

二、大同団結運動と福島県

産業革命期の福島県が、それまでの民党の中心、自由党の全盛期から、やはり民党の一翼を担っていた改進党系勢力への交代期であると同時に、吏党化する自由党残留勢力が政友会に結集し、郡会、町村会を基盤に、やがて県会↓国会へ勢力を拡張する画期であった。このような勢力交代の意味が問題になる。ここではこのような動きを招来した県内の地域政社の動向を、その掲げる政論との関係で検討しておこう。

明治二〇年代の福島県において、県会および国会議員選挙をつうじ自由党の躍進を支えたのは、当然のこととして地域政社であった。三大事件建白運動にはじまる大同団結運動は、福島県においても活発であった。明治二〇年末の府県別三大事件建白数をみれば、福島県は七件で信夫郡より二件、田村郡一件、石川郡二件、その他二件となっており、(1)建白運動に対する熱度は一〇点と、最高点数がつけられていた。最高の一〇点がついた府県は、福島県のほか宮城県（一一件）、高知県（三三件）のみで、これについで新潟県（四件）、長野県（三件）の五点、栃木県（六件）の四点となっている。この運動のため上京した人々は福島県の場合四四人、建白惣代は八人にのぼり、そのうち六人が保安条例により皇居外三里の地に退去させられている。(2)これは高知県上京人三六七人、惣代五八人、退去人二三四人に遠く及ばないものの、新潟、長野、栃木県とともに、より多くの上京人や退去者を出した県となっている。

建白数を正確にみるため、元老院編「建白書一覧表」（国立公文書館）によって提出順にみれば、福島県の場合、つぎのようになる。

第六二号　　条約改正ノ議　　福島県平民　　佐々木宇三郎外二三名

第八六号　条約改正ノ議　同　同　阿部正明外三一名
第八七号　条約改正ノ議　同　士族　三輪正治外一一七名
第八八号　条約改正ノ議　同　平民　武藤久松外三名
第一〇一号　条約改正ノ議　同　同　田倉岱州外四名
第一〇二号　条約改正ノ議　同　同　移川与太郎外六名
第一一五号　条約改正ノ議　同　同　吉田正雄外一〇六名
第一一七号　条約改正ノ議　同　士族　岡田健長外八一名
第一一九号　条約改正ノ議　同　平民　佐藤忠望外五五名
第一三一号　条約改正・言論集会ノ議　同　同　鐸木三郎兵衛外二四名

高知県が減租、言論集会の自由、条約改正の三大事件を建白にしているのに対し、福島県はほとんど条約改正のみの建白である。このような傾向は宮城県、新潟県との三県にのみみられる。この特徴が地域的特色とかかわる運動の進め方であったのか否かは明らかではない。佐藤忠望外五五名提出の建白書は、その控えによれば「条約改正ノ議ニ付建白」(3)となっており、苅宿仲衛も総代の一人で、県会議長安部井磐根をはじめ県会議員クラスの有力者を網羅していた。鐸木三郎兵衛外二四名の建白「条約改正・言論集会出版之議ニ付建白」(4)は二大事件の建白となっており、地租軽減が含まれていない。安達郡本宮町周辺五か村有志も「条約改正ノ議ニ付建白書」(5)を提出したようであるが、前記元老院の建白受付書にはない。田倉岱州の各村有力者宛の書簡が残され、建白方法を相談しているので、右建白書のうちの一〇一点号これに相当するかも知れない。書簡では「小生方ハ五名連署」し提出すると伝えている。福島県の三大事件建白運動は広がりをもったように思われるが、建白内容に特色があった。

この三大事件で条約改正に重点をおいた福島県は、明治二二年の条約改正建白運動でも積極的であった。明治二二年二月、憲法発布を契機に大赦で大阪事件、保安条例違反、秘密出版事件などで逮捕されていた人々が出獄し、政治活動を再開する。後藤象二郎の東北遊説時、これに賛成し結成された岩磐協会は、同年五月、大同派の東京総会における分裂で、非政社派の大同協和会が結成されたので、分立した政社派の大同倶楽部に所属した。政社組織による強固な政治団体を意図する革新派は、岩磐協会よりわかれ岩磐大同倶楽部を組織する。平島松尾出獄と同時に組織されていた安達協会も、政党無用論に固執する安部井磐根派と分裂し、安達交親会を組織する。

　中央における大同倶楽部組織化に参加していた福島県委員の平島は、八月下旬、信夫・伊達・安達三郡一〇〇余名の有志を代表し、条約改正中止建白書を元老院に提出した。「之れは完に本県に於ける中止建白の魁」(6)であった。明治二二年八月以降、全国的に高揚した条約改正建白運動は、外相大隈の玄洋社員来島恒喜による襲撃事件で終息するが、この間、全国的には「八五三件」にわたる建白が行なわれたという。第6表はその府県別一覧表である。表によれば総件数五五九件のうち、福島県は三四件を占める。栃木県六六件についで多く、宮城、兵庫、高知県などとともに運動の激しい県であった。建白運動も改進党系の断行建白の多い栃木県と異なり、福島県は自由党系の中止建白が多かった。福島県では三浦信六草稿の会津協会建白案が流布しているが、「大審院ニ外国人ヲ備ヘテ裁判官トナスガ如キ」(7)は憲法に抵触するものと批判している。

第6表　明治22年条約改正建白表

府県	件数		静岡	24	東海・近畿78
青森	3	東北80	愛知	19	
岩手	4		三重	18	
秋田	2		和歌山	4	
山形	5		奈良	4	
宮城	32		大阪	3	
福島	34		京都	6	
新潟	24	中部76	兵庫	31	四国・中国138
石川	18		岡山	6	
福井	1		鳥取	8	
長野	21		山口	2	
山梨	2		愛知	25	
岐阜	10		香川	15	
栃木	66	関東161	徳島	2	
群馬	9		高知	31	
千葉	25		広島	18	
埼玉	20		福岡	6	九州26
東京	21		大分	4	
神奈川	20		宮崎	1	
			長崎	15	

＊合計559件　「東雲新聞」明治23年1月7日雑報

かっての民権派志士三浦信六、山口千代作らによって明治二二年四月二一日に発会した会津協会は、建白捧呈委員として秋山清八を送り、その帰国報告会を経て、政談大演説会が計画されたが、本来は「会津五郡ノ平和ヲ維持シ、交際ヲ親密ニスル」(8)ことを目的とする地域独立的な社交結社であった。「世人会津協会を名けて旧肝煎党と云」(9)うが如く、やがてその権威主義が批判され、明治二三年七月総選挙に当選し、大成会入りする山口、三浦の選挙母体として右傾化する存在であった。一旦、協会に結集した会津五郡の有志者は、二三年に分裂し大同派の勢力も伸長する。二二年当時は左右両派が、会津地域の独立結社として連合し中止建白運動を展開したのである。

福島町の大内修平、丹治経雄ら五五名の中止建白書(10)は、大隈外相の新条約案は「我カ国司法ノ大権ヲ彼ニ仮シ、帝国不磨ノ憲法ヲ傷クルモノニシテ、内治テ渉ノ幣是ヨリ孕胎」すると批判した。論旨は会津協会の建白書と同一である。来年度開設の国会で審議するよう求めている。福島県で特徴的なことは、明治二二年一二月に、安達郡の寺院住職らによる衆議院議員選挙法に関する建白が行なわれていることである。

衆議院議員選挙法第一二条の、「神官及ヒ諸宗ノ僧侶又ハ教師ハ抜選人タルヲ得ス」(11)とする条文に対し、議員資格は族籍や職務の異同によるのではなく、平等の立場から被選挙権も付与すべしとする要求建白であった。政教分離論からする僧侶への被選挙制限は、仏教がわが国文化の先導者として政治に翼賛してきた歴史を無視するものとの批判である。僧侶もまた「一般臣民ノ通権ヲ亨有」したいというのである。当時は衆議院開設を翌年にひかえ、買弁的条約改正の中止を訴える建白運動も含め、選挙権拡大の要請のうえに選挙運動の準備が行なわれた時期であった。

条約改正中止建白運動が盛り上った明治二二年後半は、また四月一日の新町村制実施により、新町村体制が固められる時期でもあった。福島県における当時の町村状況につき、郡長の報告をみれば第7表のようになる。

全国的にみて大同団結運動の盛んであった福島県の政治運動は、底辺を支えた町村が新町村制施行によって基盤が動揺する。町村議会議員の選出区分をめぐって慣行が成立せず、地域内の選挙競争が激化し、政治運動に影響するか

第7表　町村制実施後の各郡景況

郡　別	町村会	民俗ノ変遷
信夫郡	選挙競争ナシ，吏員ハ町村会ノ意ニ従ウ 町村会ハ・・・・役場ニ攻撃ヲ加フルノ情勢	町村自治ヲ主張，自由権利ト唱ヒ軽躁浮薄ニ走ルノ情況
伊達郡	部落平均法ナクバ競争アリ，吏員ハ町村会ニ従フ， 町村会ハ町村行政機関ノ運転ヲ妨ク	新制自治ハ自己ノ便利私欲ヲ恣ニスルモノト誤解
安達郡	部落平均シ平和，町村会カ吏員ヲ見ル其傭人ノ如キ状アリ，（国会ノ民力休養論，町村会ニ波及）	町村自治ヲ誤解，浮薄，滞納 町村費軽減論二・三村アリ
安積郡	競争ハ二・三村ノミ，吏員ト町村会折合円滑，財政審議支障ナシ，シカシ軽減企図ノ傾向	浮薄ノ傾向，シカシ実業興起
岩瀬郡	選挙円滑，吏員ト町村会ノ軋轢少シ	人民質朴，官令遵守，町村制ハ人民ニ権ヲ与フルコト広大ニ過ク
南会津郡	選挙軋轢ナシ，吏員ト議員トノ間円滑 徒ニ費用ヲ節シ町村事務ノ如何ヲ顧慮セズ	軽佻ノ風尠シ，東部ニ他日ノ政党ヲ形チ造ル動キアリ
北会津郡	選挙非常ノ競争，吏員トノ折合悪シ	吏員ヲ傭人ト同一視，人情浮薄化 自治ノ本旨ヲ誤ル
耶麻郡	平和，吏員トノ折合異状ナシ	軽佻ノ徒名ヲ政党ニ托シ奔走
河沼郡	軋轢ナシ，吏員との折合異状ナシ 議会ハ費用節倹ニ汲々タルモノヽ如シ	一，二村テ代言人様ノモノ共有財産分配主張
大沼郡	競争ナシ，吏員と議員，折合悪シ 役場，概ネ村会ニ左右セラル	人情日々浮薄軽佻ニ流ル
東白川郡	選挙平和ナレド政党ノ余波徒ラ議員 選挙ニ派及スルアリ	人気質朴，南方ハ公事訴訟多ク進取ノ気象ニ富ム
西白河郡	競争紛擾ナシ，行政・議政密着，将来ノ権限ヲ争ウ	口ニ公利公益ヲ唱ヒ私利ヲ謀ル
石川郡	競争ナシ，吏員ト議員ノ折合良シ，一，二村軋轢	狡獪ノ徒ハ兎角同志ヲ糾合シ或ハ行政，代議ノ機関ニ迫ル
田村郡	議員選出法ノ重視，事々物々紛擾多シ 議員タルモノハ民費減少ヲ職分ト誤認	少荘者ハ利口弁舌ヲ貴ビ虚飾是レ事トシ
菊多・磐城郡	競争著シ，議会不円滑 減額説に至リテハ勢力頗ル強大	人情浮薄，外ニ公益ヲ説キ内ニ私利ヲ射
楢葉・標葉郡	競争ナシ，議政ト行政ノ折合良シ	村長等重立モノハ自治体ニ官ノ干渉ヲ厭
行方・宇多郡	競争ヤヤ有，吏員と議員折合円滑 一，二村人民ト村長争イ有り	淳朴ノ風漸ク変シテ軽佻

明治23年「町村制実施後之情況」福島県立文化センター所蔵

らである。議員の選出母体を旧村（大字）とする場合が多いなか、旧村規模による議員の多寡をめぐって争いが起る。くわえて東白川郡のごとく、「政党ノ余波延ヲ議員選挙ニ波及」[12]する場合は余計の激戦になった。伊達郡、北会津郡、田村郡、菊多・磐城郡などはこの傾向が強い。田村郡に至っては「事々物々紛擾絶ヘサルモノ、如シ」とされている。町村制実施期の福島県は特徴的なことは、この議員選出法の争いだけでなく、議会と町村長・助役（吏員）との折合いの悪いことであり、町村会審議が町村長や県庁の行政機関の思いどうりにならなかったことである。

議員と吏員との折合いがよくないのは、安積郡、岩瀬郡、南会津郡、那麻郡、河沼郡、西白河郡、石川郡、楢葉・標葉郡、行方・宇多郡などである。その他は信夫、伊達郡の如く吏員は議員に従い、安達郡に至っては町村会が吏員をみるに「其傭人ノ如キ状」があった。それゆえ「衆議院ニテ予算案ヲ減シ民力休養ノ口吻ヲ、自然町村会ニ及ホシタル実況」とされており、政費節減、民力休養の初期議会期のスローガンは、福島県の町村会においても同様にみられ、郡長はこれを町村自治を誤解するものと批判したが、まさに町村自治確立のための胎動がみられたのであった。これは安達郡に限らない福島県全郡の傾向であった。

岩瀬郡、西白河郡、楢葉・標葉郡など山間地は村長・助役ら吏員の主導権が確立し、議会の実をあげることは少なかったようである。このような行政権優位の体制的諸郡においても、人情の軽佻浮薄化が指摘されており、このことは本来とりもなおさず支配に従順でない、政党化され権利主張の強まりに対するなげきの言葉として用いられていた。

注

（1）『国民之友』第一四号、明治二一年一月二〇日。
（2）拙稿「大同団結運動と条約改正問題」『明治大学人文研究所年報』第一八号。
（3）『岩代町史』三　資料編Ⅱ　近代現代　九六ページ。
（4）『福島市史』一〇　近代資料Ⅰ　四二七ページ。

(5)『本宮町史』七 近現代(一) 三二四ページ。
(6)平島松尾『安達憲政史』一四二ページ。
(7)福島県主文化センター所蔵「庄司家文書」。
(8)(9)『西会津町史』第五巻(上) 近現代資料 四六九ページ。
(10)『福島市史』一〇 近代資料I 四三一ページ。
(11)『二本松市史』七 資料編五 近代・現代 二四五ページ。
(12)明治二三年「町村制実施後之情況」福島県立文化センター所蔵。

三、民党運動と政論

初期議会の成立にともなう地域社会の政治的要求と、地域の実態との相関を検討するのがここでの課題である。県会および衆議院議員選挙にともなう福島県の動向については既に述べたが、衆議院選挙の場合、明治二三年七月の第一回総選挙時の吏党＝大成会の優勢が、明治二七年三月の第三回総選挙には完全に逆転し、自由五、革新二となり、吏党系は全滅したことを指摘した。憲政党成立にともなう隈板内閣時を経、明治三一年八月の第六回総選挙では、進歩党(改進党)系の憲政本党が定員七人を独占する全国的に特異な県であること、県会においても同様な推移を示すこと、これに対し安達郡は、自由党の伸長がそのまま三〇年代の憲政本党の伸長に連続せず、全国的傾向と同様に政友会勢力の展開地となり、郡会もその影響下であったことがわかっている。

全国的動向に相反する福島県の国、県会の動向と、むしろ国、県会の動向に相反し、全国的動向に近い安達郡の情況とを、いかに理解するかがここでの課題になろう。

初期議会期、自由党の伸長を許した地域的状況は、「政費節減」、「民力休養」のスローガン成立を可能とした在地動向であったことはいうまでもない。三大事件建白から条約改正建白運動に至る大同団結運動期の政治運動は、福島県では直接的には条約改正問題に集中したきらいがあるが、全国的動向と同様に地租軽減をその基調としていたことは間違いない。そのことは町村制実施後の町村会審議の状況に如実に示されているが、この成果は当然に県会および国会審議にも反映される。政治運動として初期議会で最初にこの問題が展開されたのは、第一回帝国議会における予算案審議の場であった。

初期議会での予算案審議は、当初、民党側の予算額の大幅削減方針で臨んだが、結局、土佐派の裏切りとこれに同調する一部自由党議員の裏切りがあって、政府原案の小幅修正で可決される。「立憲自由党有志」を名乗る人々は、「敢テ我党ノ諸君ニ告白ス」(1)なる文書を全国に発送し、「此一期ノ国会ハ、不徳義無節操ノ徒若干名ノ為メニ蹂躙セラレタリト謂フ可シ」と述べ、「之レガ回復ヲ謀」ることを主張していた。「民力休養」の実をあげるべきであるという。これが明治二四年三月の段階であった。これより前、全国的に自由党方針とも関連し各地で地租軽減、地価修正請願書が提出される。福島県下のこの当時の状況を示すものに「地租軽減請願書」がある。これは県下世論を代弁したもので、地租を軽減し地価の一〇〇分の一にし、経済の正常に備えるという地租改正条例の趣旨に反し、「農民の負担は実際却て重きを加」えているのが現状である。そこで「先ず現今の地租につき、少くとも其五分の一を軽減し、以て民力を休養」すべきであるという。当時の地租は地価の一〇〇分の二・五であったから、「五分の一」の軽減とは五厘の軽減のことで、地価の一〇〇分の二とするようにとの要望である。これは立憲自由党の初期議会への異議要求内容と同一であった。

このような運動と同趣旨の建白は、二五年四月に提出される。選挙干渉に激昂した弾劾建白が提出される時期であった。安達郡青田村などより「市町村制及郡府県制改正請願書」(2)等が提出されるが、この内容は市町村制および郡県制改正に関するもののほか、「衆議院議員選挙法改正請願」、「地租軽減ニ付請願」および「濁酒税廃止ノ請願」の四項から成っていた。

「市町村制及郡府県制改正請願」の内容は、市町村制の場合、公民資格を二年以上在住、二五歳以上の制限を廃止し「一年以上及丁年以上」と改正すること、二等級選挙法は「豪族政治ヲ作為セントスル者」にして国民の権利を侵害するゆえ削除すること、郡府県制における議員選挙法の被選制の採用は、憲法に規定する国民参政権を「壅塞」するゆえ、改正して市町村公民の直選法とすること、郡長および助役の民選、大地主選出法の廃止などが主張される。つまり「凡テ議会及参事会ノ組織権限ヲ拡張シ、監督官庁ノ制肘ヲ受ケシメヌ自治体」とするためであるという。市町村制および府県制の地方自治を全うするための改正請願であった。「中央集権ノ弊ヲ矯メ立憲政体ノ趣旨ヲ確立」するためには、現今の干渉選挙に照らして速かに改正されねばならなかったのである。

「衆議院議員選挙法改正請願」は有権者資格を、直接国税一五円以上を納入する二五歳以上の男子とし、被選挙権も納税資格を制限し三〇歳以上とするのは、「制限頗ル過当ニシテ国民ノ権限ヲ狭小ニシ、代議政体ノ本旨ニ反スル」ものとする。選挙区画も拡大し、かつ農繁期の七月選挙も改正すべきで、「代議政体ノ実ヲ挙ケ、国民参政権ノ平衡」を得るために至急を要するという、選挙権拡張が主たる要求であった。

「地租軽減ニ付請願」は地租改正条例で諸種の税目収入が二〇〇万円以上に達した場合は、地租は一〇〇分の一にすることが明示されているにも拘わらず、明治一〇年に一〇〇分の二・五に軽減されたのみである。去る明治二二年の特別地価修正は、調査粗漏で地方的に偏重を是正したのみで農家疲弊を助けるものとはなっていない。輿論政治の実施期たる昨今こそ地租を公正にすべきで、中等以下の人民救済を図らねばならない。政府は新しい税目を起し、すでに二一五〇万円余の収入に達しているのであるから、地租を地価の一〇〇分の一にするのは当然である。しかし急激な軽減は国家財政に悪影響を与えるというのであれば、一〇〇分の二・五を改正し、まず一〇〇分の二にすべきである。民力休養、国本鞏固にするためには是非とも必要な軽減であることが主張されている。「濁酒税廃止ノ請願」は、現行税目中もっとも偏重偏軽の激しい自家用酒税を改正し、一九年七月勅令による製造高一石につき鑑札料八〇銭を是正すべきである。自家用酒のうち濁酒は東北農村の生活に欠くことの出来ないものである。自家用酒鑑札料の廃止は世論である。衆議院議員は民情を洞察し、民間の希望を達すべきであるという。

この濁酒税が福島県でのいかなる状況を代弁したか正確には明らかでない。主張の如く、偏重偏軽の是正という近代税制の立場からする近代性の要求であるにしても、何故に酒税の廃止かは明確でない。重税感の払拭のための要求と思われるが、選挙権拡張と地租軽減による地方自治の確立という前者の明確な主張とはやや異ったものとなっている。いずれにしてもこれらは、明治二五年当時の民党運動の明確な要求内容であった。

以上の政治的要求を主張した県下の状況を、民党の組織と運動の側面から検討すれば次のようになる。明治二五年中に福島県下で結成されていた民党組織は第8表の通りである。三月二八日結成の石川民会の規約をみれば、活動の目的を第二条で次のように掲げている(3)。

一、会員ノ親睦ヲ旨トシ、知識ヲ交換シ、社会ノ進歩ニ随伴シ吾人ノ権義ヲ全フセン事ヲ務ムルモノトス。
二、郡内ニ起ル百般ノ事、弊害ト認ムル者ハ本会ノ輿論ヲ以テ之ヲ除去スル事ニ務ムベシ。
三、郡内実業家ノ改良ヲ計リ、生産力ノ発達スベキ方策ヲ研究シ、其実果ヲ奏セン事ヲ務ムルモノトス。
四、本会ハ政治上民党ノ意見ヲ包括スル各政党ト同一ノ運動ヲナシ、施政ノ改良ヲ計ルベシ。

会員親睦、弊害除去、実業発達、民党活動などを掲げ、地域経済の発達をはかりながら個人の権義を基礎とする政治運動の基本組織化を意図したのである。「民会」名称はその意図を象徴的に示している。事実、石川民会の発会式の開会演説では衆議院議員総選挙における吏党勢力との対抗のうえ、相手を圧倒して結成されたことが強調されており、明治二五年総選挙で民党系勝利の結果として誕生したものであった。

第8表　明治25年福島県各地の民党組織

年月日	名　称	本　部	中心人物
3.28	石川民会	石川郡石川村	鈴木重謙，中島広吉
4. 3	東白川郡自立会	東白川郡	(自由党系)
4.	東白倶楽部	〃	(改進党系)
7.14	夏井同盟会	田村郡夏井村	先崎賢，吉田佑三郎
8. 2	杵衛民会	岩瀬郡	
9. 6	七郷民会	田村郡	
9. 8	宇多社交倶楽部	宇多郡中村町	(自由党系)
9.26	行方民会	行方郡原町	愛沢寧堅，桧本良七
10. 7	高野民党	田村郡高野村	岩崎政義，橋本平蔵
10.12	川南民会	北会津郡川南村	
10.15	磐城自由党	磐城郡平町	斉藤又郎
10.22	会津親民会	会津	「自由改進独立ノ三派合併」
11.27	安達交親会	安達郡二本松町	平島松尾，沢田清之助
12.11	安達民会	〃	＜同上改称＞
12.22	美山民会	田村郡美山村	吉田升蔵，橋本顕吉

明治25年「福島県下民会状況」(庄司家文書) 福島県立文化センター所蔵

石川民会と同様、郡規模で組織されたものに安達交親会、その改称による安達民会がある。安達交親会は前述の如く明治二二年五月、大同倶楽部の成立にともない、これに所属して安達協会から分立した民党組織であった。安達郡内における吏党系の阿部井磐根派に対抗する組織で、明治二五年九月に評議員会通知を出し、「目下緊急問題」(4)の協議を呼びかけていた。その緊急課題とは「国民協会ニ対する件、民報新聞の件、第四回国会運動の件、法典研究の件、本会秋期総会の件、本会々計の件」などである。交親会の財政的基礎をかため、自派の宣伝紙民報を維持しつつ吏党に対抗し、政治運動を展開しようとするのである。当時の国会での主要課題たる民・商法典問題の研究をも提起していた。

この評議員会を経、一二月一一日には二本松町大和屋に交親会大会を開き、「安達交親会ヲ以テ安達民会ト改称」(5)した。従来の規約を多少修正したのみの名称変更である。安達民会規約によればその目的は「会員相互ノ交際ヲ親密ニシ、公衆ノ実利ヲ謀ルニアリ」(6)とされている。福島県史の当該部分の執筆者は、これを記して石川民会同様に、政治綱領は明確でなく、温和な大衆団体としている(7)。果してそうか。規約こそ社交結社的性格をうたっているものの、安達民会発会式では「第一期帝国議会に請願した三条例の改正、濁酒税の全廃、登記法の改正、選挙法の改正、保安条例予戒令の廃止および地租軽減等ノ目的」[8]を達するため、実に今国会に請願し、貴族院での審議未了にはならぬよう努力することを決議している。就中、地租軽減について委員として沢田清之介を明日上京することを決議した。他の請願条件については改めて調印を行うことを決めている。したがって前述の四月における市町村制、選挙法改正、地租軽減、濁酒税廃止の請願は、第一期帝国議会への請願と連動し、安達民会もまた石川民会と同様、民党運動の支持母体であり、その熱心な推進者達の組織であったといえよう。

一郡規模の民会のほか、各町村にもこの時期に民会が組織されている。安達郡嶽下村では民会組織が協議されたが、「一村毎ニ民会ヲ組織シテ、其団体ヲ鞏固ナラシメントノ旨趣」であったから、安達民会の基礎的な下部組織化が目指されていた。石川民会は五郡民会の組織化を主張し、共同して県会および国会への働きかけを決議しているので、民会組織は村―郡―県に連なる重層化が意図され、運動された時期であった。

田村郡高野民党は「自由ノ主義」、「民権ノ拡張」、「政党内閣ノ成立」を綱領、党則としており、村規模とはいえ明らかに政治課題の達成を主張した組織であった。夏井同盟会は「表面上ハ勧業上ノ目的ニシテ、内密自由的ノ団体ヲ組織スルノ目的」をもっており、表示してはいないが安達郡小浜村青年会でも、「先ズ目今ハ只々社交的ノ運動ヲ為シ、自然政社ヲ組織スルモノ」とされており、「社会改良、進歩主義」を目的とした。これは安達協和会の別働隊とされているので、改進党系青年結社であったらしい。

一村結社であったため、具体的に村政問題を掲げた場合もあった。会津協会派＝吏党系勢力の優勢な会津地方でも、衆議院および県会議院選挙後、その勝利を強固にするため「爾来、増々進ンテ団体ノ鞏固ヲ計ルモノ、如ク、各部落ニ民会抔ト唱フル団体ヲ組織」したり、「懇親会又ハ懇話会等ノ名義ヲ以テ相会シ、頻リト人心ヲ煽動」し同志を募る風潮が盛んであったという。村長、村会議員が発起人となり談話会が開催された場合もあり、組織された北会津郡川南村民会の場合、「自治ヲ完成シ村治ノ改良ヲ謀ル事」を目的とした。「一村ハ論ナク地方問題ノ到来シタルトキハ臨時会議ヲ要ス」とされており、村落自治を基礎に地方自治の確立に向けて活動する組織であった。
田村郡美山民会は美山村自由党員が中心となり組織したもので、発会式では県会議員を招待し、県政結果の報告を求め、推進中の請願問題と、今後の運動方法を申合わせている。福島県自由党の政治課題を遂行する一村政社であった。

当時の福島県の政治状況は、県庁から内務省への報告によれば、明治二五年は九月頃をさかいに前期は政治運動が退潮していたが、その間進められていた「非地価修正運動」が、後期に至って政熱展開の契機になったと伝えている。「政熱ノ勃興ハ遠ク其因ヲ非地価修正運動ニ汲シ、奥羽連合同志懇親会其勢ヲ助長シ、其反発力顕ハレテ福島自由党、岩瀬自由党、磐城自由党（共ニ政社）トナリ、又同志派ハ福島同志会、白河同志会、磐城同志会（共ニ非政社）トナリ、其機関トシテ東北指針（雑誌）ヲ発行スルニ至リタリ」(9)という。報告書は続いて「全ク同志派ハ自由党ニ組スルノ潜勢」にして、政社は「仮説的ノ団体ニシテ、唯表札ヲ掲ケ虚勢ヲ示ス」のみという。果してそうか。

報告はこの時期を契機に、衆議院および県会において自由党系議員が、全勝を占めた運動の本質を理解していないようである。また前期以来、法律問題に関して民商法典延期断行論について代言人、公証人等は断行論を主張するなかで、一般民衆の冷淡なことが指摘されている。民衆の法律知識のなさを指摘しつつも、一方では「民心ヲ動揺セシムル」ものとして町村制をあげている。町村制実施後三年を迎え、人民に参政権を与える自治制を許可したのは、尚早と思われるほど「甚シキ状態」が今年起っているという。自治の何たるかを知らぬ人民は、町村政をもって「党員等之レヲ機トシ自治ノ機関」とし、選挙競争に熱中する。町村会議員選挙にかぎらず県会議員にも競争がおよび、「自治制其体ヲ傷ケタリ、党派ノ弊害茲ニ及ブ」となげいている。町村レベルから民会が組織され、自治制をはじめとする請願運動なども過小評価したようである。

明治二五年一二月、内務大臣宛に福島県下の請願運動についても報告している。輸出税全廃請願運動は東京輸出税全廃同盟会に呼応し、委員の上京を決議しており、鉄道敷設請願運動は会津地方のみならず白河、須賀川および浜通り七郡もまた委員を上京させていること、諸税軽減請願運動も「地租軽減并ニ菓子煙草酒迄、自家用料酒税等廃減ニ関シテ、世ニ所謂民党者流ノ主唱ニ出テ、貴衆両院に対シ請願」していた。地租・煙草・酒の「三税ハ貴族院ニ、他ハ皆貴衆両院ニ請願シ、院内民党ニ応援シ、飽マテ目的ヲ達セン事ヲ図リ、田村、宇多、岩瀬三郡内民党等ハ、已ニ其請願書テ起稿シ、目下調印誘導中」であり、まとまり次第委員を上京させることになっていた。鉄道敷設問題の如き政党の民党的性格を変質させた問題を含みながら、いまだ民力休養をめざす諸税軽減および全廃運動が、政党活動の重点におかれていたのである。

この基礎に町村自治をめざす民党運動があったことは前述したが、一方では選挙大干渉の結果、県会で自由党勢力が絶対多数を占め、干渉知事渡辺清の追放となり、後述の日下義雄知事に対しても官尊民卑を改める「当局と県会とを同等の地位」[10]とすべき建議案を「即決」する。選挙干渉は「官民調熟の建議案」[11]を提出し、警官と知事の責任を追求し、監獄費不当支出を告発するのである。府県自治を志向すると同時に、国政の真の代議政体化が意図された時であった。

注

（1）『福島県史』四　五九一ページ。
（2）『本宮町史』七　近現代（1）　五六九ページ。
（3）明治二五年「福島県下民会状況」（福島県立文化センター所蔵「庄司家文書」）。
（4）「佐藤家文書」安達郡本宮町。
（5）（6）　注（3）に同じ。
（7）『福島県史』四　近代Ⅰ　五八六ページ。

（8）注（3）に同じ　以下同。
（9）明治二五年「内務省上申報告書」（福島県立文化センター所蔵「庄司家文書」）以下同。
（10）（11）平島松尾『安達憲政史』四三四、四三五ページ。

四、農村社会の変質と政党活動

明治二七年、日清戦争前後の、福島県における町村政治と政党活動の相関について検討しておこう。産業革命前夜の農村社会の変化がその前提である。ここでは農村社会の変化を町村政として、町村会および町村会議員選挙、吏員との関連として検討してみよう。

すでに述べたこの時期の福島県下の衆議院議員選挙における党派的対立は、明治二三年七月の第一回総選挙での当選者、自由党二、大成会五の比率は、二七年三月の第三回総選挙には自由五、革新二となり、大成会は零となる。つまり日清戦争時は民党系の全勝期であり、そのうちでも自由党系が大勢を制した時であった。ところが第五回の明治三一年三月総選挙では同盟倶楽部二、改進党系の進歩党四、大成会系無所属一となる。零となった自由党系は一旦、東北同盟会に合流し同盟倶楽部となったが、やがて進歩党系の憲政本党に合流する。明治二七年の日清戦争とその直後における福島県の国政レベルの政治的潮流は自由党の全勝から改進党系の進歩党、憲政本党の全勝へと変化する画期であった。

県会レベルにおいても同様な傾向を示す。自由・改進党の民党系と、吏党・中立がほぼ同数で勢力を争っていた明治二〇年代なかばまでの状況が、自由・改進党の民党系に重点が移ったのは明治二五年五月の第八回選挙の時である。

第9表　自由党福島支部経費決算（明治27年10月～明治28年9月）

収　入		支　出	
各郡負担金	110円90銭	幹事手当	180円
特別寄付金	406円	事務員手当	60円
別途寄付金	100円	出張旅費	73円10銭
前期未納金		代議員上乗費	90円
小計	616円90銭	通信費	4円83銭
負担額未納	568円22銭	筆墨諸費	2円40銭
総合計	1175円12銭	新聞紙代	1円25銭
		雑費	19円32銭
		家賃	45円
		本部負担金	100円
		借入金返却	120円
		小計	695円90銭
		未払分返済	345円86銭
		総計	1041円76銭
差引　133円36銭　29年度へ繰越			

「自由党福島支部収支予算」安達郡本宮町仲町伊藤家文書

このような全県的動向に対し、安達郡は二七年三月改選で全員自由党系の県議が選出される。二九年には自由三に対し進歩二となり、民党系全勝のなかでも改進党系が進出し、三一年二月の県会選挙以降の、自由党系憲政会の分裂による改進党系憲政本党が多数派を形成する基礎となる。

いずれにしても、明治二七、八年の福島県は、自由党の全盛時代であった。この当時の福島県自由党の活動状況を、財政問題についてみれば第9表のようになる。

明治二七年一〇月から二八年九月までの、自由党福島支部の経費に関する収支決算は、収入の総額一一七五円一二銭に対し、支出総額は一〇四一円七六銭で黒字となっている。ところが収支の内訳けは、各郡負担額一一〇円余と特別寄付金四〇六円、これ以外は未納金の取立分による収入とされている。別途会計でみると、各郡負担金は、明治二五年から二七年までに、全郡で三七三円余の未納額となっており、それらは「再応督促スルモ、責任者ナキヲ以テ、収入ノ見込ナシ」[1]とされている。これに続いて別途会計で、二七年一〇月から二八年九月までの、各郡別党費負担額が記されているが、全郡合計で二八二円の負担総額に対し、収入は一一〇円九〇銭しかない。残り一七一円一〇銭が未納金となっている。

前記、支部収入総額のうちの各郡負担金一一〇円余は、この別途会計の各郡収入一一〇円余に相当しており、未納金は将来的に納入されるものと考えられたようである。しかし、その同じ別途会計の備考欄には「磐前郡、北会津郡負担額未納金ハ、全部収入ノ見込ナシ」とされている。つまり、右の事情からいえることは、選挙による自由党の大躍進にしても、財政的には厳しい状況で、各郡負担金の集金率は半分以下であったことが判明する。したがって、年間収入のなかに前年度までの未納金三七三円や、今年度未納金一七一円余を収入額に加えていても、ほとんど収入の見込みはなかったと思われる。

いきおい、収入は特別寄付金や県会議員、代議士寄金に頼らざるを得なくなる。明治二八年一〇月から二九年九月までの年間収入は、これら三者の寄付金のみとなっており、財政規模の縮小のみならず、政党支部の性格も変化する。政党員の共同負担による本来的な支部運営にかわり、議員間の互助的性格と党員の従属的性格とを強めることになる。

収入の右のような性格変化は、支出についてもみられる。支出のうち多額のものは、幹事および事務員手当てである。これに本部負担金や事務所家賃、旅費、通信費、新聞紙代などが加わる。重要な幹事や事務員手当てに、未払い分が生ずることになる。これらは議員や銀行からの借入れで賄っているが、それも限度がある。このような収支を見る限り、活発な党運営、支部運営とはいいがたい。かろうじて選出議員の共同出資で運営されていた。政党活動が、比較的地域利害と重なっていたと思われる当時においてさえ、このような状況であるとすれば、より以上の利害の県政や国政への反映が必要になってくる筈であった。しかし、実態はそうならなかったようである。

このような県および国政選挙にともなう党派的変化は、農村社会や町村会といかにかかわり、いかなる民意を代弁したかがここでの問題となる。全国的にみれば「対外硬」と地租問題に集約される政治状況のもとにおいてである。福島県会では明治二五年総選挙における大干渉で奮激した県民が、民党運動をつうじ多数派を形成し知事を罷免し、官僚政治を批判する世論が高揚した。三島通庸知事時代の財政紊乱が尾をひき、これとからんで監獄問題の対立が県会の主要な課題であった(2)。明治二六年は監獄問題を継続し、一方で阿武隈川治水問題が登場し、県会で請願が決議される。治水期成同盟会も発足した。

明治二七年の県会は、日清戦争中であったため、政府、県当局との対立が抑制され、逆に自由党は政府に接近する。二八年一一月、幹部河野広中ら自由党と伊藤総理大臣との提携がなされ、板垣の入閣が実現する。福島県会は「特筆する内容にとぼしい平凡な県会に終始(3)」したという。福島県の明治二〇年代後半は、民党的風潮を残しながら農村の変質する時期であった。

たとえば、明治二七年一月には郡制施行をひかえ、各町村の実態調査が行なわれている。伊達郡の場合は、次のように報告されている。町村制実施後、「新町村団結ノ力愈鞏固ニシテ、固有ノ町村ノ如キニ至ルノ日ハ、猶他年ノ後ニ在ラン(4)」とされている。行政機関の統一を欠き、そのうえ「議員選挙ノ競争軋轢ノ如キ、大ニ町村自治ノ発達ヲ阻格スルモノアルハ、現時ノ状況」であるという。「紛々争擾ノ多キカ如キ、行政機関ノ放縦ニ流レ、鞏固ヲ欠ク」。このように「町村ノ組織及治務ノ不整理」が多いため、郡制実施は延期すべきであると上申している。

同郡保原町周辺では、町村税の滞納処分の遅延を中心に、事務整理も遅れており、柱沢村の如く「従来、村長ト議員村民等非常ニ軋轢ノ結果、遂ニ村長辞職(5)」に発展し、混乱が続く。これが徐々に改善される時期になっていた。各町村でも「知事郡長ノ監督ニ対スル感情」は、「別ニ悪感情ヲ有セス、監督上指示シタル時項ハ之ヲ遵守スルノ風ナリ」とされている。多少手前みその表現にしても、行政側の指導権が徐々に確立しだしていたようである。政党との関係でみれば、耶麻郡相川村組合の場合、「本組合村長ハ自由党員ナリ、故ニ議員其地ニテ党員若クハ賛成者（党員名簿ニ其名ヲ掲ケサルモノ）多ケレトモ、異主義ノモノナキ故カ折合至テ宜シ(6)」とされている。村政事務の整理にも積極的と報告されており、政党上の争いが町村のなかに持込まれ、議員選挙や町村長選出に多少の影響は残していたものの、県郡側の「監督ニ依リ、漸次十分ノ整理ヲ期スルノ希望アリト思ハル」る状況が生み出されつつあった。

町村制実施以来の町村政の混乱は、漸く静まりつつあったが、それでも民党的風潮は続いていた。この時期の選挙を第四区についてみれば次のようになる。会津地域の衆議院議員選挙は自由党と、「外人を雑居せしめて国の利害を顧みさる非日本人」(7)と主張する独立派との争いであると同時に、「公債請願の為め籍を自由党に置」く人々と革新派との対決でもあった。変質化しはじめた自由党と、国権化した独立派、いまだ民党的性格を残す革新派との争いである。

福島県において明治三〇年二月は、政党史上、大変動の時であった。伊藤内閣との提携の途をさぐっていた河野広中が、「元勲を政党に引入れ、藩閥を政党に同化」(8)する意図が敗れ、伊藤の老獪さを知り「藩閥より残肴の割与を受けて恬として恥ぢざる」(9)自由党に愛想をつかし脱党するからである。「脱党主意書」によれば、脱党の目的は連立内閣は藩閥元老に政党が利用されるのみであるから、真の政党内閣とするためには「内閣を組織するに足る大政党を樹立」せねばならないとする。しかしこれだけでは脱党の真意は余り明白ではない。藩閥元老に利用されない一大政党の樹立方針が明確ではないばかりか、伊藤との提携を、自由党員として従来探ってきた自分の責任に言及していないからである。提携失敗の自己反省と、今後への明確な見通しを政治的信念としてははっきり言うべきであった。

政友同志との相談もなく、脱党の単独行動は多くの人々を困惑させた。この行動に驚いた福島県下の有志は、その多くは同調したものの、反発し自由党に残った有力者も何人かいた。福島県政は脱党し東北同盟会をつくり、やがて改進党系の憲政本党に移った河野ら一派が主流となったが、残留した自由党系憲政会の人々によって政友会が組織され、大正期からは併立する二大勢力となる。

河野広中の脱党に同調した福島県の有志は、自由党福島支部から離れ自由倶楽部を設置し、やがて東北各県の有志に呼びかけ大政社を結成すべく活動を開始する。そして同年五月、仙台で藩閥打破、政界刷新を標榜し「東北同盟会」を発足させた。「非藩閥東北同志大会」と称することよりみれば、藩閥元老への批判が主であったらしく、綱領の最初には「藩閥を排除し、責任内閣を実行する事」(10)「政界を刷新し真正公党を樹立する事」を掲げている。そのため政費節

第10表　東北同盟会賛成団体（明治30年10月）

名　　称	郡　　町
田村自由倶楽部	
沢山青年会	田村郡
相馬自由倶楽部	
岩瀬自由党	岩瀬郡
白陽会	白河郡
東白川自由党	棚倉町
安積自由党	郡山町
石城自由党	平町
無名館	福島町
守山民会	田村町
岩代南山青年会	
岩代伊南青年会	
長江青年会	
野沢青年会	河沼郡
耶麻自由党	耶麻郡
会津五郡青年連合会	会津
南会津青年会	
真野村同盟会	相馬郡

「東北同盟会記事」東大明治文庫

減、税法改正、選挙権拡張、議員数の増加、府県郡、市町村制の改正、治水方針の確定、台湾経営策の確定、北海道、沖縄県への参政権付与等を主張していた。

　東北同盟会の第二回大会に、祝電を寄せた福島県下の諸団体は第10表のようになっている。この第二回大会は一〇月一〇日に仙台で開かれている。明治三一年三月実施の第五回総選挙において、東北同盟会は第三区で河野広中、白石義郎の二名を当選させたのみであったが、一、二、三、五区で次点者がでており、有権者総数一三一七一人のうち棄権一二七〇票、無効二七票、有効投票一一八七八票のうち六四四二票を獲得した。つまり五四%に達する。他の当選者は進歩党四名で最も多く、所属不明の安部井磐根（第二区）は間もなく進歩党に接近するので、福島県では改進党系進歩党の得票数は七一七四票、得票率は六〇%に達するので、衆議院議員七名全員と次点者は進歩党と東北同盟会によって占められたことになる。両者を合せて得票率はほぼ一〇〇%に達する。正確には双方で一一四%に達し、統計は正確性に欠ける[11]。明治二七年には全勝をほこった自由党は、全県でわずか数百票に過ぎなかった。劇的な変化である。

　このような変化が河野個人のカリスマ性のみではないとすれば、何故に起ったかは、福島県政党史を農村史との関連で考える場合、大問題となる。この点を検討する手がかりを得るため、明治三一年当時の福島県下の農村と地域政治のかかわりをみておこう。

当時、福島県でもっとも政党運動の激しかった地域は東白川郡であったと思われる。この東白川郡の状況を、「町村巡視ニ関スル郡長復命書」(12)にみれば次のようになる。長文をいとわず史料を引用すれば、

一、政党

本郡ハ政党ノ軋轢甚シク、啻ニ議員選挙ノ競争ニ止マラス、住々親戚朋友ト雖モ、党派ヲ異ニスルモノハ其交ヲ絶ツニ至ル。殊ニ郡制県制ノ施行ニ依リ、県会議員郡会議員ノ複選ト相成タルヨリ、町村会議員ノ選挙ニ一層ノ度ヲ増シ、殆ント競争ナキ町村ナキニ至レリ。然リ而シテ本郡内ニ於ケル政党ナルモノハ、町村内有力家ノ相反目スルモノ、名ヲ政党ニ仮リテ以テ他ヲ圧倒セントシ、政党亦之等ヲ利用シテ、以テ党務ヲ張ラントスル状況ナリ。蓋シ之レカ実際ヲ穿テハ用党ニシテ、政党ヲ加味セントスルモノト謂フ可シ、故ニ自由進歩等ノ合同ニシテ新政党ヲ作ルニ会スルモ、本郡ノ如キハ感情的ヨリ、到底合同ノ実ヲ挙クル能ハス、随テ競争ヲ絶ツニ到ラサル可シ。本年五月、町村会議員半数改選ニ際シ、競争ノ為メ各町村トモ各派ノ徒費タル金額ハ、少ナキモ三四拾円、多キハ弐百円余ナリト云フ。参考ノ為メ附記ス。

二、戸口、民力　　省略

三、諸税負担

諸税ノ負担ハ前年ニ比シ、凡ソ二割ヲ増ス。其然ル所、此ノモノハ水害ノ為メ県税ヲ増シ、郡制施行ニ依リ町村費ヲ増加セルモ重ナル原因トス。元来、本県ハ他ノ府県ニ比シ負担重シト雖トモ、就中、町村税ニ於テ多シトス。而シテ町村税中比較的戸別割ニ重ク、為メニ貧民ヲシテ納税ニ苦セシムルノ状アリ。蓋シ地価割ハ制限アリテ之ヲ超ユルヲ得ズ。所得納税者、営業者等ハ僅少ニシテ負担亦タ少ナシ。故ニ其余ハ悉ク戸別ニ賦課スルヲ以テ、戸別割（町村税）一戸平均三円、乃至五円余ノ額ニ上ル。尤モ戸別割ハ貧富ノ等差ヲ設クルト雖モ、平均以

上以下ノ賦課額ヲシテ納税者ノ実力ニ照シ監査セル。而シテ平均以上（中略）ニ軽ク、以下ニ重キノ恐アリ。然ルモ容易ニ之ヲ軽減セサルハ、議員ノ利己的感情ヲ脱セサルニ由ルナラン（後略）。

恐らくこの報告は、当時の最大公約数の意見を示すものであろう。他郡では政争、会議とも平穏無事とされる村が多くなり、多少の選挙競争や諸税負担における戸別割の増大と、貧富度の懸隔が指摘されるのみである。むしろ折からの「昨年来諸物価騰貴ノ為メ、細民ハ非常ニ困難ヲ極メ、村税渋滞ノ傾向」(13)を生み、民力上昇のなか、当時の矛盾はこの点に集約されている。郡長復命書が政党も町村会議も平穏と報告する場合、脱政党化による地主的保守的町村政の確立を述べているのが一般的であるが、福島県の当時の状況は、充分に地主的町村体制の確立期とは言い難い段階であったように思われる。

たとえば、この段階の政社についてみれば、前述の如く報告された東白川郡にあって、高野村では、明治二九年三月に高野議会が結成されており、その主意は次のようなものであった。宇内の形勢をみれば欧米列強は兵備拡張し、他国を「併呑」することを試み、我国は政党政派の競争に汲々とし将来の大計を誤るときではない。わが郡に進入せんとする政争の弊害から身を守るため高野議会を組織し、将来のため次のような方法を定め、「本村将来ノ安寧幸福ヲ増進」(14)せねばならないという。

まず第一に殖産興業および教育の進歩をはかること。第二に村の平和のため村会議員一二名と定め、一区につき一名を区内で公選し、残り二名は一般村民公選し、確定のうえは村治は議員に一任し、村民これに容喙しないこと。第三に「経費ヲ節減シ、民力ヲ休養スルヲ以テ、村治ノ方針ヲ取ル事」としていた。日清戦争後の対外危機の農村への浸透に際し、地域平和の確立を地域経済、地域文化、地域政治確立のうえに主張しているのであり、それも政費節減、民力休養の初期議会以来の主張を基本としていた。

このような議会を組織した高野村を、郡長復命書にみれば、明治三一年七月現在において、村内全体の状況は、「本村ハ郡内第一ノ貧村ニシテ戸口又少ナシ、且ツ村中有力者ナク民度甚ク劣等ナリ。近来、他ノ煽動ヲ受ケ自由進歩ノ党派ヲナシ、役場派ハ他ヲ抑制セントシ抗争絶ヘス。戸口ハ年々幾分ノ増加ヲ見ルモ、未タ民力ノ伸長ヲ見ス。野蛮ノ体ヲ免カレス」とされている。(15) 町村会議の景況も、「村長ノ暴威ニ畏怖シ、抗論ヲ試ミルナリ、且ツ議員皆木偶ノ如ク、其職ニ適スルモノナキ有様」と伝えている。議員選挙は「近来、他の煽動ト村長ヲ排斥セントスルノ思念ヨリ、競争心ヲ起シ」非常の競争が行なわれていると指摘されている。村長は旧棚倉藩士で性格に問題ある人物であったという。

地主的保守的体制確立以前の、村治体制の継続を読みとることができよう。このような村々ではまた、増大する地租に対しても抵抗する。明治三一年一二月、第二次山県内閣は自由党系勢力と提携し、地租増徴案を議会で通過させた。地租軽減、民力休養をかかげて戦ってきた自由党の変節＝裏切りを示すものであったが、福島県のような地主体制の確立が遅れた地域では、素直にこれに賛同しづらかったと思われる。中央政党間のかけ引きとして、増徴案に賛成するには福島県の大勢は、それを許す状況になく、地租増徴案反対の進歩党の主張が受け入れやすかったと思われる。

たとえば、安達郡新殿村では「今期帝国議会政府提出増租案ノ件」(16)につき村会が、一二月一六日に召集されている。村長は自由党から進歩党系の憲政本党に所属かえをする安斉新八である。地租増徴反対運動をきめた新殿村では、直ちに二人の運動者を上京させ、衆議院議員選挙有権者を役場に集め、地方の運動法を協議した。一二月二四日には「地租増徴反対及知事不信任ヲ県会ニ於テ議決セラレタルニ付、福島ニテ同志懇親会ノ大会アル筈」(17)とし出席者を決めている。二本松では「非増租運動顛末報告ノ件」(18)、「地租軽減期成同盟ノ件」、「県会報告ノ件」を代議士安部井磐根および前代議士平島松尾の出席のもと、翌年一月四日に開くことになった。運動経費は各村、各大字に割当てられており、地租増徴反対は村々をあげての運動であったことがわかる。

東北同盟会から進歩党系の憲政本党への合流による憲本党による国、県会の独占という福島県の農村的基盤は以上のようなものであった。

注

(1) 明治二八年「自由党福島支部収支予算」本宮町仲町伊藤家文書。
(2) 『福島県史』四　近代Ⅰ　六二五ページ。
(3) 右同　六三〇ページ。
(4) 『桑折町史』七　近代史料　二九五ページ。以下同。
(5) 『保原町史』第三巻　資料（近代現代）　二一ページ。
(6) 『福島県山都町史資料集』第七集　近現代文書Ⅰ　三四二ページ。以下同。
(7) 『西会津町史』第五巻　近現代資料　四八二ページ。
(8) 『河野磐州伝』下巻　三八八ページ。
(9) 右同　四五三ページ。
(10) 『福島県史』四　近代Ⅰ　六四七ページ。
(11) 右同　六五〇ページ記述も不正確。
(12) 明治三一年「町村巡視ニ関スル郡長復命書」県立文化センター所蔵。
(13) 右同。
(14) 『棚倉町史』六五巻　四六五ページ。
(15) 右同。
(16) 『岩代町史』三　資料編Ⅱ　近代・現代二三〇ページ。
(17) 右同　一三一ページ。
(18) 注（16）に同じ。

五、政友会の成立と憲政本党

福島県における政界変動は、河野とその一派による東北同盟会の設立、その後の憲政本党への合流という大勢のなかで、立憲政友会成立の状況は、全国的動向と異なるものとなった。河野らの自由党脱党を、「憐れにも彼れ自ら彼を葬らんとする晩鐘」[1]とし、河野の伊藤博文との提携失敗を指弾する反対派の残留自由党は、やがて立憲政友会福島支部を結成する。

この間の事情を若干説明しておこう。これより先、隈板内閣の時期、明治三一年八月に実施された第六回総選挙は、自由党系、進歩党系の合同になる憲政党が、一大政党として戦った選挙であり、福島県も例外ではなかった。その意味で、河野広中のいう藩閥に対抗しうる「一大政党」が、この時期に成立したが故に、最初の政党内閣としての隈板内閣が成立したのである。この総選挙における当選者は、福島県では全七名が憲政党所属であった。全国的にみても当選者の内訳けは、憲政党二六〇名に対し非憲政党〔国民協会系、無所属〕は四〇名に過ぎなかった。

しかし、憲政党内閣はわずか四ヵ月間しかもたなかった。結成当初からうっ積していた旧自由党者と旧進歩党系の対立が、人事をめぐって爆発し、くわえて藩閥からの切り崩しにあったためである。中央のこの確執は、従来から選挙をめぐって争ってきた地方党員の間にも根深い感情的しこりを残していた。そのことが再分裂を招き、旧自由党系はそのまま憲政党を名のり、旧進歩党系は憲政本党と名のって併立する。旧自由党系は河野一派が復党せず、対立する憲政本党に合流したため、福島県では明治三二年三月、旧自由党福島支部の再興をめざし、「憲政党福島支部」を創立する。有力者には信夫郡の小笠原貞信、安達郡で伊藤弥、会津若松で日下義雄（元知事）、河沼郡で中島友八、相馬郡の松本孫右衛門らがおり、松本を「福島民報」の主幹としてその機関紙とした。

この間、憲政本党および政府反対派は、山県内閣の提出した地租増徴案に反対し、政府につよく迫ったが、憲政党が内閣と提携して賛成にまわり、ついに地価一〇〇分の三・三の増租案が通過する。長く地租軽減運動を展開してきた農村派の自由党＝憲政党は、自己の最も重要な拠り所を放棄する。しかも藩閥の中心人物伊藤の組織した立憲政友会に合流する。

この間の事情について、「立憲政友会福島県史」は何も触れていない。「河野が伊藤に一杯食わされ（中略）、河野は独り大味噌を着け(2)」、閥族のあなどり難いことを知った筈と説いた残留自由派が、山県内閣で地租増徴案に賛成し、見返りがないままわけ前を「断念」した理由も何も述べていない。閥族の代表者伊藤との提携による立憲政友会の合流について、かっての河野への批判内容そのままを自分達がしながら反省すらない。地租増徴案が全国組織の地租増徴反対同盟や憲政本党のみならず、自派の憲政党内部にさえ反対者が多く、多くの地方支部は言うにおよばず、党の政務調査会で全会一致で増租反対を決議し、代議士総会で反対決議をしながら、何故に妥協せざるを得なかったかも触れていない。自己の変節に対する分析は皆無といってよい。

この立憲政友会の成立は、明治三三年八月二五日である。藩閥の立場から軍国主義を推進する租税増徴をはかる人物に、地租軽減、民力休養、地方自治、地域産業の育成による地域活性化を旗印とする自由党は、本来、対立し敵対すべき立場にあった。この合流は平民主義の己れの立場を捨て、国家主義に転換し、自己のよって立つ農村を裏切ることになった。このような変節の理由は、従来、種々の研究がなされてきた。

変節の最初となった地租増徴案への賛成について、今日における最も一般的な解釈は、①当初、増徴期限を五年間に限っていたこと、②地価修正を同時に実施し、全国的不均衡を是正したこと、③日清戦争前後に政治的進出が顕著であった商工業と、自由党との結びつきが始まったこと、つまり地租増徴の直接の受益者としての彼らの意向が強まったこと、④日清戦後経営の積極財政上、地租増徴が不可避であったこと等があげられている。

ところで右の説明は変節する農村党ともいうべき自由党を主体的にとらえたものではない。財政策ないし政治状況史として解釈したものでしかなく、農村自体からの問題提起や解釈とはなっていないのである。農村史と政党史とのかかわりという本稿の主題からすれば、このような説明が不充分であることはいうまでもない。

この点に論及する前に、福島県政友会の成立事情をみておこう。河野脱党に不満を抱いたのは少壮派の松本孫右衛門、石射文五郎、苅宿仲衛、目黒重真、高岡唯一郎、中目猪三郎らであった。県下、酒造業の代表として自由党系の中心人物星亨に会い、憲政党再興を任されたのは石射文五郎であった。星の「此一言こそ憲政党の再興となり、続いて政友会の命脈になった」(3)という。政府接近に熱心な星の影響下に行動したのである。

明治三二年三月二五日、福島松葉館において憲政党支部創立総会が開かれ、本部より板垣総理、星亨、江原素六の出席のもと、憲政党福島支部規則を定め、役員として常任幹事に苅宿、幹事に石射、中島、鈴木、評議員に西白河は中目、桑名、東白川は佐川、岩瀬は後藤、石城は高岡、佐藤、南会津は児玉、酒井、安達は伊藤弥らを選んでいる。代議員は目黒重真、野沢鶏一、松本孫右衛門、室原重福であった。この組織が基礎になって、立憲政友会が組織されるのは三三年九月である。同党の福島支部創立総会は一一月二五日、福島町福島ホテルで開かれた。出席者二〇〇余名、その役員は、

常任幹事　大河原治一郎
幹事　　根本清五郎、松本孫右衛門、苅宿仲衛、唐橋左源次ら七人
事務員　　小荒井茂八

明治三五年当時の福島県下における政党の勢力分野は、憲政本党二万五二〇〇人余、政友会一万五一〇〇人余、帝国党二〇〇〇人余、無所属二〇五〇人余であった。明治三三年当時からこの党友を維持していたとすれば、政友会系勢

力は少なくないことになる。だが、当時の県会議員の勢力比は自由派憲政党所属議員八人に対し、その他三七人は憲政本党系である。党友勢力が比較的多いにもかかわらず、何故議員が少なかったのか、考察に値する問題である。国会議員にいたっては全員七人が憲政本党であったことは前述した通りである。

そこで農村史と政党史の関連を検討してみよう。増徴案の成立を、かつての通説的位置を占めた地主制の確立が、増徴を可能にしたとする観点を再検討してみる必要があろう。この点を検討するため、福島県下の明治三四年一月当時の農村状況をみておこう。第11表は同年度の各郡村政治を簡略化し表示したものである。政友会成立直後のものである。

福島県でもっとも政党活動の活発であった東白河郡の場合をみれば、三一年当時と様変わりがきわ立っている。報告は郡会および町村会の双方にわたっており、この郡は「郡会ハ従来党派ニ偏シ、両派互ニ反目シテ一致ヲ欠キタルモ、近来、郡内一般殖産興業ニ傾向シ、就中、一昨三二年六月郡債ヲ起シ、馬匹ノ改良、機業ノ発達ヲ図ラントスル諮問事件ニ、全会一致可決シタルヲ初メトシ、爾来、実業問題ハ勿論、其他ノ議題ト雖モ、和衷協賛ノ実ヲ挙ケ、殆ント党派ナキノ有様」(4)であると報告されている。追記として、「郡参事員一同来訪、小官ニ語リテ曰ク、近時郡民ハ一般実業に傾向セリ、是レ実ニ喜フヘキノ現象ナリト謂フ可シ、吾輩、党派ニ齟齬タル既往ヲ顧レハ、実ニ慙愧ノ至リニ堪ヘス。故ニ、自今政党ノ関係ヲ断チ、郡内ヲ助ケテ専ラ実業ノ発達ヲ計ラントス。近時、政友会等ノ勧誘ヲ受ケルモ、断シテ謝絶シ居レリト。両派異口同音小官ニ約スルカ如ク、又、党人ノ意向ヲ代表スルカ如シ」と報告している。

町村会議員選挙もまた様変わりしたという。「近時、政党熱ハ殆ント冷却シテ、一般ニ実業ニ傾向シ、郡内ニ於テ最モ党派ノ競争激甚ナリシ村々モ、郡衙ヨリ機台ノ払下ヲ為スニ方リ、従来ノ感情ヲ去リ、両派ノ重ナルモノ数名、資本ヲ合同シテ機業ヲ起ス事トナリ、従来、党派ノ為メ吉凶ノ事アルモ互ニ反目シテ往来セス、去二十五年以降、殆ン

第 11 表　福島県各郡の政況（明治 34 年）

郡　名	郡会概況	町村会選挙	備　　考
東白川郡	従来両派対立，近来殖産興業ト共ニ和衷協賛「殆ト党派ナキノ有様」	政党熱ハ冷却	政党熱冷却ニ依リ「総テ円滑」
西白川郡	普通事業ニ党派心ナシ，役員選挙ノミ両派大ニ競争	三四ノ町村激戦	概シテ円満「党人擁立ノ村アリ」
石川郡	極メテ平穏	政派影響二三村ノミ	概シテ平穏「多少原按ノ削減」
田村郡	憲本党員最多，殖産，教育，土木ノ拡張希望	従来党派対立，競争激シ	党派対立少ク，行政・議政円満
石城郡	三四年前迄両派対立，現今反目減少	明治 31 年迄対立，本年冷却	
双葉郡	過半進歩派，円満，役員選挙争アリ	直選法復帰後競争アリ	概ネ円満，予算削減ノ傾向
伊達郡	行政ト議政ノ争イ明治 33 年 3 月ヨリ減	概ネ無競争，競争三村ノミ	町村長専擅ノタメ紛擾多イ
安達郡	全体平穏，郡会信用薄シ	各町村トモ競争，再選少ナシ	軋轢ナク平穏
安積郡	郡会，参事会トモ円満	概シテ平穏，競争ハ五六村	概ネ円満
岩瀬郡	郡会，参事会トモ平穏無事	概ネ平穏，競争ハ三村	概ネ円滑
南会津郡	憲本派過半，至極穏当，地方論アリ	憲本派多数，将来競争	円滑，両党対立ハ三村
北会津郡	特ニ円満	三村競争アリ	概シテ円満
耶麻郡	党派競争激シ，最近改善	党派競争ヤヤ沈静化	「行政機関ハ議政機関ニ制セラレ」本分尽セズ
河沼郡	自由派 3，4 人　他 13 人進歩派「議事平穏」	党派対立，沈静化予想	四村ハ党派対立

明治 31.37 年「郡長召集ニ関スル書類」福島県立文化センター所蔵

ト私交ヲ絶チ居ルモ、本年ノ年賀ニ至リテハ互ニ回礼シテ、旧事ヲ談笑セリト」と報じている。つまり実業熱の高まりが政治的対立を解消したというのである。その結果、町村の行政機関と議政機関との関係も正常化し、「近年政党熱冷却ト共ニ些ノ軋轢ヲ見ス、総テ円滑ニ行ハレツツアリ、却テ盲従的ニ陥ラサラン事ヲ憂フルノ状況」になっているという。

以上の東白河郡の報告は、政党をめぐる極端から極端への変化を報じているが、大勢はこの方向で動いたことに変わりはない。町村も行政上の事務がようやく整い、町村行政監督の実効が上ったことになっている。県および郡の行政権の監視が行届き、実業による町村の政党的抵抗の弱まりで国家的町村団体、つまり国権に従属する地方団体の確立に向け、大きく前進する時期であったことを確認しているのである。

東白河郡のこのような動向は、多かれ少なかれ他郡でも同様で、隣の西白河郡の場合、「郡会ハ普通ノ事業ニ対シテハ党派心ヲ挟マス、法令ノ範囲内ニ於テ専心議政機関ノ任ヲ全フセンコトヲ期シ（中略）、然レトモ党派ニ関係アル役員選挙ノ如キニ至リテハ、二派（一ハ政友会派、一ハ憲政本党派）ニ分レ、大ニ競争ヲ試ミ、紛擾ヲ醸スルコトナキヲ保セス、是レ一般ノ通弊ナリ」と言われている。

石川郡でも「議政ト行政トノ関係極メテ円滑」とされたが、町村会議員選挙における政党政派の対立は、「多少競争ノ気味」があったに過ぎないという。田村郡は郡会議員三一名全員が憲政本党に所属しており、対立はなく平穏で、理事者との間も円滑とされながら、町村会議員選挙は平穏の村以外で、「政治上ノ党派角立シ、又仮令政治上ノ党派ニヨラサルモ、一種ノ事情ハ選挙ニ就キ自ラ派ヲ為スモノアリ、是策ニ様ノ中ニアル町村亦尠カラサルヲ以テ、競争ヲ為スモノ頗多カラン」とし、壮士の衝突、腕力に訴えあるいは買収が行なわれていることを報告している。

政党政派の対立のほか、「自ラ派ヲ為スモノ」とは、学校設立位置とか基本財産、区有財産問題についてである。たとえば石川郡では政府の進める町村および学校基本財産の蓄積と管理につき、「従来ノ慣行令俄カニ改メ難キモノアリ、然レトモ町村紛議ノ因ハ、重ニ財政ノ紊乱ヨリ生ス」と述べている。従来の自治的慣行に行政的統制がおよんだ場合の紛議発生の事情を述べているのである。区有（部落有）財産の行政的整理が問題となるため、区民の一致した反抗の形態となり、政党政派に無関係の如くみえるが、これらの背景に政党が無関係であることは殆んどない。

東西白河郡や石川、田村郡の場合、町村会レベルで平穏とされながらも、政党政派に無関係とは言い難い、政党主張による争いというより役員のポスト争い上の、政党対立に過ぎないとする西白河郡の報告は、双葉郡などにも同様にみられ、全国的にも同傾向が目立ちはじめる。しかし、福島県にとってそのような隘小化された問題ではなかったことは、町村会議員選挙をみても明らかである。それは直接、政党政派のスローガンを掲げた政争ではないにしても、町村行政事務の合理化や財源処理問題のなかに潜む、自治的慣行を崩す負担転嫁に、本能的に対応しようとしているのである。

もう少し各郡の状況をみておこう。「四十町村中概ネ競争ナク結了致スヘキ見込」の伊達郡でも、村内の分離派と非分離派の対立、村長との対立、山林購入（村有財産設定）をめぐる対立で、「少シク紛擾」しており、党派上の軋轢のない安達郡でも「地方問題」、つまり地域利害の対立が生ずる場合があり、「議場ニ隅々意見ノ衝突ヲ見ル」程度とする安積郡、岩瀬郡は町村内の対立は数カ村に過ぎなくなっているという。

南会津郡は「党派ノ如何ヲ問ハス議会ノ形モ亦、大半地方論ノ傾キアリト雖モ、郡会議員、郡参事会員ハ憲本党派過半ヲ占メ居ル有様ニシテ、意見大体一致」したという。町村会議員選挙も憲本派多数ゆえ、改選でも「該派ノ勝利ニ帰スルヤ必アリ、今其原因如何ヲ察スルニ、憲本派ハ資産家多キニ居ルヲ以テ、質朴ナル本郡々民ハ之ニ反抗スルニ於テハ、資金融通上不便不利ナルヲ以テ、大半賛同スル傾キアリ」と報じ、地域の有力実業家への従属を述べつつも、「本年ノ改撰ニ就テハ、過半ハ非常ノ競争」になると予想している。その理由は触れていない。金融構造と競争の相関が問われねばならない筈である。

北会津郡は総体的に平穏とされ、耶麻郡は「党派の競争甚タシ」かった。従来に比較し「双方相一致」する場面が多くなり、町村会での「党派ノ競争ハ消沈静」したものの、いまだ競争が激しかったという。郡会議員一七人中自由派三、四名、その他は憲本党派の河沼郡も、相対的に平穏なれど町村会議員は「或ハ党派ニ依リ、或ハ議員ノ配置上ニ依リ、若クハ候補者ニ依リ、従来各町村トモ競争アラサルコトナク」、これが最近の通弊であるという。だが「改選ハ憲政本党多数ヲ占メ、現在ト大差ナキ見込」と伝えている。

政友会成立期の福島県下は、憲政本党派が圧倒的につよく、県、郡、町村会をつうじ県政を左右していたことが明らかになる。以上の報告が事実だとするならば、地租増徴賛成につぐ立憲政友会への合流という、かっての民党勢力の中心と化した自由党の変節の背景は、農村政治史との関連でみれば次のようにまとめることが出来よう。まず第一に実業問題、つまり産業革命の確立にともなう地域産業の活性化が、政党的対立を消滅させていくという側面である。第二は地方問題の登場、つまり鉄道敷設に代表されるように治水、道路、教育（学校設置）問題をめぐる地域利害の主張が、政党的理念に先行するという側面である。第三に町村巡視報告にみられる行政合理化策が、地域慣行と衝突するという側面、第四はこれと関連して地租、所得税、営業税など主要な財源を中央に吸収されていることによる地方財源の創出が、区有財産の収奪や戸別割の増大として負担転嫁されるという側面である。第五に政党間の争いが議会内の役員ポスト争いとみられるようになった側面である。中央における売官、猟官の風潮が、資本主義確立にともなう金権化体質の誕生と連動し、地方政界へも波及し、悪しき慣行化を生みつつあった点である。

これら諸側面の相関のなかに、地租増徴を許し積極政策を容認する社会的雰囲気が醸成されていくとみられる。それも地域的、府県的特色に応じて展開する。福島県の場合、一挙に立憲政友会の成立、その主導による県政掌握が行なわれなかったところに特色がある。自由党系の立憲政友会、憲政本党をあわせ、地方財政、町村問題がどのように位置づけられ、一方で地域住民の期待にどれ程応えるものであったかが問題となる。

注

（1）（2）『立憲政友会福島県史』六四六ページ。
（3）右同　四二ページ。
（4）「自明治三十一年至三十七年二月　郡長召集ニ関スル書類」県立文化センター所蔵、以下引用史料も同じ。

六、町村財政と政党問題

産業革命期における地方財政全般の特質を検討するのはここでの目的ではない。個別福島県の場合につき地方財政を町村政のかかわりで検討しておこう。

当時の課題は、前述巡視報告の如く、「町村紛議ノ因ハ重ニ財政ノ紊乱ヨリ生ス」るもので、政治の基礎は財政と密着する。「紊乱」の内容は事務上の財政諸帳簿の未整理という派生的問題などではなく、すぐれて賦課法、支出法にかかわる本質的な問題であった。それゆえ地租増徴、地方財政、町村税問題は人民負担の三重の課題であり、当時は町村財政が財政全体の矛盾のしわよせ先として、政治問題に登場する時期であった。

政党史との関連で言えば、藩閥と結び立憲政友会を成立させた旧自由党派の積極政策は、財政収入の一応の必要から重税政策に転じ、民党的性格を弱め、かわって地租軽減、地方税緊縮の旗印をかかげるのは憲政本党である。これら両党の町村問題への言及は研究されておらず、町村財政と政党との相関は未開拓の分野といってよい。

前節までの福島県の検討によれば、明治三二、三三、三四年当時は圧倒的に憲政本党が、町村政および郡、県政を牛耳っている時期であった。日本全体の産業革命による資本主義確立期に、福島県的な地方財政がどのように包摂され、政治運動とどのようにかかわったかがここでの課題となる。その際、注意すべきは前述の南会津郡の動向である。県会のみならず郡会、町村会とも憲政本党が独占しており、町村会議員選挙でも当然憲政本党派議員の当選が予測されている。その理由に注意しなければならない。

「憲本派ハ資産家多キニ居ル」ため、資金融通上を掌握し、一般郡民はそのため反抗できず賛成せざるを得ないとされているからである。にも拘わらず、今年度改選の「過半ハ非常ノ競争」とされている点である。地域金融を支配する憲本党員に対し、猛烈な競争をする相手とは誰かという点である。すでに述べたように、敵対すべき旧自由党系は伊藤と手を結び、地租増徴を推進し、農村党としての性格を変えた時であるから、国政、憲政を担う政友会所属議員の変節と、農村党員の乖離という理解が成り立つか否かである。そうならば政友会系代議士、県会議員は全滅せざるを得ない。

他県では政友会は藩閥と手を結びながら伸長する場合が多い。福島県でもこのときほぼ全滅したものの、次第に盛りかえし、やがて憲政本党勢力を凌駕するようになる。したがって当時の対抗は、中央で変節する議員層を批判的に、また無批判に受容する旧自由党的性格を継続する一派ということになろう。またはこの時期から全国的に形成される社会主義的政党への同調者ということになる。

問題は福島県政を、当時牛耳った憲政本党の性格である。果して政党的主張で一本化された一枚岩を誇る団体であったか否かである。おおよそ改進党系および憲政本党系の議員が、資産家であったことは一般的に知られている。福島県出身衆議院議員や県会議員の報告は一面の妥当性をもつものであった。資産家が多いゆえに逆に政党的団結の弱さをもち、この点で自由党系につねに遅れをとってきたのが、これまでの経過であった。

明治三〇年代初期の福島県憲政本党の性格をみてみよう。河野広中が脱党し、憲政本党に合流する明治三一年、三二年の福島県会は憲政本党系議員が牛耳っており、この時期の大きな問題は山田春三知事の不信任問題であった。三一年一一月開催の通常県会において、憲本党の元和田広治議員より「県民の輿望に反し、増租賛成の勧誘」[1]をしたことを理由に、不信任案が提出され、可決された。東京芝の紅葉館に開いた地租増徴反対同盟会の同志懇親会では、「地租増徴に賛成する代議士に向て、辞職勧告を為す」[2]ことを決めて、政府の増徴案に対抗した。山県内閣はこの運動を抑圧する一方、山県系地方官に対し、増租賛成の宣伝をするよう内命していたので、山県直系の山田知事は露骨な宣伝につとめていたという。県会議員はこれに一致して反対し、不信任の知事提出議案は審議できぬとして返還決議をし、議場出席も拒否した。福島県会では三島通庸知事時代、明治一五年に全議案否決で対決したことはあったが、不信任と審議拒否をしたのはこれが最初であった。

そのため県会開設以来最初の解散となり、三二年三月に選挙が実施されたが、再び民党系議員が大勢を占め、六月臨時県会で再び不信任案を可決した。「立憲政友会福島県史」[3]によれば、再度の不信任案可決は安達郡の伊藤弥の質問を最初とする自由派県議の活躍と記している。しかし彼らの所属する自由派憲政党が、中央においてすでに地租増徴案に賛成し、それが決定されていたことの意味には全く触れられていない。全くナンセンスである。

同年一〇月、再解散をうけて再三県会議員選挙が実施された。知事は去り「大風一過の県会（中略）、極めて平穏」になったという。以上の経過は、中央における地租増徴案通過後も、なお福島県にあっては地租軽減要求の根強いことを示す事件であったことを物語る。明治三三年県会は、「蚕蛆駆除予防建議案」、「支那留学生派遣建議案」が成立する。前者は県下養蚕業の発達を、後者はわが国商工業の発達に応じた清国への、「国土開拓の任に当り、利源を開き交通を便にし、以て商工業の発達を企図」する先兵たらしめるものであった。資本主義確立にともなう中国進出は、福島県会でも問題であったのである。

明治三四年県会の大問題は、憲本党員国分虎吉ら提出の「林野整理に関する建議」の取扱いであった。これは明治三二年以来すでに三回目の建議であるという。つまり地租増徴案可決に応じ林野払下げ問題が登場したのである。建議の内容によれば、明治八年の地租改正によって福島県の森林原野合計一三〇万町歩、うち四六万町歩が官林に、五六万町歩が民有になった。だが明治一一年の林野改租において官民有区分査定では、民有五六万町歩のうち四〇万町歩を「官有に引上げ」てしまった。それゆえ、県下一三〇万町歩余のうち民有はわずか一七万町歩にしか過ぎない。全く「不当の査定」であるという。以来、国有地御料林野の規則により厳しく関係人民の生活を圧迫してきた。

前回建議では関係人民への定価払い下げを要請したが、許可がないので更に次の四項を要求するので採可されたいとしている。

①行政裁判を起し林野下戻しを受けたものがあるので、従来の仕方が調査不行届のある証拠である。しかし資力なく行政裁判を起せないものもいるので、申請あり次第配慮されたい。

②地租改正で図面不備を奇貨とし、「国有地を拡張し民有地を縮小」したが、実態を正しく調査してほしい。

③開墾や小屋掛料、生草払下料などを、昨年一挙に増額したため、借地料を払えぬ人民が多数発生した。ゆえに隣地の最低地租より超えないことにされたい。

④森林官吏の不当処置が多いので、人民の権利を守ってほしい。

以上を県会決議とし、議長八島成正名で内務大臣内海忠勝宛に、一一月三〇日に建議した。まったく当然の主張であったが、前建議と比較し相当後退し、遠慮したものになっている。最低の県民生活の維持が、この要請の背景にあったことは言うまでもない。明治三〇年代初頭に、県会の最大問題になった地租増徴反対、林野払下げ問題は福島県憲政本党の主要課題であった。いずれも県民生活の、また地方財政の確立を図るためのものであった。

ところが、これらの要求を政府が開き入れた形跡はない。国有林の払い下げによる町村財政および町村民の経営拡大を保証する筈であったこの要求も、天皇資産の形成と国有財産創出の国家意図のまえに、無駄な努力でしかなかったようである。いきおい地租増徴反対と林野払い下げに期待する県民の望みを託された憲政本党も、地方金融支配に反発も買うあい矛盾した二面性をもつに至った。旧吏党系の国民派の同調も保守化として嫌われた憲本党は、民党的性格に期待されつつも、やがて小地主成立にともなう政友会勢力の伸長を許すことになる。

当時の地方財政の矛盾は、すでに第四節でも指摘したように、福島県は他県に比較し町村税負担が重く、所得税、営業税の軽さが戸別割に矛盾を集中させ、貧民の負担を重くしていた。戸別割が政治問題化するのは大正期であるが、それまで地主制のもと地方財政の矛盾は貧民に転嫁され、そのうえで地方政治も推移する。明治三〇年代の地方政治と政党問題は、憲政本党に代弁される民党的性格への期待を秘めつつ、その有産者的性格への反発を利用する、かっての民党、つまり変節しつつ政府に接近を始めた政友会への支持も、同時に始った時であった。鉄道敷設による地域利害の競争も、政党展開の基礎におかれ、利害誘導政治が開始される。

明治三四年「町村巡視復命ニ関スル書類」(4)によれば、当時は赤痢発生にともなう町村財政難が指摘されている村々が多い。その結果、「多額ノ負担ハ到底細民ノ堪エル所ニアラス」という。当時、増大しつつあった町村財政は「常ニ財源ヲ土地所有者ニ求メス、戸別割ニノミ重キヲ置クヲ以テ、財政ノ料理困難ヲ来」たしていた。それゆえ町村税滞納も増大する。

このような村の一つ、田村郡御館村では旧自由派、旧国民派の二派に分かれての党争を調整しようとし、三二年一〇月「平和契約書」を郡長指導のもとで作成され、村内政争が鎮静化していたが、三四年以降も遵守されている。その契約書は村会議員の大字別選出法、定数、政派別、村吏員の両派交代制、郡会議員の交代制などである。田村全郡が「財政ノ整理ハ大ニ困難」を来していた当時、政争当事者の直接的対応がみられない。政党が町村財政や貧民問題から離れる傾向を示す時であったと思われる。

注
(1)「立憲政友会福島県史」二三四ページ。
(2) 右同　二三五ページ。
(3) 右同　二四〇ページ。
(4) 福島県立文化センター歴史資料館、行政文書　以下同。

結びにかえて

産業革命期の地方政治を、政党史と財政との関連で明らかにしようとする本稿は、初期議会期以降の地域動向の推移のなかでその特質を探っている。福島県では大同団結運動以来の政党運動は継続的に展開され、自由民権運動末期に運動の退潮とともに、逆に伸長した吏党系勢力を凌駕し、再び自由党系勢力の全盛期を迎えていた。町村制実施後の県下農村は、行政機関が議政機関に従属する場合が多く、政費削減要求とともに初期議会期の民党運動に連る前提が村のなかに形成されつつあった。町村会議員選挙は政党対立がもちこまれ、政費節減と民力休養とは自由党系勢力の町村的基盤として主張され、地方自治確立のための政治要求ともなっていた。

この状況は明治二三年一一月に開設の、初期議会以降も、基本的にかわっていない。福島県の政党運動は、この時期自由党全盛期ではあったが、その自由党が第六議会を契機に政府に接近し、明治三一年の地租増徴案の賛成、三三年の立憲政友会への合流を経、吏党的性格を強める。この間、彼らが捨て去った地租軽減、民力休養の民党的旗印は、河野広中中心の東北同盟会と、彼らが合流した憲政本党に継承される。福島県はその意味で、明治三〇年代まで民党的性格のつよい政党運動が展開した、数少ない県の一つであった。このような民党運動を支えた農村基盤は、一～三町歩所有の中富農層農民を中核とした、資本主義確立下の農村の変質であった。

この点は町村会議員選挙や町村会の変質、および町村財政の変化と軌を一にしていた。地方財政が膨張し、負担が町村税にしわ寄せされる当時、地主制の形成がすすみ、党派対立を解消させ、国家的行財政の態勢が整備される。日清戦争頃まで地方自治を主張し、革新性を継続した在地勢力も、三〇年代に入り、選挙競争の大字間対立や学校位置問題、村内役職をめぐる対立に矮小化され、官と民との対立軸はかわって地域間の相互対立へと変化する。

福島県は総体として民党的性格をもつ、民党運動が継承してはいたものの、その担当者の憲政本党が、旧吏党系の国民派を合流させて保守化をすすめたことが、有産者的性格とあいまって旧来の農村政党としての政友会の復活に手をかすことになった。地方財政はとくに町村財政が戸別割に矛盾をしわ寄せさせて、滞納を生む状況を構造化しつつも、政党運動がこの矛盾解消に直接のり出した形跡はない。

以上のような意味で、産業革命期の地方政治は確立する天皇制国家のもと、農村構造の変質にともなう政党運動が、いまだ民党的性格をのこしつつ変化し、新たな矛盾をかかえる時期であったということができる。

第二章　産業資本確立期前夜における衆議院議員の動向

富田　信男

一、初期議会は「地主の議会」か

一八八九（明治二二）年二月に公布された衆議院議員選挙法は、選挙権を有する者を満二五歳以上の男性で直接国税一五円以上を納付する者、被選挙権を有する者を満三〇歳以上の男性で直接国税一五円以上を納付する者と限定した。このため有権者は四五万八七二人で、全国民の一・一四％に過ぎなかった（自治省選挙部『衆議院議員選挙の実績』第一巻）。明治二三年度の租税収入（決算）は、地租が三、九七一万円、所得税が一〇八万円、その他が二、四九二万円で（一万円未満切捨て、以下同じ）、地租がほぼ六割（六〇・四％）を占めた[1]。地租の内訳は、田租七二％、畑租一六％、郡村宅地租七％、市街宅地租二％、雑地租二％、その他一％で、田租・畑租は合わせて八八％を占めた[2]。

ここではまず有権者資格要件が直接国税一五円以上から一〇円以上へと改正された一九〇〇年以前の第一回から第六回までの総選挙当選者の地租・所得税・営業税別（営業税は第六回総選挙から直接国税となる）と選挙回次別とをクロスさせた人数を示しておこう。それは第1～第4表に示す通りである。

安良城盛昭によれば、「二五〇円の地租納付者は、地価一万円の土地所有者であり、ほぼ三〇町歩の地主と考えることができる」ということで、安良城は、その数を「三十七～三十八名」としている。その数は正しく、第一回総選挙当選者のうち地租を二五〇円以上納付していた議員は三八名である。ただし、安良城が『内務省統計書』の資料により、一八九二（明治二五）年及び一八九四（明治二七）年の「一議員国税納付額」から推定し、議員のうち「十～二十町歩の中小地主が、かなり含まれているものと推察しうる」と述べている点[3]はどうであろうか。

二五〇円の地租納付者が三〇町歩の地主とするならば、一〇町歩を所有する人の地租納付額は約八三円となる。そ

第１表　第１回～第６回総選挙当選者の納付地租額

地租＼選挙回次	第1回	第2回	第3回	第4回	第5回	第6回	地租＼選挙回次	第1回	第2回	第3回	第4回	第5回	第6回
0	1	3	4	2	5	5	200円～250円未満	11	12	13	14	8	12
5円未満	2	3	3	4	6	5	250円～300円未満	12	10	8	8	9	11
5円～10円未満	4	2	2	2	4	4	300円～350円未満	8	4	7	10	9	9
10円～15円未満	12	9	11	11	16	22	350円～400円未満	4	2	4	4	5	7
15円～20円未満	74	76	78	77	65	72	400円～500円未満	3	6	2	6	8	9
20円～25円未満	34	30	31	24	25	26	500円～600円未満	1	1	6	9	5	2
25円～30円未満	19	9	15	17	14	13	600円～700円未満	2	4	3	3	5	4
30円～35円未満	13	15	14	15	17	14	700円～800円未満	0	1	2	1	2	1
35円～40円未満	13	11	11	7	15	6	800円～900円未満	2	2	1	2	1	1
40円～45円未満	6	7	2	4	7	6	900円～1,000円未満	1	3	2	0	1	1
45円～50円未満	7	6	8	3	6	7	1,000円～1,100円未満	1	1	1	0	2	1
50円～55円未満	8	6	8	6	6	3	1,100円～1,200円未満	0	0	2	2	0	0
55円～60円未満	2	4	4	4	4	6	1,200円～1,300円未満	1	0	1	0	1	0
60円～65円未満	3	5	1	7	4	2	1,300円～1,400円未満	1	0	2	1	0	1
65円～70円未満	6	5	4	3	3	1	1,400円～1,500円未満	0	0	0	0	1	1
70円～75円未満	2	5	2	3	1	0	1,500円～1,600円未満	0	1	1	1	2	1
75円～80円未満	3	6	5	5	2	6	1,600円～1,700円未満	1	0	1	1	0	1
80円～85円未満	2	1	2	1	4	3	1,700円～1,800円未満	0	0	1	0	0	0
85円～90円未満	1	2	3	4	2	1	1,800円～1,900円未満	0	1	0	0	0	1
90円～95円未満	2	3	3	5	7	3	1,900円～2,000円未満	0	0	0	0	0	0
95円～100円未満	2	3	2	1	1	1	2,000円～2,100円未満	0	1	0	0	0	0
100円～150円未満	19	21	14	18	16	21	2,100円～2,200円未満	1	0	0	0	0	0
150円～200円未満	16	19	16	15	11	10							

資料　『衆議院議員名簿』　明治23.10.23印行、明治25.4.15調、明治27.5.1調、明治27.11.15調
明治31.5.10印刷、明治31.10.21印刷（以下同じ）

	地租額合計 円　銭　厘	地租額平均（厘未満切捨て） 円　銭　厘
第１回	34,446. 34. 5	114. 82. 1
第２回	37,658. 19. 2	125. 52. 7
第３回	42,102. 31. 1	140. 34. 1
第４回	39,927. 15. 9	133. 09. 0
第５回	39,710. 60. 0	132. 36. 8
第６回	39,442. 85. 8	131. 47. 6

（註）　なおこの表では第１回総選挙の当選者の計は299名となっている。不足分の１名は富山１区（定数２名）で磯部四郎が当選したが、判事に任ぜられ、10月30日に辞職したために含まれていない（以下同じ）。

第2表　第1回〜第6回総選挙当選者の納付所得税額

所得税額＼選挙回次	第1回	第2回	第3回	第4回	第5回	第6回	所得税額＼選挙回次	第1回	第2回	第3回	第4回	第5回	第6回
0	124	114	101	102	94	105	80円〜85円未満	0	0	1	0	0	0
5円未満	49	52	47	39	36	27	85円〜90円未満	1	2	1	0	0	2
5円〜10円未満	70	65	71	63	56	52	90円〜95円未満	0	1	0	1	0	0
10円〜15円未満	0	0	0	0	0	1	95円〜100円未満	0	0	2	0	0	1
15円〜20円未満	16	18	27	27	22	26	100円〜150円未満	3	3	4	2	9	5
20円〜25円未満	8	8	9	18	22	18	150円〜200円未満	0	0	0	0	0	0
25円〜30円未満	4	8	6	7	11	17	200円〜250円未満	2	4	1	0	1	2
30円〜35円未満	6	6	3	12	8	9	250円〜300円未満	0	2	0	0	1	2
35円〜40円未満	3	5	7	3	6	8	300円〜350円未満	0	0	0	0	0	1
40円〜45円未満	2	2	2	5	7	6	350円〜400円未満	0	0	0	0	3	1
45円〜50円未満	6	3	9	4	6	3	400円〜500円未満	0	0	0	0	0	0
50円〜55円未満	3	2	0	7	5	3	500円〜600円未満	0	0	0	0	0	1
55円〜60円未満	0	2	6	3	2	3	600円〜700円未満	0	0	0	0	0	0
60円〜65円未満	1	0	2	3	0	1	700円〜800円未満	0	0	0	0	2	0
65円〜70円未満	0	1	0	3	4	1	800円〜900円未満	0	0	0	0	0	0
70円〜75円未満	0	0	0	0	4	2	900円〜1,000円未満	0	0	0	0	0	2
75円〜80円未満	2	2	1	1	2	1							

資料　『衆議院議員名簿』(印行月日など第1表に同じ)

	地租額合計 円　銭　厘	地租額平均（厘未満切捨て） 円　銭　厘
第1回	3,224. 22. 6	10. 74. 7
第2回	4,455. 05. 9	14. 85. 0
第3回	4,000. 83. 0	13. 33. 6
第4回	3,907. 89. 6	13. 02. 6
第5回	7,301. 26. 2	27. 64. 8
第6回	8,294. 54. 4	131. 47. 6

第3表　第6回総選挙当選者の納付営業税額

営業税額	第6回	営業税額	第6回
0	260	55円〜60円未満	1
5円未満	3	60円〜65円未満	0
5円〜10円未満	5	65円〜70円未満	0
10円〜15円未満	6	70円〜75円未満	1
15円〜20円未満	2	75円〜80円未満	0
20円〜25円未満	6	80円〜85円未満	0
25円〜30円未満	4	85円〜90円未満	1
30円〜35円未満	4	90円〜95円未満	0
35円〜40円未満	0	95円〜100円未満	0
40円〜45円未満	1	100円〜150円未満	1
45円〜50円未満	1	150円〜200円未満	1
50円〜55円未満	3		

営業税総額　　1,305円53銭6厘
資料　『衆議院議員名簿』　明治31.10.21印刷

第４表　第１回～第６回総選挙当選者の納付地租額・所得税額・営業税額の合計

納付額＼選挙回次	第1回	第2回	第3回	第4回	第5回	第6回	納付額＼選挙回次	第1回	第2回	第3回	第4回	第5回	第6回
15円～20円未満	64	55	60	66	63	73	200円～250円未満	13	17	14	15	15	12
20円～25円未満	41	41	37	27	28	28	250円～300円未満	15	10	10	10	11	12
25円～30円未満	19	20	24	20	21	22	300円～350円未満	7	7	6	8	6	9
30円～35円未満	21	15	19	19	15	16	350円～400円未満	4	3	7	6	5	9
35円～40円未満	12	9	11	11	5	7	400円～450円未満	4	2	3	4	6	3
40円～45円未満	6	11	10	5	11	7	450円～500円未満	0	4	0	2	5	7
45円～50円未満	11	6	5	9	7	6	500円～550円未満	2	2	0	2	0	3
50円～55円未満	9	6	7	7	10	5	550円～600円未満	0	0	3	7	4	0
55円～60円未満	4	8	6	1	8	7	600円～650円未満	1	2	2	2	1	1
60円～65円未満	5	2	5	7	8	3	650円～700円未満	2	1	2	1	3	1
65円～70円未満	6	3	1	6	4	9	700円～750円未満	0	1	2	1	3	0
70円～75円未満	4	6	6	4	4	3	750円～800円未満	0	0	1	1	2	4
75円～80円未満	2	5	2	4	4	4	800円～850円未満	0	1	1	0	1	1
80円～85円未満	4	5	3	4	2	2	850円～900円未満	1	0	0	1	0	0
85円～90円未満	1	1	4	2	3	0	900円～950円未満	1	2	1	2	1	2
90円～95円未満	2	2	2	4	5	3	950円～1,000円未満	0	2	2	0	0	0
95円～100円未満	2	3	7	3	4	6	1,000円～1,100円未満	1	2	1	0	1	2
100円～110円未満	7	10	3	5	2	4	1,100円～1,200円未満	1	0	1	1	1	1
110円～120円未満	3	8	5	6	5	1	1,200円～1,300円未満	1	0	1	1	0	0
120円～130円未満	5	1	2	6	4	2	1,300円～1,400円未満	0	0	2	0	0	0
130円～140円未満	4	5	3	2	2	7	1,400円～1,500円未満	1	0	1	0	1	0
140円～150円未満	3	3	1	3	4	2	1,500円～1,600円未満	0	0	1	1	1	2
150円～160円未満	1	4	2	2	1	1	1,600円～1,700円未満	0	0	1	1	2	0
160円～170円未満	2	5	1	4	5	5	1,700円～1,800円未満	0	0	0	0	0	1
170円～180円未満	3	2	6	1	0	2	1,800円～1,900円未満	0	0	1	0	1	0
180円～190円未満	0	4	1	4	3	5	1,900円～2,000円未満	1	1	0	0	0	0
190円～200円未満	3	2	4	2	2	3	2,000円～2,500円未満	1	1	0	0	0	2

資料　『衆議院議員名簿』(印行月日など第１表に同じ)

	地租・所得税・営業税合計	地租・所得税・営業税平均	
	円　銭　厘	円　銭　厘	
第１回	37,670. 57. 1	125. 56. 8	
第２回	42,113. 25. 1	140. 37. 7	
第３回	46,103. 14. 1	153. 67. 7	
第４回	43,835. 05. 5	146. 11. 6	
第５回	47,011. 86. 2	156. 70. 6	
第６回	49,042. 93. 8	163. 47. 6	(厘未満切捨て)

第5表　納税額別議員数（衆議院）

地租納税額＼選挙回次	第1回	第2回	第3回	第4回	第5回	第6回
0	1	3	4	2	5	5
80円未満	208	199	199	192	195	193
80円～250円未満	53	61	53	58	49	51
250円以上	38	37	44	48	51	51

第6表　衆議院議員職業構成

年月	官吏	医師	新聞及雑誌記者	弁護士及公証人	銀行員	会社員	商業	地主及農業	工業	雑業	無職業	計
1890（明23).7	60	3	20	24	7	7	12	144	10	5	8	300
1892（明25).2	18	3	15	21	7	8	15	175	8	5	25	300
1894（明27).3	1	5	16	30	5	11	15	183	11	5	23	300
1894（明27).9	7	1	18	24	5	11	15	185	11	6	21	300

（『帝国統計年鑑』）

こで第一回総選挙当選者の地租納付額を見るならば、八〇円以上～二五〇円未満の地租納付者数は五三名であり（第二回六一名、第三回五三名、第四回五八名、第五回四九名、第六回五一名）（第5表）、「地主議会」とされる初期衆議院は「中小地主層を議員の中核としていたことがほぼ明らかとなる」とは言い難い。地租八〇円未満納付者は一九二名（第四回）から二〇八名（第一回）の間にあり、地租納付者全体の六四％から六九％を占めている（第5表）。言うなれば、「小地主の議会」なのである。

これまでは衆議院議員の職業別構成が第6表に示すように「地主及農業」と記されているものが四八％から六一％を占めていたために「地主の議会」と称されてきた（第6表）。確かに一八七四（明治七）年に始まる自由民権運動は、国会開設、言論集会の自由、外交策の輓回などと並んで地租軽減を主要課題の一つとしてきた。そして議会開設後も〝政費節減・民力休養〟が第一回及び第二回議会の最も主要な課題とされた。それは、大中小を問わず、ほぼ全議員が土地所有者であり、当選するには有権者のうちの豪農や中小地主層の支持が必要であり、それに小作人との関係悪化を憂えている地主や宅地所有者の支持も必要だと考えられていたからである。

二、当選者の背景

ところで筆者は、これまで末松謙澄の「二十三年の総選挙」[4]や当時の新聞記事等を典拠として、候補者の当選基準として「人物主義」「地方主義」「政治熱心」の三つを挙げてきた。たとえば岡山三区から出馬した犬養毅は、西南戦争の従軍記者として文名を馳せ、あわせて大隈重信門下の政治家として既に高名で、しかも地元の吉備津神宮の祭神と縁の深い関係で、人物主義と地方主義を兼ね具えていた人物であった。また神奈川五区の中島信行は、神奈川県令、元老院議官、立憲政党総理、自由党副総理といった経歴を有し、その活動で「人物主義」に適する名声を得ていた。

他方、東京五区の渋沢栄一が太田実に敗れたのは、渋沢に投票した深川区の有権者の数より太田に投票した本所区の有権者の数の方が多かったという「地方主義」まる出しの選挙が行われたからであった。政治熱心という点では福岡八区の末松謙澄を挙げうる。末松は元ジャーナリストで、官僚となったのちケンブリッジ大学に学び、その後、文部省、内務省につとめ、既に中央で名をなしていたエリート官僚であったが、出身地で名乗りをあげ、実に八週間にわたって精力的に選挙区を駈け廻ったことによって功を奏したと言いうる[5]。

筆者は上述の「人物主義」「地方主義」「政治熱心」を訂正するものではない。しかし、さらに深めてゆくと、職業を「農業」とした者がかなり当選したのは、みずから農業にたずさわっていた者がそれほど多くなく、また地主の勢力下にあっても小作人は選挙権を持っていなかったのにかかわらず、かなりの当選者を出しているのは次の三つが主たる理由によると思われる[6]。

その第一として、地租改正の折に土地所有者や農民のために運動をした人びとをまず挙げうる。一八七三（明治六）年の地租改正をめぐり、土地の丈量が正しく行われたかどうか、地価が公正に定められたかどうか、地租の額は適正かどうかについて、土地所有者にはかなりの疑問があった。また高額な地租は地主・小作関係にも影響を及ぼすことが懸念されたりした。もし高額な地租を小作人に転嫁すれば、地主・小作人間の擬似的親子関係が崩れる怖れがあったし、小作人一家の労働力の摩滅をもたらす危険性すらあった。そのうえ、そのことは当然のこととして土地所有者の負担は重く、一触即発の危機を孕み、なかには「竹槍蓆旗」の蜂起にまで到ったケースもあった。そうした折に、土地所有者が負担しなければならない地租の額にも関連していた。それでなくても政府の富国強兵策の強行のため、土地所有者の負担は重く、一触即発の危機を孕み、なかには「竹槍蓆旗」の蜂起にまで到ったケースもあった。そうした折に、測量の公正、地価の訂正、地租の修正、地租の米納の中止、租税納期の変更等を求めて活躍した人びとが当該地区で高く評価されたのは当然であった。代表的事例として次の人びとを挙げうる。

永田定右衛門（福井三区・南条郡、今立郡、丹生郡）　地租改正による紛議に際し、石川県令相山純孝は越前七郡の収穫反米を定めるにあたって人民の上申をすべて無視し、官府の見込だけを以て強行し、もしこれに服さない者がいれば威力をもって処分をなすとしたため、越前七郡一千有ヶ村の人民はこれを不当と思いながら恨みをのんで服従してきた。しかし、安沢村ほか二七ヶ村の人民は毅然として屈することなく、再改正を請おうとして永田及び杉田定一（福井二区）に問うたところ、永田は正理があるならば、身体・財産をなげうってもこれを救護しようと誓い、力を尽し、七郡の地租改正は再調査ということになり、ほぼ四〇万人の人びとに安堵をもたらしている。

梶田喜左衛門（愛知三区・東春日井郡、西春日井郡）　梶田は東春日井郡の豪農であるが、みずから手伝いを得ながらも農耕に従事し、飢饉の際には貧しく飢えている人びとに金穀を賑恤する人物であった。一八七四（明治七）年に第三大区一三小区長となり、一四ヶ村を管理し、同年第三区二等副戸長となったが、その時期に地租改正の問題が起きている。すなわち東西春日井郡に対する地租は、既に定まっている標準、制規と矛盾し、莫大な地租がかけられ、郡民はその負担に堪えられないと不穏な空気がただよった。それに対して、梶田は副戸長の職を辞し、賦課される地租が理不尽であることを調査し、最も不当が甚しかった和爾良田楽等四二ヶ村の人民の願書が聞きいれられなかったために、四二ヶ村の惣代となり、上京して、ほぼ三年にわたり、数十回にわたる嘆願を繰り返した。しかし、一八七九（明治一二）年二月に旧領主徳川慶勝から金貨が与えられ、嘆願の中止が要請され、さらに八一（明治一四）年に到れば既定の地価を廃し、正当な地価に訂正すると述べられたため、やむなく帰省し、八一年一一月郡長林金兵衛の下で書記になった。そして地価修正をなすために大蔵省の主務官僚を呼び、地価の修正をなさなければならない理由を書面で提出すると共に実地調査をなさしめた。しかし、梶田の意見は通らず、八五（明治一八）年まで据置きとなった。その間、梶田は八二（明治一五）年に県議に、また入鹿井組聯合議員となり、八四（明治一七）年に地租修正を目的として自力社を結成した。だが地租軽減は容易に成らず、運動を続行せざるを得なかった。この梶田の努力は容易にむくわれなかったが、その努力を村民は高く評価し、彼の衆議院議員当選に結びついたと言える。

第二は、農業用の水利、あるいは農産物や木材等を運搬するための道路の改修・開鑿、港の修理・建設等に尽力した人びと及び渇水、洪水、水争い等が少なくなかった当時にあって、これらを解決するために盡した人たちをあげうる。そうした人びとは農業・林業・運搬等に関わっていた人たちにとっては貴重な存在であった。その代表的な事例としては次のような人たちを挙げうる。

石原半右衛門（京都五区・南桑田郡、北桑田郡、船井郡、天田郡、何鹿郡）石原は八三（明治一六）年五月に船井郡長となり、当該地域を発展させるために道路が開かれることが重要と考え、園部より篠山に達する原山峠及び丹後舞鶴に達する和知街道等を開鑿し、それを完成させ、当該地域の殖産事業に貢献するところ多大であった。

青樹英二（愛知六区・海東郡、海西郡）青樹は八三（明治一六）年二月に海東・海西郡連合会議員となり、次いで丹羽、葉栗、中嶋、海東・海西郡四一七ヶ村水利土工会議員となり、さらに八六（明治一九）年一月に県議に、次いで木曽川外三川・四一三ヶ村連合会議員、また木曽川外三川治水委員に選ばれ、中嶋郡長ともなり、福田川、富田川及び用悪水路等の改修工事をなし、郡民はその余慶にあずかり、青樹を高く評価した。

影山秀樹（静岡二区・富士郡、庵原郡）影山は八二（明治一五）年に県議となり、田租納期改正に奔走する一方で、富士川、安倍川、大井川、天竜川の四大河川の堤防の改築に当り、その改築の支弁を一行政区ではなく国庫に望み、結果的には連帯支弁となったものの改築を達成した。

こうした道路、水路、堤防等の建設や改修は、それぞれの地域の発展に不可欠なものと考えられ、その衝に当った人の労は多とされ、衆議院議員に当選する一助となった。

第三は教育に熱心であった人びとである。当選者を見ると、みずから漢学に打ち込んだ人は少なくなく、また国学を学んだ者もかなりいたし、少数ながら洋学や法律・経済・政治等を学んだり、数学や武術・軍事技術を学んだ人もいた。そしてそうした人びとは、私塾を開いたり、公立・私立の学校の開設につとめたり、また地方官僚として学校の設立に盡力したり、みずから教鞭をとったものもいて、このことは意識するとしないとに関係なく、父母を喜ばせ、総選挙で当選するのに一役かったと思われる。選挙時以前に少しでも教育に関連した人は全当選者の六分の一（五〇名）を下らないと思われる。

上記の地租改正に伴なう問題、道路・河川・水路にかかわる問題、さらに教育、この三つの問題で活躍した人びとのほか、さらに当選者の背景を調べるなら、自由民権運動に献身的であった者やかなりの数のジャーナリスト並びに代言人が目立っている。

このうち自由民権運動を展開した人びとは、中央や地方で、民撰議院の設立、言論・出版・集会・結社の自由、条約改正、地租軽減等の主張をなし、その運動を展開し、それらがかなりの人の共鳴をえたと思われる。その運動は、運動従事者が地主であると否とを問わず、評価され、特に藩閥政府に対抗する姿は、かなりの人びとから注目され、またそれと同時に知名度も高めていった。

自由民権論者のうち、自由党系の当選者には大江卓、河野広中、新井章吾、新井毫、石坂昌孝、中島信行、鈴木昌司、磯部四郎、杉田定一、江原素六、栗原亮一、中江篤介、小林樟雄、加藤平四郎、末広重恭、竹内綱、林有造、植木枝盛、松田正久、武富時敏、長谷場純孝、河島醇等の錚々たるメンバーが揃っており、改進党系では大津淳一郎、高田早苗、島田三郎、犬養毅、中野武営、箕浦勝人等が目立つ存在であった（改進党系の尾崎行雄、田中正造等は、のちに著名となる）。

なお民権運動と直接的な関係はないが、与党系の大成会には安部井磐根、津田真道、芳野世経、中村弥六、岡田良一郎、早川竜介、伊藤祐賢、杉浦重剛、大東義徹、末松謙澄、元田肇、朝倉親為など、学識があり、一くせも二くせもある人物が含まれていた。なお無所属では楠本正隆、神鞭知常、陸奥宗光、菅了法、大岡育造、佐々友房、古荘嘉門などが名を連ねていた。

なお当時、新聞・雑誌は唯一のマス・メディアと言っても過言でなく、署名入りの論説・評論・記事は筆者を一躍著名人の仲間入りさせるきっかけとなり、それらの新聞発行人・経営者も地方の有名人であった。主だった人を北からあげてゆけば次の通りである（雑誌も含める）。

十文字信介（宮城三区・学農社編輯長）、鳥海時雨郎（山形三区・両羽新報発行）、渡辺治（茨城一区・時事新報記者、大坂毎日新聞主筆）、大津淳一郎（茨城二区・茨城日々新聞発行）、新井章吾（栃木二区・自治政談発刊）、島田三郎（神奈川一区・毎日新聞発行・主筆）、山田東次（神奈川四区・法律雑誌編輯、法律応用雑誌発刊）、山際七司（新潟一区・喚醒雑誌・東洋自由新聞発行）、小林雄七郎（新潟五区・東北日報主筆）、南磯一郎（富山三区・北陸公論発刊）、島田孝之（富山四区・北辰雑誌発行）、江橋厚（長野四区・松本日日新聞発行、同紙はのちに信陽日報となる）、永井松右衛門（愛知二区・愛知絵入新聞発行）、栗原亮一（三重一区・草莽雑誌発刊、自由新聞記者）、尾崎行雄（三重五区・報知新聞記者、新潟新聞主筆、朝野新聞論説担当）、伊東熊夫（京都四区・立憲政党新聞発刊）、中江篤介（大坂四区・東洋自由新聞発刊・主筆、政理叢談発刊、自由新聞創刊・社説掛、東雲新聞発刊・主筆、立憲自由新聞・自由平等経綸・北門新聞・毎夕新聞各主筆）、東尾平太郎（大坂七区・日本立憲政党新聞発行）、石田貫之助（兵庫四区・又新日報発刊）、魚住逸治（兵庫五区・雑誌・政友発刊）、青木匡（兵庫九区・朝野新聞論説担当、長野日々新聞主筆、京浜毎日新聞記者、東京輿論新誌編輯）、桜井徳太郎（奈良三区・大和新聞発刊）、鹿嶋秀麿（兵庫一区・神戸新報発行）、関直彦（和歌山三区・東京日日新聞編輯・記者、東京日報社長）、菅了法（島根四区・東京経済新報発行・論説担当）、小林樟雄（岡山一区・中国毎日新聞社長・主筆）、坪田繁（岡山一区・草莽雑誌記者）、犬養毅（岡山三区・郵便報知新聞特派員、東海経済新報発刊・主幹、交詢雑誌創刊・編輯、また朝野新聞の改良に尽力）、大岡育造（山口三区・東京輿論新誌発行）、三崎亀之助（香川四区・明治日報記者、京都中外電報主筆）、末広重恭（愛媛六区・曙新聞編集、朝野新聞記者・主筆、東京公論主筆、関西日報刊行、大同新聞記者・主筆）、香月恕経（福岡二区・集志集社長、福陵新報主筆）、末松謙重（福岡八区・日報社編集・東京日日新聞編輯）、武富時敏（佐賀一区・肥筑日報発刊・編輯）、家永芳彦（長崎一区・長崎新報社長）、箕浦勝人（大分二区・郵便報知新聞記者）。

彼等は新聞・雑誌の創刊者・役員・編輯者・主筆・論説担当者・記者として、全国的に、あるいはそれぞれの地域において名を知られるようになり、それが彼等の当選の一助となった。

そのほか当選者のかなり多数が戸長、区長、村長、町長、郡長、市長、県令、知事などや村議、町議、郡議、市議、県議、府議などの経験者である。なお戸長等は、一八七二（明治五）年から七三年にかけて地方制度が改正され、府県は幾つかの大区にわけられ、その大区がまた幾つかの小区にわけられ、そして小区に戸長一人が置かれた。戸長は行政事務を担当するほか、村落の代表的な性格を有していた。戸長は旧藩時代の庄屋・名主に相当する面があった。

ただし七八（明治一一）年に郡区町村編制法が施行され、大小区制が廃止されて各町村ごとに戸長一人が任命されることになった。そして八九（明治二二）年の市町村制施行により戸長は廃止され、町村長と改称された。そして地方のそれぞれの役職には地方名望家や全国的ないし地元に貢献した人が当該地区住民の意向を汲んで選ばれ、それらの役職や各レベルの議員となったことが帝国議会議員となる素地ないし地盤を形成することになった。

升味準之輔によれば、第一回総選挙当選者のうち府県会議員経歴者は一九二名（六四％）である。[7] このほかに既述のように村会議員、町会議員、市会議員、郡会議員の経歴を有する者が少なからずいたことを指摘しうる。

ところで初期議会は「地主の議会」であったということが定説となっている。しかし、地主であるから当選するというわけではなく、上述のようにむしろ広い意味での地元への貢献や全国的知名度が当選に大きく貢献したと言いえよう。

三、議員の実業界への進出

ところで「地主の議会」とは何なのか。職業欄で「地主及農業」と分類される人びとはどういう人であったのだろうか。

福地重孝は「末松の報告によれば、納税額を地租・所得税に内割すれば、所得税は三割たらずといい、また『商業の代表者より農業の代表者多し』といっているが、簡単に農業の代表者と断ずることは保留しなければならない。私の計算によれば、所得税の比重は末松報告よりはるかに軽く、地租の八分八厘となって、地租の比重が大きくなってしまった。それは農業の代表者多しという末松報告を再肯定するものではない。地租を納めるということは、土地所有者ということであって、農業の代表者というよりは、大地主的性格を有するものである。選挙直後に発行された渡辺勝用の『代議士列伝』によって、彼等の家歴をさぐると、少くとも先代まで直接農業に関係していると思われるものは四十六名を挙げることが出来る。これにしてもいわゆる農耕を自ら行う地主であったろうか。職業は『農業』と履歴書等に書いても、在村、不在を問わず、概ね非耕作地主であって、明治の農政学者横井時敬が、いみじくも『羽織旦那』といった、いわゆる農業と称しながら、みずから農具をにぎらない階層であったのである」と論じている。

福地は、このことについて、千葉・茨城両県に例を取って見ると、選挙前、茨城県の立川興は醬油醸造・太田銀行頭取で、さらに水郡太田線の鉄道を企画している。飯村丈三郎は第六十二銀行頭取・水戸鉄道取締役・石下銀行取締役、色川三郎兵衛は醬油醸造・土浦運輸株式会社重役・土浦米穀取引所長・土浦五十銀行監査役。関口八兵衛は醬油、上菱麦酒醸造業、貨物運輸会社重役である。更に千葉県に目をうつして見ると、西村甚左衛門・板倉胤臣両人は、共に醬油製造業、千葉禎太郎は大地主（地租二三五円）であるが、千葉農工銀行頭取、興業・貯蓄銀行監査役であり、浜野昇は本職は医者であるが、佐倉蚕業株式会社監査役を兼ねている。代言人板倉中は所得税三〇円、地租十七円を納める地主であり、かつ檜原木材株式会社取締役、安田勲は県下に土地を所有し、牧場を経営しているが、住所は東京市牛込区にある不在地主であった、と論じている。

なお福地重孝は、代議士を政党政派別に類別するより「大地主醸造型、地方銀行型」にわける方がより適切であるとしている(8)。

これは興味ある指摘である。だが、福地の挙げた茨城、千葉両県の一〇人の当選者のうち「農業」を職業として届けでたものは五名で、残りの五名が実業を志向したことも含めて一括して論じていることにはやや問題がある。さらに福地が挙げている千葉県の西村は醬油屋、板倉は醬油屋と蚕糸業、安田は牧畜と、農業の延長線上にある職業である。では職業を「農業」と記している第一回総選挙当選者のうち何人が実業を志向していたのであろうか。以下、一八九〇（明治二三）年当時及びそれ以前、実業にたずさわっていた人を列挙すると次の通りである（届出は農業、農業の延長線上の職業であっても、規模の大きいものは含める）。

森時之助（東京一〇区）　第六十国立銀行頭取
伊東熊夫（京都四区）　山城製茶会社社長、また茶輸出会社設立に力を盡す
田中源太郎（京都五区）　株式取引所頭取
佐々木政行（大坂四区）　大坂鉄道会社検査役、岸和田第五十一国立銀行取締役
内藤利八（兵庫七区）　蚕糸業組長、播丹鉄道発起人
柴原政太郎（兵庫八区）　塩田取締
関矢孫左衛門（新潟七区）　長岡第六十九国立銀行頭取
飯村丈三郎（茨城三区）　第六十二国立銀行頭取
関口八兵衛（茨城六区）　醤油醸造（家業）、鳩崎麦酒・上菱麦酒、為替回送会社設立、煉瓦製造場創立
今村勤三（奈良一区）　讃岐鉄道会社土木事業監督
天春文衛（三重三区）　茶業同業組合設立
森東一郎（愛知五区）　池織工場創立
端山忠左衛門（愛知七区）　染業織工場創立
加藤六蔵（愛知十区）　宝飯銀行創立
井上彦左衛門（静岡一区）　野崎銀行創立、同取締役支配人、静岡銀行取締役支配人
影山秀樹（静岡二区）　富士勧業会社社長、養蚕伝習所設立
岡田良一郎（静岡四区）　掛川銀行頭取

依田佐二平（静岡七区）　製糸場社長、豆海汽船会社創立
田辺有栄（山梨二区）　山梨県養蚕会創設
吉田耕平（岐阜三区）　第七十六国立銀行頭取
佐藤忠望（福島一区）　蚕糸組合取締所頭取
松田吉三郎（石川一区）　養蚕・機織業
山田武甫（熊本五区）　蚕糸会社設立(9)

上記を見る限り、「農業」を職業として届出た当選者で、実業を志向した人はそれほど多くない。では実態はどうなのであろうか。

四、第一回総選挙当選者の実業界への進出

日本における産業資本の確立は一八八七（明治二〇）年頃、緒につき、一八九四～九五（明治二七～二八）年の日清戦争後、資本主義はめざましい発展をとげた。そしてそれは紡績、鉄道、金融関連を中心とし、精糖、製紙、海運、機械等がそれに続いた。

そこでここでは第一回総選挙当選者について選挙前と選挙後を合わせ、当選者がどういった道を辿ったかを見ることとする。

その第一は金融・証券関連への志向である。それは次の通りである。

銀行役員（頭取、副頭取、取締役、監査役）

奈須川光宝（青森県農工銀行）、熱海孫十郎（宮城県農工銀行、第七十七国立銀行）、成田直衛（秋田県農工銀行）、白井遠平（興業貯蓄銀行）、立川興（太田銀行、茨城県農工銀行）、色川三郎兵衛（第五十国立銀行）、塩田奥造（京浜銀行）、木暮武太夫（農工銀行）、湯浅治郎（碓氷銀行）、山中隣之助（第三十二国立銀行、山中銀行）、千葉禎太郎（興業貯蓄銀行）、森時之助（第六十国立銀行）、山口左七郎（伊勢原銀行、相模銀行）、丹後直平（販売銀行）、高岡忠郷（沼垂銀行）、関矢孫左衛門（第六十九国立銀行）、本山健治（新潟農工銀行）、関野善次郎（第百二十三国立銀行、第十二国立銀行、富山県農工銀行）、島田孝之（富山県農工銀行、日本勧業銀行）、松田吉三郎（加能合同銀行）、青山庄兵衛（福井県農工銀行）、藤田孫平（三方銀行）、田辺有栄（山梨銀行）、古屋専蔵（東京実業銀行）、小坂善之助（信濃銀行、北海道拓殖銀行）、吉田耕平（第七十六国立銀行）、長尾四郎右衛門（濃飛農工銀行）、井上彦左衛門（駿府銀行、静岡銀行）、影山秀樹（静岡農工銀行）、堀部勝四郎（第四十六国立銀行、愛知実業銀行）、永井松右衛門（第八国立銀行、横浜正金銀行、愛知県農工銀行、尾三銀行）、宮田慎一郎（愛知県農工銀行）、森東一郎（愛知県農工銀行）、青樹英二（海島銀行）、早川竜介（愛知農工銀行、北海道拓殖銀行、尾三農工銀行）、加藤六蔵（尾三農工銀行、宝飯銀行）、天春文衛（三重県農工銀行）、相馬永胤（横浜正金銀行、日本興業銀行）、浜岡光哲（京都商業銀行）、中村栄助（鴨東銀行、農商銀行）、伊東熊夫（伏見銀行）、田中源太郎（京都商工銀行）、浮田桂造（北浜銀行、浪速銀行）、佐々木政乂《せいがい》（第五十一国立銀行、大阪農工銀行）、内藤利八（姫路商業銀行）、今村勤三（奈良県農工銀行）、本間直（大和興業銀行）、桜井徳太郎（大和銀行）、和田誉終（和歌山第四十三国立銀行、和歌山県農工銀行）、岡崎運兵衛（島根県農工銀行）、八田謹二郎（広島農工銀行、八田貯蓄銀行）、野村恒造（松下銀行）、三崎亀之助（横浜正金銀行）、有友正親（大洲商業銀行）、小野隆助（第十七国立銀行）、十時一郎（第九十六国立銀行）、三宅正意（日州銀行、日州貯蓄銀行、宮崎農工銀行、延岡銀行）、折田兼至（鹿児島県農工銀行）、河島醇（日本勧業銀行）。

ほかに田中源太郎は日本興業銀行設立委員、基俊良は第七十九国立銀行大島支店支配人、岡山兼吉は三井銀行顧問、栗原亮一は日本興業銀行設立委員、岡次郎太郎は第百五十一国立銀行創立に尽力、等である。

奈須川から河島まで銀行役員は五九名を数える。彼等のすべてが選挙以前に役員であったわけではなく、のちに役員になった者がいるが、五九名（二〇％）という数字はかなりの数である。それだけ産業資本確立期にあたって金融関係に関心を持ち、目を向けたものが多かったということであろう。しかも、この五九名のうち第一回総選挙に当って職業を「農業」とした者が半数余の三二名を数える。

次いで生保・損保関係では、鈴木万次郎（愛国生命保険）、飯村丈三郎（日華生命保険、日本火災保険）、堀越寛介（大日本生命保険）、千葉禎太郎（神国生命保険）、相馬永胤（日清生命保険）、浜岡光哲（京都火災保険）、浮田桂造（共同火災海上運送保険）、佐々田懋《すすみ》（東京火災海上運送保険）がいる。

なお株式取引関連では、大江卓が東京株式取引所会頭、谷元道之が東京株式取引所頭取、高梨哲四郎が横浜株式取引所理事長、伊藤謙吉が東京株式取引所理事をつとめていたり、つとめることになっていた。

上記の金融、保険、株式関係以外の企業で多いのは鉄道関連である。それは次の通りである。

飯村丈三郎（大田鉄道、水戸鉄道、京成電気軌道、常総鉄道、茨城鉄道）、塩田奥造（玉川電気鉄道）、高津仲次郎（上毛電気鉄道）、湯浅治郎（日本鉄道）、堀越寛介（東武鉄道）、山中隣之助（富士身延鉄道、豊川鉄道）、千葉禎太郎（成田鉄道）、関野善次郎（中越鉄道）、島田孝之（中越鉄道）、神野良（七尾鉄道）、八巻九万（甲信鉄道）、古屋専蔵（富士身延鉄道）、中村弥六（伊那電車軌道）、伊藤大八（毛武鉄道、江ノ島電気鉄道）、堀部勝四郎（名古屋電気鉄道）、青樹英二（尾西鉄道）、早川竜介（信参鉄道）、浜岡光哲（京都電気鉄道、関西鉄道）、中村栄助（京都鉄道、京都電気鉄道）、田中源太郎（京姫鉄道、京都鉄道、京都電気鉄道）、俣野景孝（摂河鉄道）、佐々木政乂（南海鉄道）、鹿島秀麿（播但鉄道、阪神電気鉄道）、内藤利八（播但鉄道）、改野耕三（南満州鉄道）、柴原政太郎（赤穂鉄道）、桜井徳太郎（南和鉄道、紀和鉄道）、立石岐（中国鉄道）、脇栄太郎（山陽鉄道）、川真田徳三郎（徳島鉄道）、中野武営（関西鉄道）、津田守彦（九州鉄道）、堤猷久（金辺鉄道）、二位景暢（祐徳軌道）、牧朴真（総武鉄道）

以上、鉄道会社の役員は三五名であり、ほかに二田是儀は秋田鉄道、清水宗徳は川越鉄道、高瀬藤次郎は山陽鉄道の敷設にそれぞれ盡し、佐々木正蔵は電気軌道の相談役である。

上記の事柄から、資金や実力のある者は産業資本確立期にいかに金融や鉄道に進出していったかを見ることができる。

これに対して農業、蚕糸業、牧畜業に従事した者は三七人である。ほかに北海道開拓事業に従事している者が三名おり、地元の大開拓に当った者として二田是儀がいる。二田は六〇〇町歩を開拓し、その村は二田村と名付けられた。

そのほか畜産・蚕糸・米穀取引等の関連団体の役員となった者として、奈須川光宝（青森県産馬組合会、八戸産馬組合）、成田直衛（畜産協議会）、佐藤里治（山形県蚕糸取締所、東京中央蚕糸業中央部会）、佐藤忠望（蚕業中央部会）、清水宗徳（蚕糸業組合）、千葉禎太郎（大日本農会）、丹後直平（農業・蚕糸業組合）、関野善次郎（米穀肥料取引所）、田辺有栄（東山梨郡養蚕組合）、依田佐二平（静岡県生糸同業組合、県農会）、永井松右衛門（東京米商会所）、宮田慎一郎（郡農会、宮田用水普通水利組合）、森東一郎（一宮米穀取引所）、今井磯一郎（岡崎米穀取引所）、加藤六蔵（郡農会、豊橋米麦取引所）、天春文衛（帝国農会、県農会）、伊東熊夫（茶業組合中央会議所、京都府茶業組合連合会議所）、堀内忠司（郡農会）、山瀬幸人（県農会）、岡崎運兵衛（米穀取引所）、高橋久次郎（郡農会、郡蚕業同業

組合、青年農業団）、吉富簡一（防長改良米連合組合）、川真田徳三郎（阿波藍同業組合）、有友正親（村・郡・県各農会、県蚕糸業組合、大洲製糸会社）、山田武甫（蚕業会社）、ほかに斉藤勘七、箕輪鼎、宇佐美春三郎が酒造業、色川三郎兵衛、関口八兵衛、湯浅治郎が醤油醸造業を営み、既述のように北海道開拓に向かった者に関矢孫左衛門、遠藤秀景、岡田孤鹿がいる(10)。

五、普通銀行・鉄道の進展

産業資本の確立期に製糸業、織物業が急速に発展したことはよく知られているところである。しかし、企業を発達させるためには金融機関が必要とされる。かくして一八七二（明治五）年一二月に国立銀行条例が公布され、七三年六月に第一国立銀行が設立されたが、予金の風習がなく、紙幣発行を主要な業務としたが、その規定は厳しく経営難におちいった銀行は少なくなかった。そのため、国立銀行条例を七六（明治九）年八月に改正して正貨兌換制度を通貨兌換制度とし、また発券準備に対する制限を緩和したために国立銀行が全国的に設けられるようになり、七九（明治一二）年には一五三行となった。しかし、民間に類似の金融機関が数多設けられた。国立銀行は第一五三を最後とし、普通銀行が次々と伸び、日清戦争後の一八九六（明治二九）年には一〇五四行となった。そして九七年前後に国立銀行の大部分が普通銀行となった。かくして一九〇二（明治三五）年には普通銀行は一八五七行にまで増えた。そしてその予金は一八九二（明治二五）年には二八三七万円であったのが一九〇二（明治三五）年には五億二五二七万円にまで増大した。そして一九〇三（明治三六）年の貸金は七億二五〇〇万円にまで発展した。議員の中にも銀行を志向する者が増大し、不在地主たちは農業の発展のために農業に再投資するよりも企業に投資する者が増えた。

第7表　銀行の進展（1）

年（明治）	行数	資本金	紙幣発行高	予金
		（千円）	（千円）	（千円）
9・末	5	2,350	1,655	2,502
10・末	26	22,986	13,353	4,507
11・末	95	33,596	26,279	8,067
15・末	143	44,206	34,385	△19,715

△印　内公金予金6,304円

銀行の進展（2）

年（明治）	行　数	予　金		
		公金	民間	計
25	270 (323)	（千円） 4,864	（千円） 28,374	（千円） 33,239
27	700 (761)	2,656	46,541	49,197
29	1,005 (1,054)	6,499	135,437	141,937
31	1,444 (1,486)	16,945	270,100	287,045
33	1,802 (1,854)	12,808	423,972	436,780
35	1,841 (1,857)	11,426	525,277	536,703

カッコ外は大蔵省に営業報告を提出した普通銀行、カッコ内は普通銀行総数

他方、鉄道は一八七二（明治五）年に新橋・横浜間に敷設されたのが嚆矢であり、次いで阪堺鉄道をはじめ数々の鉄道が企画されたが、多くは流産に終わったのち、一八九二（明治二五）年までに開業したものは日本、阪堺、伊予、両毛、水戸、甲武、大阪、関西、山陽、九州、讃岐、筑豊興業、北海道炭砿、釧路の一四鉄道にとどまった。それでも私設鉄道の開業延長マイルは八三（明治一六）年度の六三マイルから九二（明治二五）年度一三二〇マイルへと順調に伸びた。しかし、いずれの社も利益はさして伸びなかった。私設鉄道法が公布されたのは一九〇〇（明治三三）年であり、それを追いかけるように一九〇六（明治三九）年に鉄道国有法が公布され、その後、一〇年間にわたって、主要一七社が買収の対象となり、国鉄を中心とする時代へと移ってゆくこととなった(10)。

六、明治二十四年度予算

第一回帝国議会が開かれたのは一八九〇（明治二三）年一一月二九日である。当時の行政府と立法府の関係については〝強い政府、弱い議会〟としばしば言われてきた。しかし、たとえ〝弱い議会〟であっても、法案にせよ、予算案にせよ、議会を通過しない限り、法律は制定されず、新年度の予算は実施しえない。ところで以下の表（第8〜10表）に示すように政府提出の明治二十四年度予算案（歳出）は経常部七二一七万一一八一円（一円未満切捨て、以下同じ）、臨時部八四六万七五三二円、合計八〇六三万八七一四円であった。その後、政府は横川―軽井沢間鉄道敷設費ほか三項のために前年度歳入金二四三万七一二一円の追加をなし、帝国議事堂再築に関する件について前年度繰越金二四万八四一八円等を提出したため、歳出総額は八三三二万円余となった。

第8表　直接国税（明治23〜35年度）

	地租	所得税	営業税
	円	円	円
明治23年度	39,712,221	1,088,792	
24年度	37,457,499	1,110,554	
25年度	37,925,243	1,132,359	
26年度	38,808,679	1,238,763	
27年度	39,291,494	1,353,518	
28年度	38,692,868	1,497,094	
29年度	37,640,282	1,810,220	52
30年度	37,964,727	2,095,091	4,416,248
31年度	38,440,975	2,351,419	5,478,020
32年度	44,861,082	4,837,320	5,507,146
33年度	46,717,796	6,368,039	6,051,515
34年度	46,666,493	6,836,889	6,481,045
35年度	46,505,391	7,460,693	6,779,047

既掲『明治財政史』第5巻

ところで山県有朋首相が「抑々今の時に方りまして国家の最急務とする所のものは、行政及司法の制度を整へ運用を敏活ならしめることである。又農工及通商の業務を奨励作振して、国の実力を養成致すことが最必要のことと思ひます、されば内治即内政は一日も忽にならぬことは、勿論申す迄もないこと丶存じます、又是と同時に国家の独立を維持し国勢の振張を図ることが最緊要のこと丶存じます」(11)と述べ、制度の確立、殖産興業、軍備強化が政府にとって緊急の

第9表　予算・歳入（明治23～33年度）　　単位　円、1円未満切捨て

	経常部	対前年比	臨時部	対前年比	計	対前年比
23年度	78,402,679		6,668,208		85,070,888	
24年度	79,443,864	1,041,185	1,233,128	−5,435,080	80,676,993	−4,393,895
24年度修正	79,543,864		3,918,667		83,462,532	
25年度	79,817,598	273,733	6,691,088	2,772,420	86,508,687	3,046,154
25年度修正	79,543,864		5,868,970		85,412,835	
26年度	81,042,611	1,498,746	4,788,844	−1,080,126	85,831,455	418,620
26年度修正	81,476,059		6,569,174		88,045,233	
27年度	83,198,967	1,722,908	7,476,228	907,054	90,675,196	2,629,962
27年度修正	81,476,183		6,569,050		88,045,233	
28年度	87,633,926	6,157,743	2,666,783	−3,902,267	90,300,709	2,255,475
28年度修正	87,527,874		2,666,783		90,194,657	
29年度	94,403,333	6,875,458	43,667,343	41,000,560	138,070,677	47,876,019
29年度修正	100,750,320		89,711,280		190,461,601	
30年度	121,410,245	20,659,925	118,340,337	28,629,056	239,750,582	49,288,981
30年度修正	121,406,818		128,117,851		249,524,670	
31年度	129,603,366	8,196,547	82,510,753	−45,607,098	212,114,119	−37,410,551
31年度修正	121,435,420		128,399,658		249,835,089	
32年度	143,501,401	22,065,980	45,429,234	−82,970,424	188,930,635	−60,904,444
32年度修正	178,558,944		68,394,130		246,953,074	
33年度	192,231,594	13,672,650	44,484,585	−23,909,545	236,716,179	−10,236,895

既掲『明治財政史』第3巻

課題であり、そのことを訴え、予算の通過をはかったが、それに対して大江卓（立憲自由党）を委員長とする予算委員会は歳出において一割余の七八八万円余を削減し、全院委員会もこれを認めた。

その削減は、俸給及諸給、旅費、修繕費、雑給、庁費に対してなされ、それに非職俸給、次官・秘書官・知事・裁判所長の交際手当の削減、及び馬匹費の全額削除、官舎の新築の停止、現在貸与している分はこれを官有財産に組込み、相当の貸料をとることとした。そして「右等ノ方法ニ依テ剰余シ得タル歳入ハ之ヲ地租軽減及高利公債ノ償還等ニ充用セラレンコトヲ望ム」[12]と論じた。大江の主張は、まさに〝政費節減、民力休養〟〝地租軽減〟の自由民権運動以来の主張に沿うものであった。これはまた第一回総選挙で当選した議員が負担している三万四四四六円（地租負担平均・一人あたり一一四円）の軽減をのぞむものであったといえよう。しかし、最終的には陸奥宗光農商務相

第10表　予算・歳出（明治23〜32年度）　単位　円、1円未満切捨て

	経常部	対前年比	臨時部	対前年比	計	対前年比
23年度	70,715,826		14,187,824		84,903,650	
24年度	72,171,181	1,455,354	8,467,532	−5,720,291	80,638,714	−4,264,936
24年度修正	67,785,432		9,226,819		77,012,252	
25年度	69,431,979	1,646,546	14,070,779	4,843,960	83,502,759	6,490,506
25年度修正	67,785,432		12,732,079		80,517,512	
26年度	70,595,711	2,810,278	13,164,255	432,454	83,759,966	3,242,454
26年度修正	68,575,661		13,272,443		81,848,104	
27年度	68,875,050	299,389	16,597,108	3,324,665	85,472,159	3,624,054
27年度修正	68,572,731		11,567,768		80,140,499	
28年度	74,764,332	6,191,600	14,993,083	3,425,314	89,757,415	9,616,915
28年度修正	74,218,866		15,057,007		89,275,873	
29年度	89,209,676	14,990,809	62,861,787	47,804,779	152,071,463	62,795,589
29年度修正	98,609,964		84,194,243		182,804,208	
30年度	112,330,280	13,720,316	127,344,178	43,149,934	239,674,459	56,870,251
30年度修正	110,580,752		133,007,485		243,588,237	
31年度	126,972,197	16,391,444	102,466,390	−30,541,095	229,438,587	−14,149,650
31年度修正	120,592,557		107,965,488		228,537,935	
32年度	139,718,500	19,136,052	79,088,636	−28,876,841	218,807,147	−9,740,788

既掲『明治財政史』第3巻

が自由党土佐派の切り崩しに力を振い、歳出総額は七七〇一万円余で議会を通過した。

七、日清戦争前後の財界の進出

一八八九（明治二二）年二月に公布された衆議院議員選挙法は、既述のように有権者の資格を直接国税一五円以上を納付する満二五歳以上の男性に限定し、その数は全国民の一・一四％に過ぎなかった。こうした苛酷な制限選挙に対して民権派議員新井章吾らは選挙資格を直接国税一五円以上納付者から五円以上納付者へと拡大することを主張し、第一議会から改正法案を準備し、第一議会では院議に上らなかったが、第二議会から第九議会（第七議会を除く）まで毎回同趣旨の法案が加藤平四郎、山田東次らによって出し続けられた。ところで新井が提出した法案の主眼は「選挙区画の改正、年齢資格の拡張、納税資格の拡張」にあり、その論理は「選挙法にして不完全であつたならば……

代議士の適当なる者を選出することが出来ぬ、適当なる代議士を選出することが出来なかつたならば、即ち立法部たる国会が不完全になつて、立法部の国会が不完全になつたならば、代議政体の不完全なることは、即ち自然の結果である」という点にあり、代議士は「少数の人から選挙されて出るよりは多数の人に選挙された方が代議政治の本旨に適つて居る」と主張した[13]。既に議会開設前に大井憲太郎、奥宮健之、上野岩太郎、星亨、中江兆民らによって普通選挙論が展開されており、新井章吾の論理はそこまでは徹底していなかったが、「輿論政治」を志向していたとは言いうる。

これに対して新井章吾と同じ自由倶楽部に属していた新井毫は「広く全国民に参政権を与へて、倶に国家の重きを担ふ様に致したい」と主張し[14]、それは一見普選論のように見えるが、彼の場合の「広く」とは新井章吾のように直接国税一五円以上納付者を五円以上納付者に広げるという量的拡大ではなく、質的拡大であった。彼の立場は一八八六（明治一九）年より八九（明治二二）年にいたる「企業熱」、すなわち綿糸紡績業などの近代的諸産業の勃興、これらに象徴されるような産業資本の確立過程において輩出された実業家層の立場からの選挙権拡張を志向するものであった。

この企業熱は、この間（一八八六～八九年）に大阪紡績会社が第二工場でミュール機と共にリング機四〇二〇錘の操業を開始したこと、三重紡績、大阪撚糸、天満紡績、京都綿糸織物、京都織物、大防織布、平野紡績、尾張紡績、日本織物、倉敷紡績所、和歌山紡績、宇和紡績、鐘渕紡績所、金巾製織、甲府紡績、摂津紡績、三池紡績、尾崎紡績各社の設立、武豊―名古屋間、敦賀―名古屋―武豊間、横浜―国府津間、上野―仙台―塩釜間、兵庫―明石間、兵庫―神戸間、松山―三津ヶ浜間、国府津―静岡―浜松間、大船―横須賀間、長浜―大津間、米原―深谷間の鉄道の開通、東海道線新橋―神戸間の全通、新宿―八王子間、小山―前橋間、前橋―高崎間の開通、そのほか肥料、製糖、海運、造船、製鉄、電燈、水道、煉瓦、セメント、電話、運輸等々の産業の進展に象徴される。

新井亳は、こうした諸企業の発展を背景に、選挙権拡張について次のように論じた。

「……三百人の中に工と商とは……工は十人商が十一人調べて見るとありましたが、是は我一期衆議院と云ふものは其性質上から調べて見ますれば、重に農業家の代表者である、或は士族の代表者である、即ち士農を以て組立てたる代議院と云はなければなりませぬ。未だ製造家、商業家、工業家に於ては誠に其要素を欠いて居ると云ふことは、実に甚だ惜むべきことであると思ひます。我が第一期帝国議会を開かるゝに当て、衆議院は士農を以て組立てられたりと云ふことは、我輩が多言を待たず、我国々情の然らしむる所である。中世武を以て権を握り、農を以て国を建てたる結果でありますから、敢て怪むには足りませぬ。けれども是等と云ふものは重もに此制限の度高きに失しまして、十五円以上と云ふが如き制限があるからでございませう。之を拡張して五円と致したならば、必ずや種々の種族種々の階級からして代表者を議会に入るゝことを得まして、真に全国民の代議院と云ふ性質事実を具備することに至りますと信じまする。⒂」

同じ選挙権拡張でも、新井章吾と新井亳とでは、その意図するところはだいぶ異なり、新井亳は商工業の代表者を「士農」の議会に加えることを企図していたわけである。

ところで一八九四（明治二七）年に入り、朝鮮に対する支配権をめぐって、日清両国間に緊迫感がただよい、三月二九日に甲午農民反乱が起こると、六月六日に清国は朝鮮国王の要請に応じて「保護属邦」のために出兵すると日本に通告し、これに対して日本は朝鮮を清国の属邦とは認めないと抗議し、翌七日、公使館保護という名目で出兵する旨を清国に通告した。かくして日本は駐朝鮮公使大鳥圭介を通して清・朝宗属関係の破棄等を朝鮮政府に突きつけ、七月二三日には日本軍が京城の朝鮮王宮を占拠し、朝鮮軍の武装解除をなし、二五日に大院君は清・朝宗属関係の破棄を宣言した。そして同日、日本艦隊は豊島沖で清国軍艦を攻撃し、ここに戦端は開かれ、八月一日に日本は清国に対して宣戦を布告した。日本にとっては〝眠れる獅子〟と言われた大国清との戦いであり、戦費調達は緊急のこととされた。政府はこのため、種々の金融政策を実施すると共に、九四年八月一八日には関東同盟銀行幹事第一銀行頭取渋沢栄一、第十五銀行頭取山本直哉、第三銀行頭取安田善四郎代理長谷川千蔵を渡辺国武蔵相が大蔵省に招き、一億円を超える公債の募集にあたり、「本大臣局に当る。敢て黙々に付する能はず。本日各位の出頭を促し、腹蔵なく微衷の在る所を吐露し、各位が此意を同盟各銀行に致し、各銀行は其取引ある資産家、財産家とも謀り、共同一致、一大好結果を奏し、今や日清戦争の将に闌ならんとするに際し、全局を一著機先に占領せられんことを望む」と述べ、また第二回募集にあたっては銀行家を招き、「将来尚当局者をして内顧の憂なく、軍事に外交に倦まず、退かず、以て全局の目的を達せしむる責任に至ては、荷ふて国民一般、別して資本家、財産家の肩に在りと断言するも不可なかるべきは、各位の飽迄熟知せらる所なり」と諭告している。[16] こうしたことは、政府が戦費を調達するに当り、主として銀行家、資産家に依拠せざるを得ないことを物語っていよう。

また伊藤博文首相も日清戦争に当り、日銀総裁・川田小一郎の京都の私邸をわざわざ訪れ、協力を要請している。[17]

日清戦争さなかの一八九四（明治二七）年九月一日に第四回衆議院議員総選挙が施行され、その時の党派別当選者数は自由党一〇七、立憲改進党四九、立憲革新党三九、国民協会三二、帝国財政革新会五、中国進歩党四、無所属六四であったが、戦争勃発前は予算、条約改正問題などを中心に政府と議会はしばしば衝突を繰り返していた。しかし、一〇月一八日に開かれた第七回臨時帝国議会では臨時軍事費予算案一億五〇〇〇万円が提出されたところ、貴衆両院とも、あっという間に全会一致で可決し、一二月二四日に開かれた第八回帝国議会においても明治二八年度予算に対してごく僅かな減額修正をなしただけで、臨時軍事費予算追加案一億円は貴衆両院とも全会一致で可決した。この点について『伊藤博文伝』は、「初め政府部内には、臨時議会召集の目的は、国家非常の際に処する軍費の協賛を求めんとするに在りとはいへ、従来只管政府攻撃を事とせる議会の態度より推せば、多少の紛擾を免がれざることを懸念する者ありしが、これ単に一場の杞憂に止まり、公が日清開戦の避くべからざる事情と国家の存立上飽くまで征清の目的を貫徹せざるべからざる理由とを力説するに及び、貴衆両院に於ける各派各党に属する議員も、翕然一致して政府の方針を支持し、一億五〇〇〇万円に上る臨時軍事費予算案並にこれに伴ふ公債募集に関する法律案をば、何等の修正をも加へず、満場一致を以て可決し、且つ既に発布せる軍事支出に関する緊急勅令に対しても異議なく事後承認を与へた」と記している(18)。

なお日清戦争間の第八議会は政府と議会との政治休戦下で、皮肉にも選挙法改正論議だけは熱烈に論じられた。同議会では、山下千代雄、大津淳一郎、沼田宇源太らによって直接国税五円以上を納むる者を有権者とするという改正法案が提出されたが、衆議院特別委員会は、これを「地租一〇円以上又は所得税を納むる者」と改正し、この改正理由について直原守次郎（自由党）は、地租一〇円を所得税三円（所得税の当時の最低額―引用者）とを比較すると、金額の上では地租が多いが、財産の上からは地租一〇円納付者より所得税三円納付者の方が多い。従って一〇円と三円ということにして「商工社会」に選挙権を与えるため、このように改正したと述べ、併せて「市街地」即ち商工業者を代表する選挙区は東京、大阪、京都、名古屋、横浜、神戸の六ヶ所に限られ、この地域からは衆議院議員三百人中一四人しか出すことが出来ない。したがって市を独立選挙区とし、所得税納付者全員を有権者とすべきだと論じたのである(19)。

この第八議会で注目すべきは、これまで選挙権拡張に真向うから反対していた政府の態度に大きな変化が見られたことである。すなわち当時の政府・第二次伊藤博文内閣は選挙権拡張に賛成する方向に回ったのである。政府委員末松謙澄は、その理由として、第一に有権者の数があまりに少ないのは「代表」の精神、「憲法」の精神から見てどうかという点、第二に京都では二四票で当選した事例もあり、東京の各選挙区の人口は一〇万人もありながら五十何票かで当選した例がしばしばあり、比例にもならないような少数の代表ということは憲法の精神から見てどうであろうかという点、第三に地租一五円を納める者と所得税三円を納める者とは殆ど収入面では相対峙する位で、両方を同等に扱うべきとした[20]。

伊藤博文は富国強兵を実現するために明らかに商工立国論に転化していた。一八九八（明治三一）年一月に成立した第三次伊藤内閣は、有権者資格を地租五円以上納付者、所得税もしくは営業税三円以上納付者、又は所得税営業税を通算して三円以上納付者とし、さらに市を独立選挙区とすること、被選挙資格の納税要件を撤廃すること、大選挙区制とすること、投票は無記名とすることを骨子とする選挙法改正法案を議会に提出した。そして伊藤首相は提案理由を説明する中で「今日までの所は多く地租に依つて居つたのでありますけれども、税法の変更より、且つ農工《ママ》（商工？）の発達致して参るに附いては、市民の代表者と云ふものが頗る必要と認めましたに依つて、全体の人口に於ては農民の数が勿論多数を占めて居りまするけれども、商工の数の少い割合に此商工の事業と云ふものは国家の消長に対しては非常なる関係を有するものでありまするに依つて、却つて其選挙人の数に対しては少数なるものを以て代表者を出すことの出来るやうに致したのであります」と論じた[21]。

衆議院は、この政府案の納税要件については変更をなさず、ただ年齢要件を引下げる修正をなしただけであったが、市を独立選挙区とすること、さらに政府案の市は人口五万人につき一人（五万人未満でも市は一人選出できる）、郡は一〇万人につき一人、それぞれ議員を選出しうるという市と郡との間に大きな格差を持ち込むことには反対し、市は八万人につき一人、郡は一〇万人につき一人と大きな修正をなして可決した。しかし、貴族院では論議らしい論議もなされないうちに、一八九八（明治三一）年六月一〇日に衆議院は解散となり、審議未了で終わった。

八、地租増徴と選挙法改正

ところで伊藤は日清戦争後の軍備拡張、一般行政費の膨張、近代産業の推進を前にして、財界は歳入を増加させるため地租増徴を実現しようとして、一八九八（明治三一）年一二月一三日に「地租増徴期成同盟会」を結成し、会長には渋沢栄一（東京商業会議所会頭、第一銀行頭取）、幹事には大倉喜八郎（大倉組頭取、帝国ホテル取締役）、大江卓（元衆議院議員、前東京会議所副頭取、東京株式取引所頭取）、片岡直温（日本海陸保険社長、日本生命保険副社長）、横山孫一郎（茨城炭礦・帝国ホテル各取締役）、髙木文平（京都電気鉄道社長）が選ばれ、評議員には益田孝（三井物産専務理事）、豊川良平（三菱合資会社銀行部長）、安田善次郎（安田財閥創設者）、馬越恭平（日本麦酒社長、帝国商業銀行会長）、浅野総一郎（浅野セメント社長、東洋汽船社長）、高橋是清（日銀副総裁）、相馬永胤（横浜正金銀行頭取）、雨宮敬次郎（北海道炭礦鉄道・甲武鉄道各取締役）、若尾逸平（横浜正金銀行・東京馬車鉄道・山梨貯蓄銀行各取締役）、根津嘉一郎（徴兵保険取締役）、小野金六（東京割引銀行頭取、富士製紙取締役）など六〇名の当時の財界を代表するメンバーが名を連ねた。

なお内閣は第三次伊藤内閣から大隈内閣を経て一八九八（明治三一）年一一月に第二次山県内閣が成立し、同内閣の下で地租を地価の百分の二・五から百分の四にあげる法案が提出され、これに対して議会は地租を百分の三・三、市街宅地租を百分の五と修正し、五年間の時限立法として議決した。

地租増徴問題が一段落したあと、一八九九（明治三二）年一月に財界主流は「我商工業者の権利を拡張し、参政権を完成せしむる為め、衆議院議員選挙法改正の決行を期する」(22)ことを目的として衆議院議員撰挙法改正期成同盟会を結成し、会長には渋沢栄一、幹事には大倉喜八郎、安田善次郎、大江卓、渡辺治右衛門、横山孫一郎が選ばれ、評議員には益田孝、豊川良平、馬越恭平、浅野総一郎、高橋是清、雨宮敬次郎など、地租増徴期成同盟会の主要評議員がそのまま選ばれ、さらに福地源一郎（元東京日日新聞社長、著述業）、近藤廉平（日本郵船社長）、本間英一郎（総武鉄道社長、東武鉄道取締役）、利光鶴松（衆議院議員）、服部金太郎（時計商）などが新しく評議員に加わった。

この財界の動きに呼応して全国各市の市長、助役、市参事会員、市議等は斉藤巳三郎（新潟市代表）を中心に「現行衆議院議員選挙法ヲ改正シ市ヲ独立ノ選挙区ト為シ市選出ノ議員ヲ増加スルヲ以テ目的」とする選挙法改正期成全国各市聯合会を一八九九（明治三二）年一一月に結成した[23]。

第二次山県内閣は第三次伊藤内閣と同様に商工業者の代表の比重を高めるために、第一に市を独立選挙区とすること、第二に地租は五円以上納付者、地租以外の直接国税は三円以上納付者、地租とその他の直接国税を通して五円以上納付者を有権者とすること、第三に大選挙区制とすること、第四に単記とすること、第五に無記名投票とすることを主眼とする選挙法改正法案を議会に提出した。山県首相は、その提案理由の中で「現行法制定以来国家の進運に伴ひ商業工業の発達は実に著しいものがあります。」したがって「今日は市の選挙範囲を拡充し、相当の代表者を選出して選挙の公平を保たしむると云ふことは最も至当のことであると存じます」と、商工業代表を増加させるための選挙法改正であることを明らかにした[24]。

ところで当時の衆議院議員の構成はどうだったのであろうか。党派別には、一八九八（明治三一）年六月に地租増徴問題で連合戦線を組んだ自由党と進歩党が合同して憲政党を結成し、同月、大隈内閣が成立し、同年八月の第六回総選挙では二六三名（全議席の八八％）を当選させる成果をあげた。しかし、自由・進歩両派は主導権を争って対立し、尾崎行雄文相（進歩派）が〝共和演説〟問題で文相を辞任したあと、その後任をめぐって自由・進歩両派は激突し、一〇月に再び憲政党（旧自由派）と憲政本党（旧進歩派）に分裂し、大隈内閣も成立後、僅か四ヶ月余で総辞職した。かくして一八九八（明治三一）年一一月に召集された第一三回帝国議会開院時における党派別構成は、憲政本党一三一、憲政党一一三、国民協会一八、同志倶楽部一〇、無所属二八となった。次いで九九年一一月に召集された第一四回帝国議会開院時の構成は、憲政本党一二〇、憲政党一〇八、帝国党二一、議員同志倶楽部一二、日吉倶楽部八、無所属三〇、欠員一であった。

第二次山県内閣は、この第一四回議会に第一三回議会に提出した選挙法改正案と同じ内容を持つ改正法案を再び提出した。そしてその狙いは、第一に市を独立選挙区にすること、第二に選挙資格において地租とその他の直接国税（所得税・営業税）との間に差を設けること、第三に被選挙資格の納税要件を廃すること、第四に大選挙区制とすること、第五に単記とすること、第六に無記名とすること、この六つの点にあった。このうち選挙資格の納税要件の改正と市を独立選挙区とすることは、いわゆる企業家、資産家の議員当選の可能性を高めることを企図した重要な問題であった。

ところで第一三回帝国議会終了日（一八九九年三月九日）の党派別各議員の納税額について、第六回総選挙時（九八年八月一〇日）における八〇円以上納付者を党派別に納付額の高い順に列挙すると第11表のようになる。この表に示すように八〇円以上納付者は、憲政本党五〇名、憲政党三九名、日吉倶楽部六名、国民協会九名、無所属は一〇名である。（なお九九年三月一〇日に日吉倶楽部は解散し、同年一一月一九日に議員八名を以って再び日吉倶楽部が組織されている（元の日吉倶楽部のメンバーで参加したものは五人）。次いで七月四日に国民協会も解散し、旧国民協会のメンバーを中心に翌七月五日に帝国党が一八名によって結成されている。さらに同月二一日に憲政党三名、憲政本党一名、無所属八名（うち旧日吉倶楽部二名）、計一二名によって議員同志倶楽部が組織されている。一九〇〇（明治三三）年九月一五日に立憲政友会が結成されるまで幾つかの政界の離合集散が見られたのである。

ところで論議を前に戻し、第六回総選挙時における党派によって直接国税八〇円以上納付議員の職業別人数を見ると、第12表に示すように農業・地主の割合は、憲政本党五六％、憲政党六九％、日吉倶楽部三三％、国民協会八九％、無所属六〇％である。他方、農業と銀行、商業あるいは酒造業を兼ねている人の割合は、憲政本党四％、憲政党八％、日吉倶楽部〇％、国民協会〇％、無所属二〇％である。地主には在村地主・不在地主両者がおり、かりに〝羽織の旦那衆〟であっても、小作人に農耕をさせているという意味では農業に従事していると考えている議員は必ずしも少な

第11表　党派別直接国税80円以上納付者（1898年8月10日、第6回総選挙時）
憲政本党

選挙区	氏名	職業	地租	所得税	営業税	計
新潟　6	牧口義方	商	1,649	374	0	2,023
新潟　2	佐藤伊助	農・銀行員	1,518	273	0	1,791
岐阜　7	杉下太郎右衛門	銀行頭取	1,336	98	86	1,521
三重　2	木村誓太郎	地主	1,459	60	0	1,519
福岡　7	山本貴三郎	鉱業	250	900	0	1,150
富山　1	内山松世	農	1,034	55	0	1,090
福岡　1	平岡浩太郎	鉱業	1	904	0	906
三重　5	森本確也	地主	760	34	0	795
福岡　3	許斐鷹助	鉱業	264	520	0	785
富山　2	西田収三	農	699	54	29	782
静岡　7	大村和吉郎	農	608	28	32	669
秋田　3	須藤善一郎	農	506	42	0	549
岐阜　4	井上源衛	農	440	4	54	499
千葉　8	秋山源兵衛	商	425	42	26	495
新潟　5	三輪潤太郎	商	404	54	9	468
愛知　10	加藤六蔵	農・商	362	51	33	447
静岡　4	三橋四郎次	農	320	68	0	389
和歌山　1	浜口吉右衛門	商	383	0	0	383
徳島　1	新開貢	農	371	9	0	381
群馬　3	中島祐八	農	322	26	0	349
富山　4	大矢四郎兵衛	農	326	19	0	345
埼玉　4	堀越寛介	農	249	59	0	308
静岡　1	井上彦左衛門	農	273	33	0	307
青森　1	徳差藤兵衛	農	265	21	1	287
岡山　1	坂本金弥	鉱山業	25	253	5	284
奈良　1	中山平八郎	農	240	23	0	263
兵庫　4	鞍谷清慎	会社員	243	14	0	257
富山　1	金岡又左衛門	商	145	39	53	238
愛媛　5	清水清十郎	商	158	49	21	229
三重　6	森川六右衛門	商	112	36	74	223
兵庫　6	西村真太郎	商	171	20	12	203
香川　3	宮井茂九郎	地主	182	18	0	200
山梨　3	秋山元蔵	商	172	26	0	198
東京　1	安川繁成	(元中央官僚)	108	85	0	193
香川　1	中野武営	会社取締役	56	131	0	188
静岡　6	松島廉作	農	164	23	0	187
大分　6	江島久米雄	農	143	25	0	168
新潟　7	岡田竜松	農	107	55	0	162
新潟　3	佐藤宗弥	農	157	4	0	161
和歌山　3	塩野彦右衛門	農	154	5	0	160
福島　1	菅野善右衛門	農	130	4	0	135
三重　3	和波久十郎	地主	128	6	0	134
福島　3	三田村甚三郎	商	108	9	12	130
静岡　3	広住久道	地主	109	15	0	124
長野　4	降旗元太郎	農	101	6	11	119
島根　1	星野甚右衛門	農	70	39	0	109
東京　9	鳩山和夫	外務次官	1	106	0	108
京都　4	喜多川孝経	農	81	17	0	98
秋田　2	畠山雄三	農	85	7	0	92
福岡　5	佐々木正蔵	農商務省山林局長	57	24	0	82

(単位円、1円未満切捨て。ただし合計では銭も計算したため、表に示した地租・所得税・営業税の通算より1円ないし2円多くなっているところがある)

（第11表・つづき）憲政党

選挙区	氏名	職業	地租	所得税	営業税	計
新潟　5	高橋九郎	農	920	109	0	1,030
大阪　4	秋岡義一	農	854	73	0	928
長野　2	山岡荘左衛門	農	459	304	22	786
長崎　4	草刈武八郎	銀行頭取	506	88	32	627
大阪　9	中辰之助	農	473	40	0	514
埼玉　4	斉藤安雄	農	466	20	14	501
鳥取　2	西谷金蔵	農	436	42	0	479
千葉　1	佐久間元三郎	鉱工業	442	28	0	471
埼玉　3	新井啓一郎	農	447	23	0	470
千葉　5	布施甚七	県議	382	32	14	429
石川　3	金田平五郎	農	321	46	50	419
滋賀　2	片岡久一郎	農	376	9	0	385
愛媛　2	野間豊五郎	農	326	34	0	361
山梨　2	河口善之助	農	335	22	1	358
長野　1	飯島正治	銀行頭取	250	102	0	352
新潟　8	大滝伝十郎	農	310	29	0	340
埼玉　3	長瀬清一郎	農	315	6	0	322
静岡　7	永井嘉六郎	農	298	18	0	316
岐阜　6	前島丈之助	商	282	31	0	314
島根　4	恒松隆慶	農	268	18	0	286
山形　3	阿部孫左衛門	農	276	0	0	276
福岡　2	藤金作	地主	220	42	0	262
鳥取　1	石谷薫九郎	銀行員	223	38	0	262
静岡　2	伊達文三	土木請負業	91	3	144	239
兵庫　2	石田貫之助	農・酒造業	205	26	0	232
大阪　5	中埜広太郎	農・商	217	5	0	223
栃木　2	田村順之助	農	206	7	0	214
東京 13	青木正太郎	農	153	45	0	198
山梨　1	斉藤卯八	農	138	7	24	170
岡山　6	井手毛三	農	147	22	0	169
香川　4	堀家虎造	農	146	6	0	152
神奈川　5	安藤亀太郎	農	127	21	0	148
福井　1	林彦一	農	134	4	0	138
兵庫　1	本城安次郎	貿易商	52	72	11	136
福岡　2	多田作兵衛	地主	78	18	0	96
熊本　5	松岡長康	農	78	17	0	95
千葉　2	大塚常次郎	農・酒造	59	6	26	92
兵庫　9	西村淳蔵	農	75	0	15	91
岐阜　5	石井鼎	元県議	76	4	0	80

（第 11 表・つづき）日吉倶楽部

選挙区	氏名	職業	地租	所得税	営業税	計
島根　2	並川理二郎	銀行員	684	75	55	814
愛知　1	鈴木摠兵衛	商	99	200	167	467
岐阜　2	片野篤二	農	338	19	0	357
愛知　4	村瀬庫次	会社員	118	108	0	227
岐阜　3	佐久間国三郎	農	171	0	0	171
大阪　3	前川槙造	会社員	106	27	0	134

（第 11 表・つづき）国民協会

選挙区	氏名	職業	地租	所得税	営業税	計
熊本　1	内藤正義	農	360	30	0	390
愛知　8	早川竜介	農	251	17	0	268
山口　4	三輪伝七	酒造業	206	20	23	249
山口　1	古谷新作	農	203	23	0	226
熊本　6	小崎義明	農	166	21	0	187
熊本　4	内田雄蔵	農	137	0	0	137
山口　2	国重政亮	農	116	6	0	123
山口　4	武弘宜路	農	91	9	0	100
岐阜　1	大野亀三郎	農	82	15	0	98

（第 11 表・つづき）無所属

選挙区	氏名	職業	地租	所得税	営業税	計
香川　5	塩田忠左衛門	商	1,888	218	15	2,122
広島　4	和田彦次郎	農	353	27	0	380
愛知　3	堀尾茂助	農	264	9	0	273
愛知　9	浦野錠平	農・商	218	8	34	261
島根　5	松本正友	農	221	38	0	259
島根　3	江角千代次郎	農	140	39	0	180
徳島　2	坂東勘五郎	農	128	18	0	146
熊本　2	松尾又雄	なし	90	15	0	105
鹿児島　3	長谷場純孝	農	83	15	0	99
大阪　6	深尾隆三	農・商	93	0	5	98

第 12 表　直接国税 80 円以上納付議員の職業（1898 年 8 月現在）

党派	農業・地主	農業・銀行 農業・商業	農業・酒造	酒造	商業	銀行・企業	鉱業	官僚・政治家	無職	計
憲政本党	28	2	0	0	10	3	4	3	0	50
憲政党	27	1	2	0	2	6	0	1	0	39
日吉倶楽部	2	0	0	0	1	3	0	0	0	6
国民協会	8	0	0	1	0	0	0	0	0	9
無所属	6	2	0	0	1	0	0	0	1	10

くなかった。したがって都市に偏重する政治に反対する人も結構いた。また大土地所有者であればこそ、地租軽減も願うところであった。

いずれの党も多かれ少なかれ農村に基盤を持っていたが、相対的に言うと、改進―進歩―憲政本党系は都会に傾斜し、自由―憲政党系は農村に基盤を有する者が少なくなかった。しかし、都市を独立選挙区にすることに反対する案に対する各党の投票結果を見ると、

	憲政本党	憲政党	帝国党	日吉倶楽部	議員同志倶楽部	無所属
賛成	五四	一八	四	〇	五	八
反対	三四	七四	一三	一〇	五	七

であった。

「賛成」は市を独立選挙区にしないという投票である。相対的に都市に傾斜していると言われる憲政本党の多数が市を独立選挙区にしないという票を投じている。それに反してどちらかと言えば農村に傾斜していると言われる憲政党の多数は市を独立選挙区にしようというのである。憲政党については〝商工立国〟を国家目標とした星亨等の活躍によってこの結果がもたらされたわけだが、これに対して憲政本党の方が都市議員増加を阻止しようとしているのである。それは農業・地主議員が多数を占める憲政本党議員の割合がそのまま反映したと言いうるかも知れない。

しかし、憲政党の方は、星と同様に〝商工立国論〟を唱える藩閥政治家の雄・伊藤博文を総裁に仰いで一九〇〇年に立憲政友会が結成され、富国強兵のうち〝富国〟の方は政財界が手をたずさえて商工立国に向かってゆくのである。

注

（1）明治財政史編纂会編纂『明治財政史』第三巻（三版）四四五〜六頁　一九七一年　吉川弘文館。

(2) 同右、第五巻　一〇三八〜九頁。
(3) 安良城盛昭「地主制の展開」『岩波講座　日本歴史16　近代（3）』九八〜九九頁　一九六二年　岩波書店。
(4) 末松謙澄「二十三年の総選挙」（指原安三『明治政史』所収、『明治文化全集・正史篇・下巻』）一九五六年　日本評論新社。
(5) 富田信男「衆議院議員総選挙の史的分析（1）―明治・大正期―」日本選挙学会年報『選挙研究』No.1　一九八六年　北樹出版。
(6) 衆議院議員の経歴や活動については木戸照陽編述『国会議員正伝』一八九〇年　発行者田中太右衛門、渡辺勝用編『大日本帝国衆議院代議士列伝　全』一八九〇年　発芽堂、三好守雄編『衆議院議員実伝　全』一八九〇年　発売所学友館、及び当時の新聞による。以下同じ。なお衆議院議員当選後の経歴は、衆議院・参議院編『議会制度百年史　衆議院議員名鑑』一九九〇年、等も参照。
(7) 升味準之輔『日本政党史論　第二巻』一五六頁　一九六六年　東京大学出版会。
(8) 福地重孝「憲政初期の代議士の性格」『日本歴史』第七九号　一九五四年一二月号。
(9) 既掲木戸照陽・渡辺勝用・三好守雄の諸著、『議会制度百年史　衆議院議員名鑑』、野依秀市編『明治大正史』第六巻〜第一五巻、実業之世界社・明治大正史刊行会　一九二九―一九三〇年による。
(10) 同右、『明治大正史』第八巻　四四一〜四五〇頁。
(11) 大日本帝国議会誌刊行会『大日本帝国議会誌　第一巻』四六九頁　一九二六年。
(12) 既掲『明治財政史』第三巻　四六〇〜一頁。
(13) 既掲『大日本帝国議会誌　第一巻』一三四三〜四頁。
(14) 同右　一三四八〜九頁。
(15) 同右　一三四八〜九頁。
(16) 揖西光速・加藤俊彦・大島清・大内力『日本資本主義の発展Ⅰ』二〇七〜八頁　東京大学出版会　一九六七年。
(17) 吉野俊彦『歴代日本銀行総裁論』六〇〜六一頁　ダイヤモンド社　一九五七年。
(18) 春畝公追頌会編『伊藤博文伝』下巻　一二六頁　一九四四年（三版）統正社。
(19) 既掲『大日本帝国議会誌　第三巻』六七六〜七頁。
(20) 同右　一四一一頁。

(21) 同右　第四巻　九〇三頁。
(22) 『竜門雑誌』第一二八号（一八九九年一月）五九～六〇頁（『渋沢栄一伝記資料』第二七巻五六七頁による）。
(23) 斎藤巳三郎編『衆議院議員選挙法改正顚末報告書』一一～一三頁。
(24) 『大日本帝国議会誌　第五巻』四五七頁。

第三章　産業革命期における山梨県の金融

――納税銀行を中心として――

柳澤　幸治

はじめに

戦前、なかでも明治期における山梨経済は、多くの研究者により分析がなされている。これは山梨県が、戦前日本経済の太宗である製糸業において先進的な器械製糸地域であったことに由来しよう。そのため金融史においても製糸業との関係で優れた研究が多い。主だった研究だけでも、石井寛治氏による東山梨郡の柏原家の研究、同氏による明治一〇年代から大正初期までの山梨県全体の製糸金融の研究、また中村正則氏による東八代郡の済通社の研究などをあげることができよう(1)。製糸業関係以外の金融史研究に目を向けてみるならば、斉藤康彦氏の機業地域であった南都留郡の饒益社の研究、同氏による銀行役員研究などが指摘できよう(2)。また社史ではあるが、県経済の展開と金融に関しての分析した山梨中央銀行の『創業百年史』も高い評価が得られよう(3)。

これら先学の研究は非常に高いレベルに達しており、研究の余地がないように思われる。しかしながら、研究地域が東山梨・東八代など古くからの製糸地域に研究が集中するきらいがあり、地域的偏りが見られることが指摘できよう。また、山梨県の製糸業が明治初期に発展したためか、銀行類似会社の研究が多く、『創業百年史』以外には類似会社以降の経営や金融の状況が明らかになっているとは言い難い状況といえよう。

翻って考えてみるならば、上述のような研究状況の遅延は資料の制約性にあるといえよう。本稿で対象となる納税銀行は、幸いなことに設立時からの資料を追うことができる。この資料は一部欠落はあるが、商事会社に転化した後の昭和一三年下期までの経営状況が判明可能である(4)。したがって本稿の目的は、この資料を使用して納税銀行の経営分析を行うと共に当時の金融状況を明らかにし、上述のような研究の遅延状況の一端を解消することにある。分析に入る前に、納税銀行の概略史を述べ、本稿の理解の一助としたい。

納税銀行は、山梨県西八代郡市川大門村（現市川三郷町）に設立されている(5)。その最初の母体は納税社である。同社は、松方デフレが本格化した明治一五（一八八二）年に地域の名士達により設立の動きが本格化する。そして翌一六年一月二一日頃に設立が認可、同年二月一日に営業を開始している。その目的は、納税に便宜をはかると共に出資金を以て貸付を行うことにあった。資本金は四万円である。二六年になると銀行条例が施行されるが、同条例に基づき納税社も銀行に転化する。社名を納税合資会社とし、資本金は五万円に増資している。その設立認可は二六年一二月二一日、営業開始は翌二七年一月一日であった。その後三三年八月一四日には、社名を合資会社納税銀行に変更している。

納税銀行は、三六年三月二二日に株式会社に改組し、社名を市川納税銀行としている。同年七月三一日、同じ町内にあった市川貯金銀行を合併し、資本金を一〇万円とすると共に貯蓄業務を兼務するようになる。大正二（一九一三）年二月、資本金を二〇万円に増資する。金融界が大きく動揺する一四年になると、他行との合併協議がなされるようになる。しかし、この協議はうまくいかず、昭和五（一九三〇）年になると昭和恐慌のあおりで緩慢な取付を受けるようになる。そして翌六年二月から三月まで激しい取り付を受けている。そして、七年六月一五日に解散を決議し、七月一日より狭南商事会社に転化している。その後、戦局が悪化した一九年になると政府の統制により、狭南商事会社も精算解散となってしまうことになる(6)。

以上が納税銀行の概略史である。納税銀行は、その前身が納税社、納税合資会社であり、後身は市川納税銀行であることは上述したとおりであるが、ここでは便宜上納税銀行としておくことにする。さて、納税銀行は設立が明治一六年であり、銀行として解散するのが昭和七年である。したがって、金融機関として存続した期間は五〇年間と半世紀に渡っていることになる。このように長期に渡る分析は、現在の筆者の能力からして不可能に近い。また、紙数にも限りがある。そこで本稿の対象期間としては、設立より株式会社に転化する以前までの段階としたい。すなわち明治一六年から三五年までの期間、社名でいうならば納税社、納税合資会社、納税銀行までを対象とすることにする。

この期間は産業革命の開始時より早く、その終了時よりも早いが、納税銀行の経営分析の連続性を考慮して上記期間を対象としたい[(7)]。なお本稿では、最初に西八代郡および市川大門の経済的特色を明らかにし、次いで納税銀行の設立・銀行への転化、社名変更というトピックとその背景を追い、最後に同行の経営分析を行うことにした。

注

（1）石井寛治著「器械製糸業の発展過程」（『歴史学研究』第二八二号　一九六三年　青木書店）。同著「山梨県の製糸金融」（山口和雄編著『日本産業金融史研究　製糸金融編』一九六六年　東京大学出版会）。同著『日本蚕糸業分析』（一九七九年　東京大学出版会）。中村正則著「器械製糸業の発展と殖産興業」（『歴史学研究』第二九〇号　一九六四年　青木書店）。同著「地方産業の発展と下級金融機関」（『土地制度史学』第二二号　一九六四年　農林統計協会）。また、永原慶二、中村正則、西田美昭、松元宏著『日本地主制の構造と段階』（一九七八年　東京大学出版会）も参照せよ。

（2）斉藤康彦著「郡内機業地帯の銀行類似会社の経営分析―饒益社「実際考課状」を素材として」（『富士吉田市史研究』創刊号　一九八六年　ぎょうせい）。同著第三章第一節「産業金融構造の地域的特質」、第四章一節「銀行・企業役員層の態様」（『地方産業の展開と地域編成』一九九八年　多賀出版）。

（3）山梨中央銀行行史編纂室編『創業百年史』（一九八一年　凸版印刷）。山梨県の金融に関する通史的なものとしては、同著の他に『山梨県政百年史　上巻』（一九七八年　温故堂印刷）に掲載された浅川邦夫著「第四編第一章」を見よ。また、時代は下るが池上和夫著「山梨殖産銀行の成立―県是銀行の一形態―」（有泉貞夫編『山梨近代史論集』二〇〇四年　岩田書院）がある。これら研究状況を見るならば、管見の限りではあるが明治後期の研究が薄いことがわかろう。

（4）納税銀行は、各年に渡り「考課状」および「営業報告書」を作製し、出資者に配布していた。この資料が明治大学図書館に所収されている。

（5）前掲『創業百年史』七〇六〜七〇七頁。

（6）『市川大門誌』（市川大門町誌刊行委員会編、一九六七年　双新社）七〇二頁。

（7）筆者とするならば、産業革命の開始時期を明治二〇年以降の企業勃興期から、四〇年代前半頃までと考えている。産業革命に関しては、大石嘉一郎編著『日本産業革命の研究　上巻』（一九八三年　東京大学出版会）また、石井寛治著『日本産業革命』（一九九八年　朝日選書）を見よ。

一、山梨県内における西八代郡市川大門の位置づけ

本節では、納税社・納税銀行が設立された市川大門の概要と、同地および西八代郡の山梨県内における位置づけを述べることにする。なお期間としては、統計数値が明らかとなる明治一六年から、納税銀行が株式会社となる前年の明治三五年までを中心とする。

まず最初に、市川大門の地理的な特徴から述べてみることにしよう[1]。市川大門町は、甲府盆地の南端に位置する。この地域は芦川が笛吹川に合流する沖積地地域であり、この左岸一帯から御坂山の西部台地にかけてが市川大門町である。甲府からの距離は、南方に約一三㎞の所に位置しており、古くから甲府との交流は比較容易な地域であった。

それでは次に、市川大門の歴史的・行政的な概略を述べてみることにしよう。市川の名称は「和名抄」に見られることから、同地が古来より開けた地域であったことがわかる。江戸時代になると市川大門の地は、当初は幕府領、次いで甲府藩領となり、享保九（一七二四）年には再度幕府領となっている。明和元（一七六四）年には駿河の紺屋町陣屋からの出張陣屋が置かれ、近郷三万石の統治の中心地となる。その後は本陣屋となり、甲州二四万石のうち一八万石を支配している。「天保郷帳」（一八三四年）には市川大門村として一九一九石余の生産高が記されており、一村の石高では甲斐国一番を記録している。明治四（一八七一）年山梨県に所属し、同二二年の市町村制施行時には市川大門村、同三三年には市川大門町となる。昭和三〇年前後には周辺諸村を合併して規模を拡大、平成一七（二〇〇五）

年一〇月には、三珠町、六郷町と合併、市川三郷町となっている。

以上が、市川大門の地理的・歴史的概略である。以下では、明治初期から三五年前後の同地の状況をより詳細に見ていくことにする。それではまず、人口と戸数の推移を追うことにしよう。表1―1は、明治九年より三八年までの人口および戸数の推移を見たものである。明治九年の人口は四二九三人であるが、一五年後の二四年には五〇五九人となっている。そして三八年には九年比で一五三二人増の五八二五人となっており、その増加率は三六％を記録している。この間における日本の人口増加率が三一％であること、(2)また明治期における日本の人口増加率が国際的に見て非常に高いことを考慮するならば、市川大門の人口増加率がいかに高いものであったかが理解できよう。このように高い人口増加率を示すことができた要因としては、同地が狭西地域における物流の中心であったこと、また後述するように土地の生産性が非常に高かったことが関与していよう。

それでは次に戸数に目を向けてみよう。明治二四年における市川大門の戸数は、一〇一五戸である。それが八年後の三二年には九九一戸と一〇〇〇戸台を割ってしまう。しかし、この数値は甲府を除くなら県下第三位の規模であり、(3)当時の市川大門の県内における位置づけが理解できよう。それはそれとして三八年の戸数を見るならば、一〇〇二戸と一〇〇〇戸台を回復しており、二四年とほとんど差がなくなっている。この間における県全体の戸数は五％の増加となっているが、西八代郡のそれが微増でほとんど変化がないことから、市川大門の戸数の推移は西八代郡のそれに倣ったものといえよう。

次に、市川大門の主要産業を見ることにしよう（表1―2参照）。『山梨縣市郡村誌』の「市川大門村誌」には、同村の民業として「大抵農業ヲ業トス」とある。(4)これより市川大門の主要業種は、農業であったことがわかる。その農家比率に目を向けるならば、明治期における村落レベルの資料が散見されないため詳細は不明である。しかし市川大門は、県内有数の大規模村落であり、物流の中心地であること、また後述するように商工業が盛んであったことを考慮するならば、西八代郡の農家比率は無論、県の比率よりも低いことが予測できよう。したがって、二四年における市川大門の農家率は概ね八〇～八五%前後ではないかと思われる。

さて、表1―2を見て目を引くのは、市川大門および西八代郡の兼業率の高さである。県のそれが四〇%であるのに対して、西八代郡は七八%、市川大門に至っては八一%もの家が副業を持っていたことになる。西八代郡の兼業率の高さは、後述するように同郡の農業が畑作中心で農業生産だけでは家計が維持できなかったことに由来しよう。これに対し二四年における市川大門の職業構成を見るならば、商業四六〇余戸、雑業一六〇戸、さらには後述するように同地の主要産業としての製紙業を営む家が一九九戸見られる(5)。これより同村の高い兼業率は、陣屋の所在地として狭西地域の商工業の中心地として発展してきた経緯に求めることができよう。

では次に、農業の生産手段である耕地に移ることにしよう。山梨県は畑勝ちな地域として有名であり、表1―3を見ても畑地が耕地の内の七一%、田地の二・五倍に達している。このように畑勝ちな山梨県にあって西八代郡の畑地の割合は八六%にも達しており、田地の六倍もの値となっている。このような県および西八代郡の傾向と逆の方向性を持つのが市川大門である。同地は田地が耕地の内の五三%を占める田勝ちの地域であり、山梨県においては数少ない地域の一つである。市川大門の土地構成でもう一つ大きな特徴は、住宅地の割合が高いことである。その割合は耕地込みで九%となっており、西八代郡・県の値より高い。これは人口規模が大きい事も関与していようが、同地が本陣として発展してきた背景も指摘できよう。

土地構成を概観したので、次は耕地の生産性に移ることにしよう(表1―4参照)。まず米の反収を見るならば、市川大門のそれは二石三斗一升となっている。この値は西八代郡・県のそれよりも一斗から一斗三升も高い値を示している。したがって同地の田地は面積が大きいだけでなく、生産性も高かったことがわかる。次に麦の反収を見るならば四石近い収穫高があり、西八代郡・県のそれよりも三石以上も収穫高が多い。これより市川大門の畑地も西八代郡・

表１—１　市川大門の人口・戸数の推移

	M 9	M 24	M 32	M 38
人口	4293 (100)	5059 (118)	5055 (118)	5825 (136)
戸数	—	1015 (100)	991 (98)	1002 (99)

註：明治９年の値は土地柄書上（角川日本地名大辞典 19　山梨県所収）による。24 年の値は『山梨縣市郡村誌』による。32・38 年は『県統計書』による。なお、（ ）内は指数を示す。

表１—２　明治 24 年の農家数・兼業数

	市川大門	西八代郡	県
総戸数	1015	6739	81969
農家数	— —	6166 (91)	71631 (87)
兼業数	819 (81)	4802 (78)	28540 (40)

註：市川大門の値は『山梨縣市郡村誌』による。西八代郡・県は『県統計書』による。なお、（　）内は総戸数に対する割合を示す。

表１—３　明治 33 年土地構成

	市川大門	西八代郡	県
宅地	19 町 6 反 6 畝 29 歩 (9)	220 町 6 反 5 畝 11 歩 (4)	4351 町 3 反 8 畝 14 歩 (7)
田	106 町 2 反 8 畝 21 歩 (48)	771 町 6 反　　7 歩 (14)	1723 町 2 反 9 畝 8 歩 (27)
畑	94 町 6 反 9 畝 24 歩 (43)	4668 町 5 反 1 畝 11 歩 (83)	43203 町　　1 畝 5 歩 (67)

註：『県統計書』より作製。以下、断りのないかぎり同資料を使用した。なお、（　）内は宅地、田、畑の合計に対する割合を示す。

表１—４　明治 37 年の米・麦生産高（石）

	市川大門	西八代郡	県
米	2641	18546	436960
麦	4003	346634	356582
米反収	2.31	2.18	2.21
麦反収	3.94	0.733	0.87

県のそれよりも著しく生産性が高く、地質が高かったことがわかる。

しかし、このように高い生産性を誇る市川大門であったが、人口規模が大きいため地域内の消費量を地域内の生産物でまかなうことはできなかった。三七年における一人当たりの米の消費可能量を計算すると、市川大門のそれは四斗五升となる。この値は県の八斗はもちろん、畑地中心地である西八代郡の四斗七升にもおよんでいない。したがって米・麦など穀類の移入がおこなわれており、明治九年の数値ではあるが米・麦・塩の年間移入量は四六〇〇石に達しているとある(6)。なお、米・麦以外の市川大門の農産物としては、粟、大豆の畑作物があげられていることを指摘しておく(7)。

市川大門は、上述のように高い生産性を誇っていた。このため、同地の地価は著しく高価なものとなっている。表1―5をみるならば、宅地においては西八代郡・県よりも三〇円以上高くなっている。また田地においては、西八代郡とは二三円、県平均とは一六円以上の開きがあり、畑地に関しても一五円以上の差が見られる。

このように高価な地価を反映して、小作地率も著しく高くなっている。表1―6を見るならば、田で八五％、畑で八〇％もの土地が小作地となっている。山梨県は小作化の進行が早い県として上位にランキングされるが(8)、市川大門の値はその県の値よりも田において一七ポイント、畑においては三二ポイントも高くなっている。この数値から予測できるように同地の小作地率のもう一つの特徴として、畑地の小作地率が高いことが指摘できよう。西八代郡・県の畑地の小作地率が四〇％台であり、田地の小作地率との差が一五から二〇ポイントあるのに対して、市川大門の場合は八〇％、田地との差も五ポイントしかない。これは上述したように同地の畑地の高生産性によることは論を待たないであろう。ともあれ市川大門においては、農民層の分解が他所では見られないほど徹底的に進行していたといえよう。

以上、市川大門の耕種生産物および耕地の特徴を概観したので、以下では養蚕・製糸業と製紙業を見ることにしよう。戦前期における山梨県の主要産業は養蚕・製糸業であったが、西八代郡において同産業はどの程度まで発展して

表1—5　明治33年1反当たりの地価（円）

	市川大門	西八代郡	県
宅地	59.61	25.44	28.21
田	66.73	43.59	49.86
畑	25.68	5.81	10.60

表1—6　明治37年自作地・小作地構成

		市川大門	西八代郡	県
自作地	田	17町3反5畝 (15)	366町7反3畝20歩 (43)	6239町1反8畝11歩 (32)
	畑	20町1反8畝10歩 (20)	2730町　9畝18歩 (58)	21200町9反7畝13歩 (52)
小作地	田	96町9反1畝11歩 (85)	484町7反2畝26歩 (57)	13537町　8畝11歩 (68)
	畑	81町4反4畝15歩 (80)	1997町8反1畝25歩 (42)	19776町2反6畝22歩 (48)

註：（　）内は構成比を示す。

表1—7　正藺生産高の推移　（貫）

	M 16	M 20	M 25	M 30	M 35
西八代郡	5430 (100)	11910 (219)	19450 (358)	25120 (463)	29590 (545)
県	284960 (100)	440450 (155)	517180 (181)	663940 (233)	716150 (251)

註：『県統計書』より作製。() 内は指数を示す。

図1—1　西八代郡の正藺生産高　（貫）

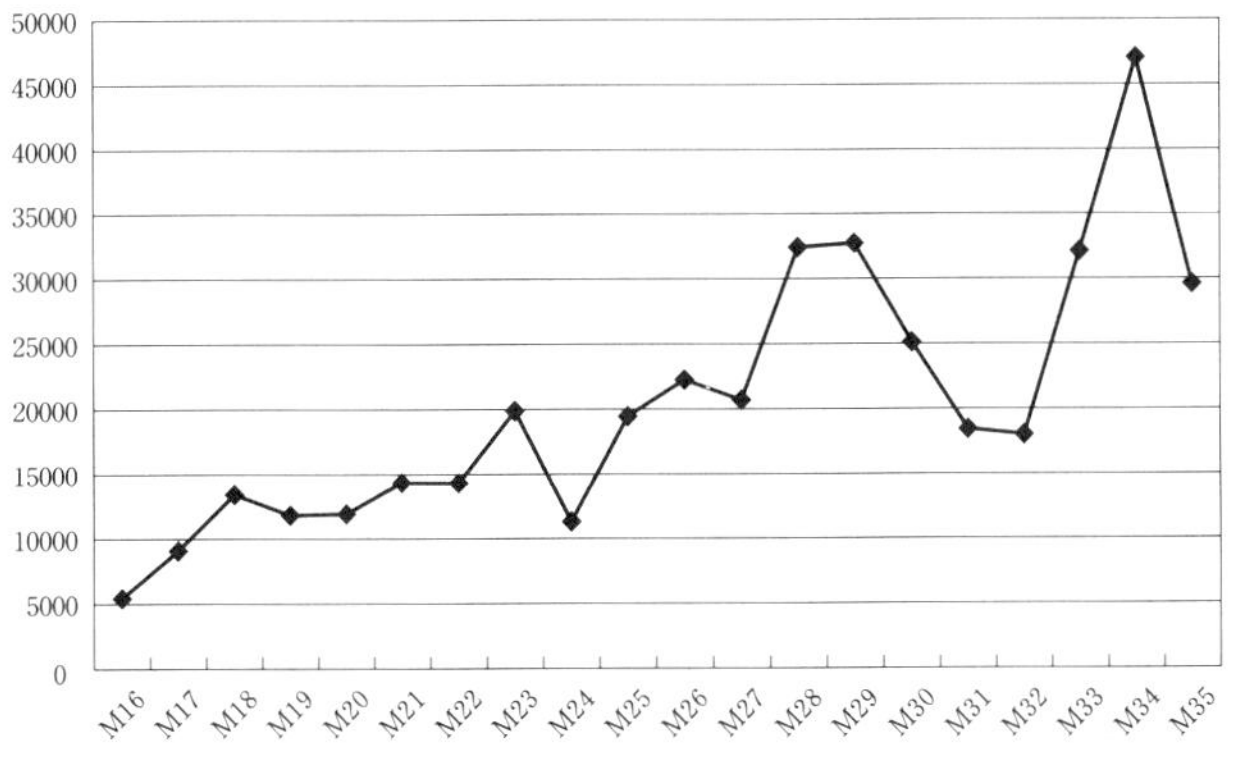

いたのだろうか。表1―7は正繭の生産高の推移を示したものである。同表によるならば明治一六年における西八代郡の繭生産高は、県の総生産量の二%に相当する五四三〇貫となっている。以後、二〇年には一万貫を越え、二五年にはほぼ二万貫となり、三五年には一六年比で五・四倍強の二万九五九〇貫に達している。この間における県の増加率が二・五倍であることから、西八代郡の繭生産が急速に拡大したことがわかる。

上述の過程をより詳細にみたものが図1―1である。エポックとなる年だけを追うならば、順調に発展を遂げたように思われる西八代郡の繭生産であるが、同図を見るならばかなり浮き沈みが激しいことがわかる。特に二四、三一、三二年の落ち込みが激しい。二四年の減少幅は対前年比で四三%、三一、三二年のそれは対二九年比で四四、四五%となっている。県全体の繭生産高を見るならば、二四年に減産は見られない。三一、三二年には減産が見られるが、直近で最高生産年である二八年と比較すると、それぞれ一八%と一一%の減産となっており、西八代郡のように五割近い減産を示してはいない。これより、急速に養蚕業が広まった西八代郡ではあったが、後発地帯であるがゆえに技術力が充分蓄積されていないことから、養蚕業は農家に安定的な収入をもたらすものではなかったといえよう。

図表は掲載していないが、農家における養蚕業の普及について少々言及しておこう。明治一六年における県の養蚕農家率は三七%を示すが、西八代郡のそれはわずか七%であり、同郡における当時の養蚕の位置づけが理解できよう。以後、西八代郡において養蚕業は漸次増加するが、二〇年代後半より急速に増加し三〇年には六〇%にまで到達する。同年における県の養蚕農家率が六五%であることから、養蚕業が西八代郡にかなり普及したことがわかる。以後、同郡の養蚕農家率は三〇年からの養蚕不況により三五年には五一%にまで低下してしまう。しかし、県の養蚕農家率が五七%と西八代郡と同程度の減少幅を記録していること、また以後の同郡における養蚕農家率を考慮するならば、三〇年代までには西八代郡において養蚕業が定着したといってもよいであろう。

以上は西八代郡における養蚕業の普及状況であるが、市川大門ではどのような状況であったのであろうか。現在のところ村落レベルでの養蚕農家率はつまびらかではない。しかし、大正末年における桑園率より同地の養蚕業の普及状況を推測することは可能である。市川大門の桑園化率は二六％であり、畑地の四分の一が桑畑であった。これに対し、市川大門の隣村である上野村の桑園化率は八六％、高田村では七一％となっている。この値と前述の耕地の生産性を考慮するならば、明治三五年頃の市川大門ではそれほど養蚕が普及していたとはいえる状況ではなかったといえよう。

では次に、生糸の生産状況を見ることにしよう（表1—8、図1—2参照）。明治一六年における西八代郡の生糸生産量は二八八貫であり、県の生産量のわずか一％にしか相当していない。しかし同郡の生糸生産量は漸次増加し、二三年頃には一〇〇〇貫を超え、二五年には一〇六〇貫の生産量となっている。その後二七、二八年と急増した生糸生産は、二九年急激な落ち込みを示す。二八年の生産量が四〇四二貫であるのに対して二九年のそれは九一四貫、実に七七％もの減産となっている。同年の県の生産量が二八年比で九％減であることを考慮しても、西八代郡の落ち込みの大きさが理解できよう。三〇年に回復傾向を示した生糸生産は、三一年には四三二七貫と三〇年代前半における最大の生産量となる。この数値は一六年の一四・七倍に相当しており、県のそれが四・六倍であることから、西八代郡における生糸生産がいかに急速に伸びたかがわかろう。しかし以後は漸次減少して、三五年には二八六〇貫となり、一時は県の総生産量の四％弱にまで高まった西八代郡の生産比率は三％まで後退することになる。

これまでは座繰製糸を含めた生糸生産全体の動きを見てきたので、以下では器械製糸の動きについて概観してみよう。表1—9、図1—2を見るならば、西八代郡の器械糸生産量は九〇一貫とある。この値は県の器械生産の二％に相当しており、生糸生産量よりも同郡の占める割合が高い。西八代郡の器械糸生産量は二六から二八年まで急速に伸び、二八年には三七四二貫、二四年比で三・三倍以上の生産量となっている。この間における県の伸びが一・三倍であり、これを年率換算すると五％であるのに対して、西八代郡の年増加率は二六％となり同郡の伸びは県の五倍以上の速さであったことがわかる。このような急激な伸びを示した同郡の器械製糸であったが、生糸生産量と同様に二九年に著しい減産となる。減産割合は前年比で七八％、県のそれも一一％の減少となってはいるが、西八代郡の減産割合には遠くおよばない。このように急激な減産となった理由としては、アメリカ経済の不況による生糸価下落も影響していようが、(9)日清戦争後の好況の影響で、経験の浅い西八代郡の製糸家が充分な繭を確保できなかったことに由来するのではないかと思われる。

それはそれとして、二九年底をつけた西八代郡の器械製糸は、三一年にはこの期においては最高の生産量となる三九九九貫を記録する。この数値は対二四年比で四・四倍強の伸び出を示すものであり、県の伸びがわずか一・一倍弱であるのとは対照的である。この数値は県の器械製糸の内の四％弱の値であり、繭生産量よりも比率が高いことがわかる。以上、西八代郡における器械製糸を概観してみた。ここで気付くことは、同郡の生糸生産の中心は器械製糸であるということである。ちなみに器械製糸と生糸生産の相関をとってみるならば、西八代郡は〇・九九、県は〇・八九となっており、上述の内容を裏付ける結果となっている。

それでは次に、市川大門および西八代郡における製糸工場の推移を見ることにしよう。表1―10によるならば、明治一六年の市川大門には一つ製糸工場が記録されている。その後一九年に二工場となり、二二年には早くも六工場となっている。そして二四年には明治期最高数の七工場を記録している。しかし二六年には四工場に減少し、二九年に三工場となった後は三五年まで三工場で推移している。動力を見るならば『山梨県統計書』に統一性がないが、二六年までは水力が主力で人力を補助とした工場が多かったと思われる。蒸気力の初出は三〇年に一工場が見られ、三二年以降は蒸気、蒸気と水力併用、水力の三工場となっている。

市川大門を除いた西八代郡の製糸工場は、一六年栄村（現南巨摩郡南部町）に二工場見られる。しかし、一七年か

表1—8　生糸生産量の推移　（貫）

	M 16	M 20	M 25	M 30	M 35
西八代郡	288 (100)	495 (172)	1060 (368)	2602 (903)	2860 (993)
県	24194 (100)	40049 (166)	63210 (261)	70368 (291)	94205 (389)

註：（　）内は指数を示す。

図1—2　西八代郡の生糸生産量の推移　（貫）

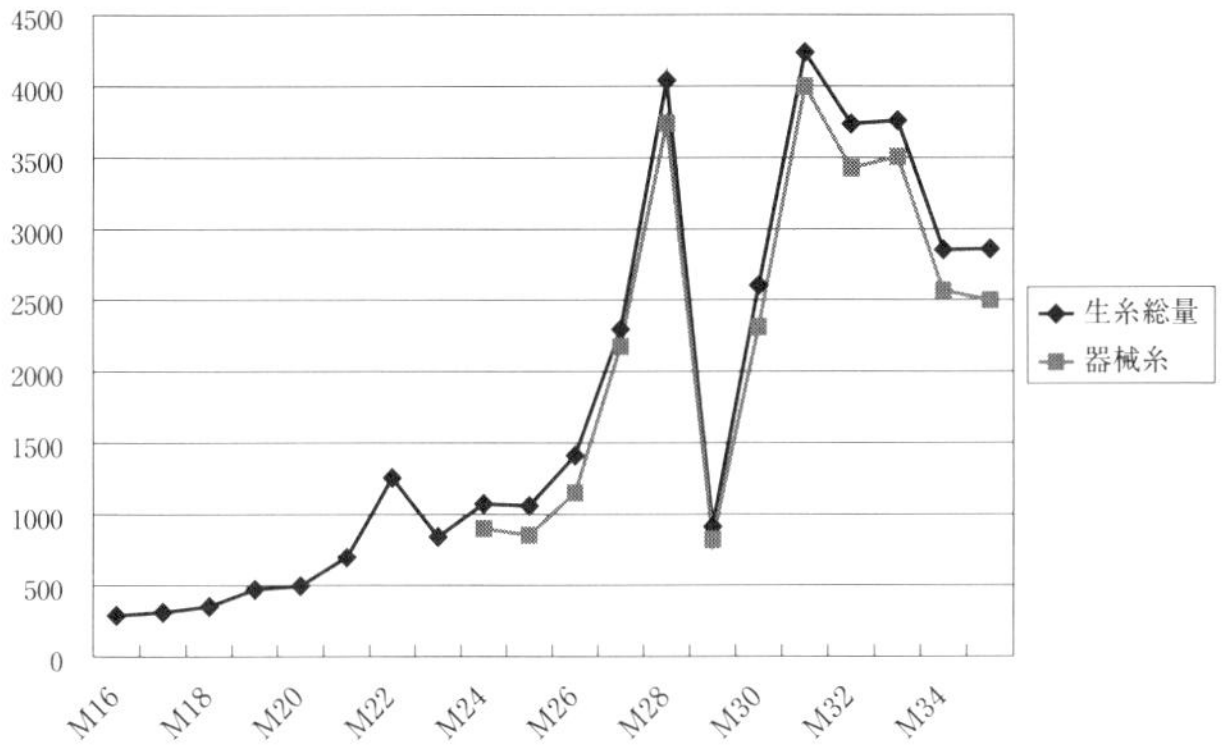

表1—9　器械製糸の生産量　（貫）

	M 24	M 25	M 30	M 35
西八代郡	901 (100)	855 (95)	2310 (256)	2497 (277)
県	45860 (100)	43749 (95)	55729 (122)	68115 (149)

註：（　）内は指数を示す。

表1—10　製糸工場数の推移　（所）

	M 16	M 19	M 22	M 24	M 26	M 29	M 35
市川大門	1	2	6	7	4	3	3
西八代郡	2	1	1	1	4	3	1

註：西八代郡の値は市川大門の工場数を引いたものを示す。

ら二五年まで同村では一工場のみとなってしまう。したがって、二五年までは狭西地域における製糸工場は市川大門がほぼ独占していたことなる。二六年になってようやく大河内村（現南巨摩郡鰍沢町）に三工場が新設されている。翌二七年には栄村で一、大河内村で一工場が増設され、同郡では六工場となっている。その後西八代郡の製糸工場は、三四年まで三〜五工場で推移しているが、三五年には大河内村の一工場のみとなってしまう。

以上が市川大門を除いた西八代郡の製糸工場の推移であるが、ここでは前者と後者の製糸家・製糸工場における差を少々述べてみたい。まず資本金に関して見ると、西八代郡の二六年における四工場の平均資本額は一一五〇円である。これに対して市川大門のそれは一七五〇円と六〇〇円大きい。さらに、市川大門に近い大河内村の平均資本額を見るならば八三三円にまで下がり、市川大門との資本力の差が歴然としてくる。また、女工数に目を向けるならば、栄村の一工場で七四人、大河内村で三五人取りが一工場、一五人取り二工場となっている。これに対して市川大門の四工場における女工数は一一一人、七〇人、六〇人、三二人となっており、大河内村の最大工場と市川大門の最小工場の規模がほぼ同じであることがわかる。さらに、工場の動力を見るならば、西八代郡のそれは三五年まですべて水力である。これに対して市川大門の工場動力は、前述のように三〇年より蒸気が採用されている。以上の事から、市川大門の製糸家は、西八代郡の製糸家と比較しての資金力のみならず経営意識に関して明らかな差が読み取れるのではないだろうか。

以上、養蚕・製糸業に関して概観してみたので、以下では市川大門の特産品である和紙について見ていくことにしよう。市川大門の和紙は、その初出が「延喜式」にまで遡及可能であるという。しかし、その名声が高まったのは武田氏の時代からであり、「市川の肌吉紙」として需要された。江戸時代となってもその名声は衰えず、「肌吉奉書」として江戸城に上納されている。江戸時代後期には高級紙よりは一般の需要紙の生産が主流となってきたという。その生産は農家の副業として一〇月から三月下旬まで行われ、抄紙量の多さと専業性でも有名であった。なお、原料は東西河内の山地より調達された三椏・楮を使用していたといわれる(10)。

上述のような歴史を持つ市川大門の和紙であるが、まずは原料となる三椏の生産から概観することにしよう。表1―11は、西八代郡と県の三椏生産量を示したものである。なお、西八代郡内で和紙を生産している地域は市川大門以外には見受けられないので、西八代郡＝市川大門と考えてもよいと思われる。さて、明治二四年における西八代郡の三椏生産量は八万一四七六貫となっている。この数値は、県の生産量の三五％に相当している。以後、西八代郡の三椏生産量はほぼ八万貫台で推移しており、二九年に九万貫台に到達した後は三三年までおおむねこの水準を維持している。ただし、三三年は著しい不作で、三〇年比で六五％減の三万三九三〇貫となっている。それはそれとして、三四年に一〇万貫台に達した西八代郡の三椏生産は、翌年には二三年比で三二％増の一〇万七二八一貫となっている。この生産量は県の七四％にも相当し、三椏生産における西八代郡の地位が高まっていることがわかる。ただしこれには、西八代郡の生産増加のみならず、県の生産量の減少という要因が関与している。三五年における県の三椏生産が、二三年比で六二％にまで減少していることがその証左となろう。減産の原因としては、主要産地の南巨摩郡の不振と、中巨摩郡、北巨摩郡、北都留郡における生産中止が指摘できよう。

以上、三椏の生産を概観したので、次に和紙の生産額の推移に移ることにしよう（表1―12、図1―3参照）。二四年の西八代郡の生産額は四万一四二〇円となっており、県の生産額の六四％を占めている。その後は漸増し、二八年には四万九三〇八円と五万円寸前にまで増加している。しかし二九年には四一三五円と、前年比九二％の減産となってしまう。同年の三椏生産は例年並みであり(11)、全国の和紙生産も前年よりは増加していることから(12)、現在その原因の詳細はつまびらかではない。ただ、県の生産額も四一％も減少していることから、西八代郡を中心とした山梨県独自の原因があったことは指摘できよう。さて、このように落ち込んだ和紙生産ではあるが、翌三〇年には一気に七万円台となり、三二年には八万円台の生産額を記録している。しかし、三三、三四年と振るわず、三五年にようやく二四

表１―11　三椏の生産量　（貫）

	M 23	M 25	M 30	M 35
西八代郡	81476 (100)	81918 (101)	96590 (119)	107281 (132)
県	231947 (100)	274706 (118)	250861 (108)	144446 (62)

註：（　）内は指数を示す。

表１―12　紙製産額の推移　（円）

	M 24	M 25	M 30	M 35
西八代郡	41420 (100)	41099 (99)	75779 (183)	68135 (164)
県	64626 (100)	63570 (98)	125093 (194)	180445 (279)

註：（　）内は指数を示す。

図１―３　紙生産額の動向

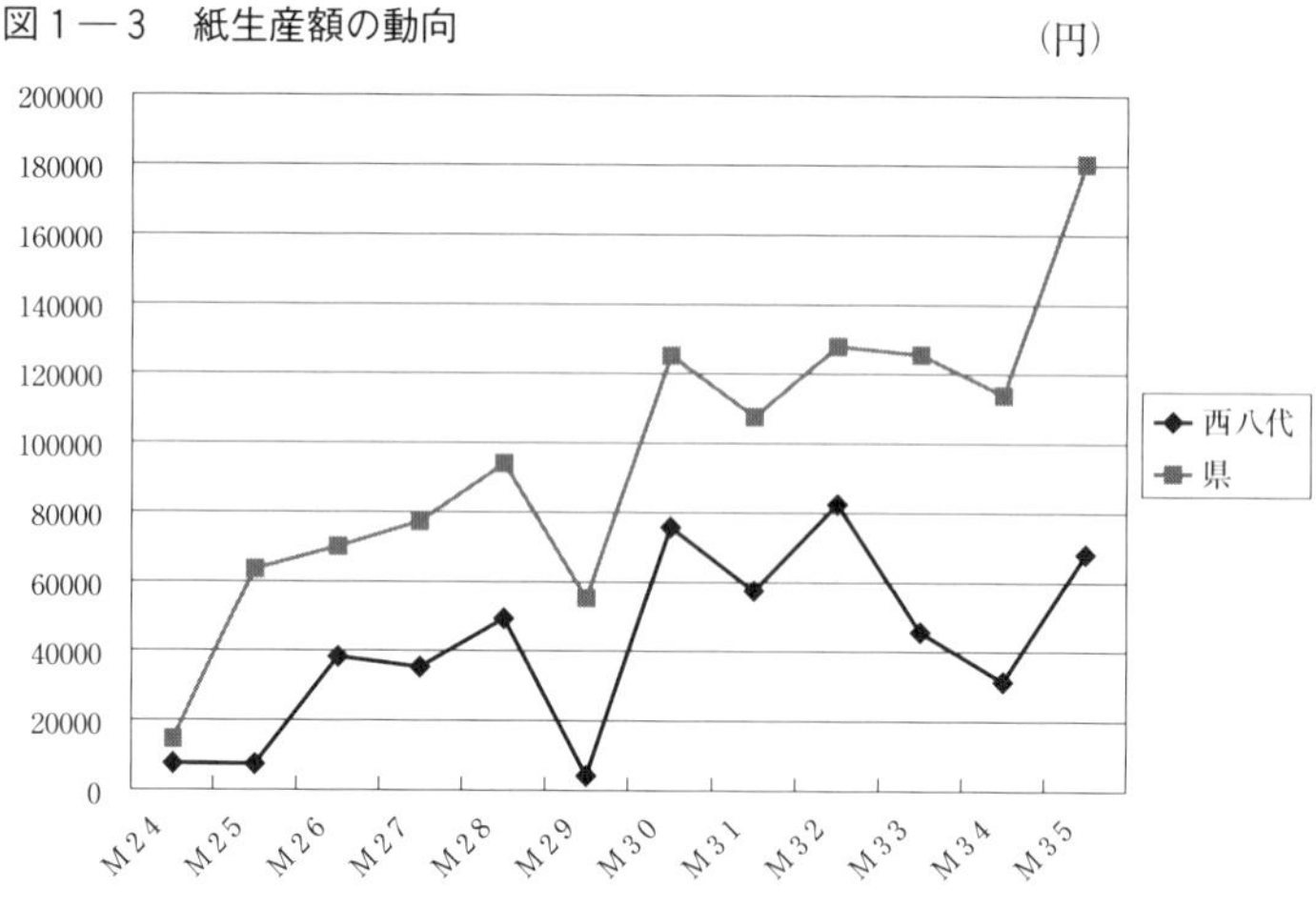

年比で三四%増の六万八一三五円まで回復している。この生産額は県の三八%にしか相当しておらず、三椏とは異なり和紙における西八代郡の地位は低下している。しかし、三六年には県の生産額の五〇%を占めるまでになることから、和紙生産はかなり変動の激しいものであったといえよう。

では、西八代郡ではどの程度の農家が紙漉きを行っていたのであろうか。二七年から三四年までの紙漉戸数を見るならば、二二〇～二四〇戸の範囲で動いており、その平均は二三三戸となる。ただし例外としては、生産額が著しく落ち込んだ二九年の一四戸を指摘することができる。また三五年においては一六四戸にまで減少していることから、これら数値は同郡における三三年以降の和紙生産の不振を示すものとなっている。

紙漉農家数が明らかとなったので、次に一戸当たりの生産額を見ることにしよう。二七年から三五年までの一戸当たりの生産額は、一三四円六二銭～四一五円四六銭の範囲内で動いている。最低額を記録するのが三四年であり、最高額は三五年であることから、上述したように和紙生産の浮き沈みの激しさが読み取れよう。さて、この間における平均生産額は二六〇円一九銭となっている。山梨県における専業農家一戸当たりの平均収入額は、三〇、三五年でそれぞれ一七一円四六銭、二一〇円二〇銭である。また、時期は下るが四〇年おける西八代郡の専業農家の収入は二五二円二〇銭となっている(13)。これらの農家収入額を考慮するならば、平均的な生産年であるならば紙漉業だけで西八代郡の農家は充分な収入を得ることが可能であったことがわかる。逆に言うならば、同郡の紙漉農家は、変動の激しい紙漉業を補うために農業を営んでいたといえよう。このことは、二〇〇からの農家が小作農であっても充分に生活可能であったことを示唆しており、前述した市川大門の著しく高率な小作率を裏支えするものとなっていたといえよう。

市川大門および西八代郡における経済的ならびに社会的特徴は、おおむね上記のようなものであった。次章ではこれを踏まえて納税社・納税銀行の歴史とその展開ついて述べることにしよう(14)。

注

（1）市川大門に関するこれ以降の説明は、断りがない限り以下の文献を使用した。『角川日本地名大辞典　一九　山梨県』（「角川日本地名大辞典」編纂委員会編　昭和五九年　角川書店）一二八〜一三一頁。『山梨縣市郡村誌』中巻（島崎博則編　明治二六年　復刻版　昭和六〇年　千秋社）六一〜七六頁。『山梨県大辞典』（山梨日々新聞編）六六頁。前掲『市川大門誌』。

（2）『明治以降本邦主要経済統計』（大里勝馬編　昭和四一年　日本銀行統計局）一二頁。

（3）上位の三村は、甲府七三八九戸、増穂村一二六四戸、谷村村一〇五一戸である。

（4）前掲『山梨縣市郡村誌』中巻七六頁。

（5）前掲『山梨縣市郡村誌』中巻七六頁。

（6）前掲『角川日本地名大辞典　一九　山梨県』一三〇頁。同書には明治九年の数値として、食塩、米麦は年四六〇〇石余を購入するとある。

（7）前掲『山梨縣市郡村誌』中巻七六頁。

（8）明治一六・一七年の小作地率は四八％で全国第四位。明治四一年五八％で第四位となっている。前掲『日本地主制の構造と段階』五頁。

（9）『蚕糸要覧』（大日本蚕糸会編　昭和一一年）二四〇頁。

（10）前掲『角川日本地名大辞典　一九　山梨県』一二八、一三〇頁。『山梨百科辞典』（山梨日々新聞社編　昭和六四年　山梨日々新聞社）六八頁。山梨県における和紙生産は、西八代郡のほかに南巨摩郡が双璧をなす。その他に中巨摩、北巨摩、北都留の各郡で生産が行われているが僅かであり、明治の末年にはほとんど生産を中止している。なお、西八代郡がどちらかといえば高級品（美濃紙）であるのに対して、南巨摩のそれは一般向けの和紙が主要生産品であった。

（11）ただし価格は一貫当たり二九銭となっており、明治二一〜二八年の平均価格三六銭を大きく下回っている。したがって、三椏の質が紙漉農家の要求に合致するものではなかった可能性がある。

（12）日本全体の和紙の生産額は、明治二九年で八四七万円となっている。前年の二八年が七三二万円、翌年三〇年が七四五万円であり、二九年はむしろ生産額が増加している。『長期経済統計　一〇　鉱工業』（篠原三代平著　昭和四七年　東洋経済新報社）二〇九頁。

（13）拙稿「明治期の山梨経済(I)」（『大月短大論集』三七号　二〇〇六年）を参考にせよ。なお、明治三〇、三五年における甲府の精米一石は一六円一五銭、一三円七四銭であり、この数値からも紙漉がかなりの収入をもたらしていたことがわかろう。

(14) 勧業政策の一環として、市川大門に市川紡績所が設立されている。したがって、同地の特産品として綿糸を取り上げるべきとの考えもあろう。しかし、市川紡績所は渡辺信に売却後は輸入綿を使用して生産を行っており、同地の実綿を使用してはいない。また、渡辺紡績所も衰退の一途をたどるとともに、西八代郡の実綿も同様に衰退していくことから、本稿ではあえて取り上げなかった。なお、渡辺信は西八代郡で第一位の地主であり、県でも屈指の資産家であった。明治二七年における彼の納税額は六五八円となっている。渡辺佳三郎編「山梨県各郡選挙区有権者人名録」(渋谷隆一編『都道府県別資産家地主総覧　山梨・静岡編』一九九七年　日本図書センター 所収)。

二、市川大門における金融機関の動き

市川納税銀行に関する概略史は前述したので、ここでは本稿が対象とする株式会社市川納税銀行となる前までの段階、すなわち、納税社、納税合資会社、合資会社納税銀行と展開してきた過程を述べることにする。そして、その際、納税社が設立された背景、納税合資会社として存続を決定した理由、社名・定款変更に至った理由を、市川大門を中心とする周辺域と西八代郡の金融状況を考慮しながら述べてみたい。それではまず、納税社の設立とその背景について見ていくことにしよう。

1、納税社の設立とその背景

最初に、納税社の設立日時を明らかにしていこう。「納税社第一回考課状」を見るならば、明治一五年一二月九日に

「同志ノ者相會シ、當社設立規則及ヒ其他役員給料等ノ事ヲ決議シ、社長、副社長、監督ヲ撰擧ス…」(1)とある。これより、同日は市川大門の有志者が集まり、納税社の設立、諸規則、役員の取り決めなどを行った集会であることがわかる。したがって、同日を納税社の設立日としている『市川大門町誌』の記述は誤りであるといえよう(2)。

さて、この会合の後、翌一六年一月二二日に社員総会が開始されている(3)。この総会で、県より納税社の設立願い書が返付されたこと、また納税という特殊性ゆえに早期の設立を促された旨を報告している。これより、納税社の設立願い書は、一五年一二月九日以降に県に提出され、翌年の一月二二日もしくは前日の二一日に設立が認可されたと推測できるのではないだろうか。

では、営業の開始日はいつであろうか。「第一回考課状」を見るならば、営業報告期間が記載されている。それによると営業期間は、一六年二月一日から一七年五月三〇日までとある。この記事から推測するならば、納税社の営業開始日は一六年の二月一日であったことがわかる。これより、納税社の設立認可は一六年一月二二日、または二一日。営業開始は同年二月一日となろう。

それでは次に、納税社設立の目的に目を向けてみよう。上記の一六年一月二二日の社員総会において、「…當社ハ、儲蓄金ヲ以テ納税ニ充ツルノ基本ナル結社タルヲ以テ、他ノ銀行類似ノ會社ト其成立大ニ異ナル…」との設立目的が述べられている。これより同社は、納税のための銀行類似会社であり、その資金は儲蓄金、すなわち社員の出資金に依拠しているとしている。また、同考課状の「事務之事」には、「當社ヨリ各社員ニ代テ當市川大門村、其他村役所へ租税及諸納税ノ事ヲ担任スル所、各村戸長ハ當社カ毫モ期限ヲ誤タス、且ハ一括ニ収入スルノ便有ルヲ稱セリ」との記載がある。これより同社は、上記特徴のほかに、社員に代わって納税を代行するのみならず、その納税金を一括で払い込むという特徴を持つことがわかる。したがって納税社は、納税に関する信託業務を行っていたといえよう。その業務は社員の利便性のみならず、行政側の利便性をも考慮していることから、同社の設立を県および村長・戸長、さらには大蔵省が賞賛している理由が読み取れよう[4]。

納税社は上述のとおり、社名と同様の業務を主とする銀行類似会社であった。では、同社が設立された市川大門村および西八代郡における租税・納税はどのような状況にあったのであろうか。周知のとおり納税社の設立が企画された一五年は、松方財政による増税とデフレの進行により農村経済はどん底の状態にあった。またこれより先の一二年には、地方税規則の制定および改正により農家の租税負担が大きくなっていたのである[5]。このような状況における納税額を示したものが、表2―1である。

同表によるならば、西八代郡の一六年における一戸当たりの平均納税額は七円一〇銭となっている。その後一七、一八年と納税額は漸次低下し、一九年には五円二八銭まで下げている。そして翌二〇年には増加するが、一六年の納税額ほどには上昇していない。現在『山梨県統計書』には一六年以前の記載がないので断定できないが、納税額の推移からするならば一六年よりも一五年のほうが高かったと推測でき、納税社の設立が時宜にかなうものであったといえよう。それはそれとして、この納税額はどの程度の負担を強いるものであったのであろう。一六年における甲府の精米一石当たりの値段が七円八五銭、二〇年のそれが六円一五銭である。したがって西八代郡の一戸当たりの平均納税額は、ほぼ精米一石分に相当するものであり、容易に支払いができるものではなかったといえよう。

しかし、県の平均納税額を見るならば、すべての年において西八代郡の納税額を上回っている。その差額は五円前後であり、各年とも大差なく推移している。実は、この期間における西八代郡の平均納税額は、県内の全郡の中でも最低の金額であった。また国税滞納者数を見るならば、二〇年に菓子税滞納者が一名いるだけで、この時期西八代郡では国税滞納者は見られない。だが、これは西八代郡の納税が他郡と比較して容易であったことを意味してはいない。前節で述べたように、畑勝な山梨県においても最も畑地の割合が高い郡であったからである。したがって、上述の五円の差は、土地の生産性の相違を表すものと理解すべきであろう[6]。

では、市川大門の納税額はどの程度であったのであろうか。現在、詳細な資料が散見されないので、ここでは地租を手掛かりとして納税額を推測していくことにしよう。『山梨縣市郡村誌』に記載されている「市川大門村誌」には、新検改組された地租として三七六〇円六六銭との記述がある。(7)一五年から二〇年における地租が国税と地方税に占める割合は、ほぼ六七％前後となっている。(8)これから当時の市川大門の納税額を算出するならば、五六一二円二九銭三厘との金額をえることがでる。これより一戸当たりの平均納税額を算出するならば、一戸当たり五円五三銭となる。この金額では、西八代郡のそれよりも低いものとなってしまう。

一般に、都市になると戸数が増加するため一戸当たりの納税額は安くなる傾向性が見られる。(9)そこでここでは、実際に納税した人々の納税額を算出してみることにしたい。納税合資会社の二六年六月から三三年六月までの「考課状」には、「納税賄」という項目がある。そこで、これを利用して実際の納税額を導き出してみよう。

前記の「納税賄」を見るならば、社員に対する納税代行状況が記載されている。これによるならば、社員六〇～六三名に対して二五三一円～三九七七円の代行納税が行われていたことがわかる。この期間における納税賄総額の平均は三二一〇円一銭であり、社員一名当たりにつき五二円七五銭の代行納税が実施されている。上述した市川大門の納税総額とこの納税賄総額の平均を比較するならば、後者は前者の実に八五％に相当することになる。(10)市川大門は地主制が著しく進行していた地域であったことは前節で述べたところだが、この数値からも特定の階層にいかに土地が、またその代価としての納税が集中していたかが理解できよう。

さて、一名当たりの納税額の平均は五二円七五銭であった。この金額は、市川大門の一戸当たりの平均納税額のほぼ一〇戸分に相当している。また、二八年から三三年までの甲府における精米一石の平均が一二円四〇銭であることから、この納税額は精米四石強に相当しており、ほぼ農家一戸分の収入に等しいといえる。このように高額な税金を、一時期に準備することは地主といえども容易ではなかったことは想像に難くない。以上のことを勘案するならば、当

表2—1　1戸当たりの納税額

（円）

	M 16	M 17	M 18	M 19	M 20
西八代郡	7.10 (100)	6.13 (86)	6.04 (85)	5.28 (74)	6.08 (86)
県平均	12.03 (100)	11.07 (92)	11.22 (93)	9.16 (76)	10.99 (91)

註：『県統計書』より作製。以下、断りのないかぎり同書を使用した。
なお、（　）内は指数を示す。

表2—2　納税社・納税銀行の役員一覧

	社長・頭取	副社長・副頭取	監督・取締役
M 15.12～16. 7	村松猪八郎	依田儀兵衛	望月　美明
16. 7 ～21. 6	依田儀兵衛	望月　美明	村松猪八郎
21. 6 ～24. 5	依田儀兵衛	望月　美明	村松猪八郎
24. 6 ～28. 6	依田儀兵衛	望月　美明	村松猪八郎
28. 7 ～31. 6	村松猪八郎	秋山　喜蔵	依田儀兵衛
31. 6 ～33. 7	村松猪八郎	渡井　豊松	依田儀兵衛
33. 8 ～36. 7	秋山　喜蔵	来城半之式	依田儀兵衛

	監督・取締役	監督・取締役	監督・取締役
M 15.12～16. 7	一ノ瀬吉右衛門		
16. 7 ～21. 6	一ノ瀬吉右衛門		
21. 6 ～24. 5	渡井　彦松		
24. 6 ～28. 6	渡井　彦松	有泉　米松	丹沢　孝平
28. 7 ～31. 6	渡井　彦松	有泉　米松	丹沢　孝平
31. 6 ～33. 7	秋山　喜蔵	有泉　米松	丹沢　孝平
33. 8 ～36. 7	村松猪八郎	有泉　米松	丹沢　孝平

註：各年の「考課状」、「営業報告書」より作成。
社長・副社長の名称は34年1月まで、監督の名称は28年7月まで使用された。

表2—3　納税社・納税銀行役員の履歴

氏名	納税役職	出資額(円)	履歴
村松猪八郎	社長、監督、取締役	3000～4550	戸長、郡会議員、県会議員、租税186円
依田義兵衛	社長、取締役	1350～2000	村政に関与、租税34円
望月　美明	副社長、監督	1850～3250	
一ノ瀬吉右衛門	監督	2550～3950	製紙問屋今木屋、租税183円
渡井　彦松	監督、取締役	1000～1600	第10銀行株主、富士銀行株主、租税77円
有泉　米松	監督、取締役	1000～1250	村長、県会議員、市川貯金銀行社長、醸造業、租税61円
丹沢　孝平	監督、取締役	1000～2150	町長、市川紙業組合長、製紙問屋丹波屋、租税77円
秋山　喜蔵	頭取，副社長，取締役	750～1300	村長、県会議員、甲州製糸・甲州電力社長、租税86円
渡井　豊松	副社長	500～800	町長、山梨産紙業組合組合長、呉服太物商、租税45円
来城半之式	副頭取	500～1000	町長、山梨産紙業組合組合長、租税68円

註：各年の「考課状」、「営業報告書」、山梨中央銀行『創業百年史』、『市川大門町誌』より作成。

時の市川大門の地主にとっては納税社設立の誘因が充分あったといえよう。

それでは次に、納税社設立を推進し、経営に参加した人々の社会的、経済的な特徴を見ることにしよう。表2―2は、納税社・納税銀行の役員一覧を示したものである。同表によるならば、設立時の社長は村松猪八郎、副社長依田義兵衛、監督望月美明、同一ノ瀬吉右衛門となっており、この四名が納税社の設立を推進した中心メンバーであったことは容易に想像できる。このなかでも、社長の村松と副社長の依田は、株式会社に改組後も重役として留まっていることから、納税社設立の中核となったと考えられる。

社長の村松は、戸長、郡会議員、県会議員の役職を歴任するが、納税社設立時にはまだ無役であった（以下表2―3参照）。ただ、社長就任から半年後には戸長となることを要請され、社長職を依田に譲っていることから、社長就任以前から村政に深く関与していたことは確かである。村松の納税額を見るならば一八六円とある。この金額は、西八代郡および市川大門で第一の高額納税者である渡辺信の六五八円には及ばないが、市川大門では渡辺に次いで第二位である[11]。なお、村松の名前が『日本商工人名録』に見出せないことから[12]、納税額の大半が地租であったと思われる。この当時、耕地面積一町歩につき地租が約五円であった。これより村松が所有した耕地面積を算出するならば、三七町歩強の値を得る。この耕地面積は、市川大門の全耕地の実に一九％に相当している。したがって、初代社長の村松は、政治家であったとともに大地主であった。

副社長の依田の経歴を見るならば、政治的には表だった役職には就いていない。しかし『市川大門誌』には、村松猪八郎らとともに村政に貢献すること二〇有余年との記載がある[13]。これより依田は、政治の表舞台に立つことはないが、裏方として村松らを補佐していたのではないかと思われる。また彼の息子が町長・県会議員との経歴を持つことも、彼が村政に深く関与していた証左となろう。さて、依田の納税額を見るならば三四円となっている。この金額は、地租では七町歩弱の耕地面積に相当し、現在、履歴が明らかな役員のなかでは最小のものである。このような財力差が、村松との政治活動の差となって表れたのかもしれない。ともあれ、依田もまた、政治家であるとともに地主であったわけである。

望月美明の経歴は、現在のところつまびらかではない。しかし、設立時における彼の儲蓄金を見るならば、上位から五番目に当たる一八五〇円を出資しており、彼が決して単なる一般の住民でないことがわかる。そこで儲蓄金の流れから、彼の経歴の一端を推測してみることにする。彼の儲蓄金は、二二年には三二〇〇円にまで達している。その後、望月敏が二九年に一二〇〇円の儲蓄金を出す際には、望月美明の儲蓄金額は二〇〇〇円に減少している。また望月敏が死亡し、敏の長女せいに一二〇〇円が譲渡された後の三四年には美明からせいに二〇〇〇円が譲渡されている(14)。これより望月美明は、望月敏の父もしくは兄と推測できよう。そこで望月敏の経歴を調べてみると、村会議員、助役を努めるとともに、三一年の納税額は八四円となっている(15)。もしこの推測が当を得たものであるならば、望月美明もまた村政に発言力を持つとともに、一七町歩ほどの地主であったことになる。

それでは四人目の役員である、一ノ瀬吉右衛門の経歴を見ることにしよう。一ノ瀬は、市川大門の特産品である和紙を扱う今木屋という紙問屋の主人である。彼の納税額が一八三円であることから、今木屋は地域の和紙生産および流通を統括する大問屋であったと思われる。さて、一ノ瀬が納税社設立に参加した理由として二つの要因が指摘できよう。その第一は、上述の納税金額の大きさにある。このように高額な納税金を一時期に準備するのは大問屋といえども容易ではなく、納税の利便性を得るため設立に参加したといえよう。第二には、流通ならびに生産資金の獲得にあったと思われる。後述するように、納税社設立以前の西八代郡には銀行・銀行類似会社の設立は皆無であり、充分な資金を得ることが難しい状況にあった。そこで納税社の設立に参加したと考えられる。この点において一ノ瀬がいかに同社に期待していたかは、彼の儲蓄金の大きさが物語っていよう。

以上、納税社の設立時における役員の経歴を概観してみた。これより同社は、地主の主導で設立されたといえよう。

さらに役員のほとんどが政治家であったことを考慮するならば、行政側の意向も働いたといえよう。しかし、一ノ瀬が社長の松村とほぼ同額の儲蓄金をもって参加したことを考慮するならば、生産および流通側の意向も当初より強かったと思われる。ともあれ、納税社は、地主の懸案である納税と、商工業者の懸案である資金の融通という二つの懸案を解決するという目的をもっていたといえよう。

それでは次に、儲蓄金の出資状況を見ることにしよう。表2―4によるならば、一七年の出資人数は六九名、儲蓄金の合計は三万六六〇〇円となっている。儲蓄金は最低金額が五〇円であり、以後五〇円を一単位として増資していくことになっている。前述したように、一六年における甲府の精米一石は七円八五銭であった。これを考慮するならば、五〇円という金額がいかに大金であり、一般庶民には出資できるものでなかったかが理解できよう。このような意味においても納税社は、地主や豪商といった富裕層を対象とした銀行類似会社であったといえよう。

それはそれとして、出資の階層別状況を見るならば、人数においては三〇〇円以下の層が六割前後を占めており、金額においては一〇〇〇円以上の層が五割以上を占めているという特徴が見出せる。この傾向性は三五年まで継続しており、少額出資の階層が人員としては厚いことがわかる。ただし、高額出資者が経営を牛耳っていたかといえばそうとも限らない。初期の段階では二〇〇〇円以上の階層が中心となっていたが、時期が下がるにつれ一〇〇一～二〇〇〇円までの階層、もしくはその下の階層から役員が選出されるという特徴が見られる。また時期が下がるにつれ、女性や学校、寺社などが出資者として名を連ねるようになる[16]。これは経営基盤強化のため広く出資者を求めたことにもよるが、儲蓄金・出資金が譲渡・売買されたことによる。特に女性の場合は、譲渡により出資者となるケースが多く、高額出資者さえ現れるようになる。このことは儲蓄金・出資金が有利な金融資産として意識されていたことを意味しており、納税社の設立には資産の保持と配当の受け取りという隠れた目的もあったといえよう[17]。

以上、納税社の設立目的・役員・出資者の特徴を追ってみたので、以下では西八代郡内における金融状況を概観し、

表２―４　儲蓄金・出資金の階層別　（人、円、％）

出資額		M 17	M 20	M 27	M 35 下
50～100	人数	19 (28)	14 (22)	26 (32)	22 (26)
	金額	1350 (4)	900 (2)	1850 (4)	1750 (4)
101～300	人数	23 (33)	24 (38)	26 (32)	28 (33)
	金額	5000 (14)	5450 (14)	5950 (14)	6300 (13)
301～500	人数	11 (16)	8 (13)	6 (7)	10 (12)
	金額	5000 (14)	3840 (10)	2750 (6)	4150 (8)
501～1000	人数	6 (9)	8 (13)	11 (14)	9 (11)
	金額	4500 (12)	6055 (15)	8650 (20)	7400 (15)
1001～2000	人数	7 (10)	5 (8)	8 (10)	10 (12)
	金額	11500 (31)	8950 (22)	12550 (29)	16050 (32)
2001～	人数	3 (4)	4 (6)	4 (5)	5 (6)
	金額	9250 (25)	14900 (37)	11350 (26)	14350 (29)
合計	人数	69	63	81	84
	金額	36600	40095	43100	50000

註：各年の「考課状」、「営業報告書」より作成した。なお、金額とはその階層の出資額の合計を示す。(　) 内は割合を示す。

表２―５　銀行類似会社数の推移　（社）

	M 9	M 14	M 16	M 21	M 25
西八代郡	0	0	1	2	2
県	3	55	85	50	29

註：山梨中央銀行『創業百年史』84 頁より作成。

納税社設立の金融上における必要性を明らかにしていこう。表2―5は、山梨県下における銀行類似会社の推移を示したものである。同表によるならば、県内では早くも九年には銀行類似会社が設立されており、松方デフレの初期に当たる一四年においては五五社もの会社が設立されていることがわかる。これに対し、西八代郡では一五年に至っても皆無の状況であり、県下で唯一類似会社がない郡となっている。同郡は前節で述べたように、和紙を除けばこれといった特産品もなく、養蚕の普及も遅れていた。このため比較的大きな資金を必要とする銀行類似会社の設立が遅れたものと思われる。また、西八代郡は他郡と比較すると質屋の利用頻度も低いという特徴がある。例えば一七年における質屋一軒当たりの平均戸数を見るならば、県のそれが一四一戸であるの対し西八代のそれは三〇三戸となっている。これより同郡では、頼母子講や催合などの庶民金融が盛んであったのではないかとの推測ができる。とするならば西八代郡内においては、ある程度の金額ならば庶民金融を利用して調達できた可能性が高かったことになり、銀行類似会社の必要性は低いといえよう。

さて、一六年になると市川大門に納税社が設立される。この直接の契機は、松方デフレによる地主経営の圧迫にあった。だが、市川大門は前述したように狭西地区の中核であり、和紙や製糸さらには様々な商工業上の資金需要が旺盛であったことを考慮するならば、この潜在的な資金需要が納税社設立の原動力となったといえよう。表2―5を見るならば、西八代郡においては納税社以外に銀行類似会社が設立されるのは二一年まで待たねばならず、二六年の銀行条例施行まではこの二社のみであることから同郡における資金需要の有り様がわかろう。また、二一年設立の銀行類似会社も市川大門の隣村である上野村（旧三珠町、現市川三郷町）に設立された上野納税社であり、市川大門の経済圏内にあるものであった[18]。

以上のことを考慮するならば、市川大門という地域に銀行類似会社が設立された理由がよく理解できよう。このことは資本規模からもうかがい知ることができる。先の上野納税社は、資本金がわずか三〇〇〇円の小規模な類似会社である。これに対し、納税社は設立当初は満額に満たなかったとはいえ資本金は四万円となっており、納税のみならず商工業の資金需要に応えるべく設立されたことがわかる。また他郡の類似会社と比較してみても（後掲表2—6参照）、一六年に設立をみた類似会社の中では圧倒的な資本力を誇っている。また、すべての類似会社と比較した場合でも、最高額の八万円には及ばないが、平均資本額の倍以上の資本となっているとともに、ほぼ上位一〇％以内の資本額となっている（後掲表2—7参照）。これより納税社が、狭西の中核である市川大門の商工業における資金需要を満たすべく設立されたことは明らかであろう。

2、納税合資会社への転換と存続の理由

これまでは、納税社の設立とその背景を概観してきたので、以下では納税社の経営が継続された経緯とその理由を追うことにしよう。まずは、新規営業開始までの経緯を見ることにする。

二六年七月、銀行条例が施行され、公の店舗をもって貸金・預金業務を営むものはすべて銀行と見なされ、大蔵大臣の設立認可を得ることとなった。納税社も経営を継続するか否かの選択を迫られるなか、同年六月二二日に臨時の監督会が開催され、営業の継続を決定している[19]。この決定とともに商事会社とすること、また合資組織とすることも決められている。これに続く二四日の臨時監督会では、社名を納税合資会社とすること、および定款と社則が決定されている。そして二六日の社員総会において、上述の内容が正式に決定され、大蔵大臣に新規の営業開始認可を求めていくことが決議されている。

これをうけて六月二九日に正副社長が県庁におもむき、営業の継続届を提出しようとしたが、県の指導により再設立の願書を提出している。その理由は、納税社がこれまで銀行類似会社として認定されていなかったこと、また、そのため営業税も徴収されていなかったことによる。納税社経営陣は、大蔵省とのやり取りを数回繰り返した後、よう

やく一二月二一日にいたって設立認可を得ている。そして翌二七年一月一日に営業を開始し、一月九日には鰍沢区裁判所市川大門出張所に会社の登記をなし納税合資会社の設立が完了することになる。

以上が、納税合資会社の設立までの経緯である。営業の継続決定から新規営業開始まで、経営陣がかなり混乱していることがわかる。さて、この一連の過程から、経営陣が新規の会社をどのように考えていたかが読み取れよう。彼らの考えの一つが、「本社ヲ商事会社トシテ」という点に見い出せる。これは経営陣が銀行条例を充分に理解していないことを示すとともに、営業の中心は金融ではなく、あくまでも納税であるとの彼らの考えを示している。この点は新規の社名である納税合資会社からも読み取れよう。実際、銀行条例により認可された金融会社のなかで銀行の名称を付していない会社がどの程度あったかは不明であるが、納税合資会社との社名は珍しい部類に入っていたのではないだろう。

それはそれとして、ではなぜ経営陣はそこまで納税業務に執着したのであろうか。この点は、納税社が銀行類似会社と認識されておらず、営業税を徴収されていなかったことから推測できよう。すなわち納税社は、「納税」という業務を表に打ち出すことにより徴税免除という特典を得ていたのである。その金額は現在つまびらかではないが、納税合資会社時代の営業税が四三円から三五四円、平均一四五円前後であることを考慮するならば[20]、著しい特典であったことがわる。これより、徴税免除という特典を再度獲得しようとの考えから、新規会社の営業も納税業務を中心にすえたのではないかと思われる。

それでは次に、銀行条例施行前後の経営陣に目を向けてみよう（前掲表2—2参照）。二六年七月前後の経営陣を見ると、社長の依田義兵衛、副社長の望月美明、監督の村松猪八郎は設立直後より変化がない。監督であった一ノ瀬吉右衛門に代わって渡井彦松が入ったこと、また二四年に監督が増員され有泉米松、丹沢孝平が就任している点に変化がある。渡井は、地主であるとともに、第十銀行および富士銀行の株主であり、この関係から監督に就任したと思われ

表２―６　銀行類似会社の設立・資本

	設立社数	平均資本額	資本金の範囲
16年	14社	9930円	1000～40000円
通期	98社	16000円	900～80000円

註：山梨中央銀行『創業百年史』98～101頁より作成。
なお、通期とは明治７年より24年までを意味する。

表２―７　銀行類似会社資本金別・解散率

資本金額（円）	社数	構成比	解散社数	解散率
40000～	11	11%	2	18%
20000～39999	19	19%	15	79%
10000～19999	30	31%	21	68%
～9999	38	39%	36	92%

註：山梨中央銀行『創業百年史』98～101頁より作成。

表２―８　銀行設立数と平均資本額　（千円）

	M 24～29		M 30～34	
	銀行数	平均資本	銀行数	平均資本
西八代郡	2行	28.2	3行	30.0
県	33行	39.7	40行	64.3

る（前掲表２―３参照）。有泉は、醸造業を営むとともに村政に関与し、三〇年には市川貯蓄銀行を設立し頭取に就いている。これより彼の政治経済的影響力と、金融に関する知識が請われて経営に参加したものと思われる。丹沢は、製紙問屋丹波屋主人であるとともに市川紙業組合長であることから、一ノ瀬亡き後の製紙業界の意向を経営に反映させるための就任であったといえよう。

さて、新規に経営に参加した三名は、政治的・経済的に影響力が大きいとともに、丹沢を除く二名は金融界と何らかのつながりあるという特徴が見られた。これより設立時からの経営陣は、新経営陣がもつ金融に関する情報・知識に大きな期待を寄せていたことが読み取れる。設立時からの経営陣が、このように金融の情報・知識を求めた背景や、二四年に監督を増員した理由には、二三年制定され二四年施行予定であった銀行条例に備えての面があったと思われる。なお、二四年の監督増員の理由には、高額出資者であった渡辺信の脱社の影響を押さえようとして、地域の有力者を登用した側面も指摘できよう(21)。

それでは次に、納税社の銀行類似会社内における同社の位置づけと、銀行条例施行以後の西八代郡の銀行設立状況から、納税社が営業を継続するに至った背景を探ってみよう。表2―7は、銀行類似会社の資本規模別における解散率を示したものである。同表を見るならば、資本金の規模により存続の有無に著しい差があることがわかる。その境界線は四万円であるといえよう。四万円未満の場合、解散率は六八％から九二％、平均では八三％となっており、銀行として存続した会社は八七社中一五社にすぎない。これに対し四万円以上の資本金の場合は、解散率一八％、解散社数はわずか二社である。このことは小規模な銀行類似会社ほど、高利貸し的性格が強く、銀行条例に適合していなかったことを示していよう。これに対し大規模な類似会社は、比較的低金利で、規模の大きな事業に資金を供給できたことで、地域経済に根をはることができた可能性が高かったのではないだろうか。納税社も資本金は四万円と境界線上にあったが、市川大門地域の資金需要に応え、同地域の経済発展の一翼を担っていたことが会社継続の一因となったといえよう(22)。

では、西八代郡における銀行設立状況に移ることにしよう。表2―8は、二四年から三四年までの西八代郡と県における銀行設立数とその平均資本額を示したものである。戦前の山梨県下における銀行設立には二の山があるが、前半は二四年から二九年まで、後半が三〇年から三四年までの期間である。前期では銀行条例により銀行類似会社から銀行に転化したものが多く、後期では類似会社の流れを引かない新設の銀行が多いという特徴が見られる。

西八代郡で二四年から二九年までに設立された銀行は二行ある。その一つが銀行類似会社納税社から転換した納税合資会社であり、その開業は前述したとおり二七年の一月一日である。資本金は五万円で、当時設立された銀行の平均資本額よりも一万円以上大きく、県下では大規模な分類に入っていることがわかる。もう一つは、銀行類似会社上野納税社から転化した上野納税合資会社である。同社の設立は二七年二月であり、資本額はわずか六三二〇円と著しく弱小であった。これより西八代郡で二四年から二九年までに設立された銀行は、市川大門の経済圏内に設立されていたことがわかろう。

三〇年から三四年までに西八代郡で設立された銀行は三行である。このうち二行は、三〇年八月設立、資本金三万円の市川貯金銀行であり、もう一行が三一年八月設立、資本金三万円の上野貯金銀行である。これからわかるように、三〇年から三四年までに設立された三行中二行も市川大門の経済圏内に設立されている。しかも市川貯金銀行は、三六年七月に納税銀行に吸収されてしまうことになる。また上野納税合資会社も、上野貯金銀行が新設されると二カ月後には解散してしまい、上野貯金銀行に取って代わられている。したがって市川大門の経済圏内においては、実質的には銀行の増減がなかった計算となる。このことは、西八代郡においては旺盛な資金需要は市川大門など限られた地域に限定されていたことを示すとともに、[23]納税合資会社の経営基盤が安定的であったことを表していよう。したがって、これまでの銀行設立状況から観るならば、納税社の存続は市川大門の資金需要を的確に反映した決定であったといえよう。

3、納税銀行への社名変更と組織強化

これまでは、納税社の設立とその背景、納税合資会社としての存続とその背景を概観してみた。以下では、合資会社納税銀行への社名変更の経過とその背景を追ってみることにしよう。

納税合資会社は、三三年八月一四日、臨時社員総会を開催し、定款を変更し、社名を「合資会社納税銀行」に改めている。この社名変更に至った明確な理由は現在のところつまびらかではない。しかしながら、以下にあげる二つの要因が相互に関係していると思われる。その一つが、三二年三月に公布され、同年六月に施行された明治商法である。同商法は、旧商法を全面的に廃止して新設されたものである。[24]さて、先の臨時社員総会において変更された定款の第

一条には「當行ハ商法第二編第三章ヲ遵守シ合資会社納税銀行ト称シ金銭ヲ以テ出資スルモノトス」とある(25)。この条文は、商法第二編第三章を前面に出し、その遵守をうたっている。これより、経営陣は商法の変更を意識していたといえ、定款の変更が商法改正の影響によるものであったことがわかる。

商法の施行は三二年六月であり、定款の変更は一年以上たった三三年八月である。この時間のズレをどのように考えるべきであろうか。この時期における経営の大きな変化としては、三三年八月の頭取の交代を指摘できる。新頭取に就任した秋山喜蔵は、三〇年八月より三三年八月まで市川大門の村長であった(26)。このため彼は、納税合資会社の経営陣の中核になれる立場ではなく、このことが定款および社名の変更が遅れた原因と思われる。ではなぜ、秋山は積極的に定款や社名の変更に動いたのであろう。

前節で述べたように、西八代郡、また市川大門では二七年頃より製糸業が隆盛となってきていた。また、秋山の履歴を見るならば（前掲表2―3参照）、彼は後に甲州製糸の社長となっていることから製糸業に関心があったことがわかる(27)。おそらく秋山は、凋落気味であった製紙業に代わり(28)、製糸業が市川大門の経済を支えることになると考えたのではないだろうか。周知のように製糸業は多額の購繭資金を必要とした。したがって製糸業発展のためには、確固たる経営基盤をもつ金融機関が必要となることは容易に想像がつく。これより秋山は、納税合資会社の定款・社名の変更を変更し、より安定的で強力な金融機関を造ろうと考えたのではないだろうかと推測できよう。

実際、彼が社長に任命された社員総会において、納税合資会社の業務に為替金取扱いが加えられ、製糸金融に対する利便性の拡張がはかられている。また、先の八月一四日の臨時社員総会において定款の九条を改正し、頭取・副頭取を無限責任社員とし、その責任を明確にするとともに、頭取・副頭取の出資額を七五〇円以上として両者の権限を強化している。さらに秋山は、この臨時社員総会で副頭取に製紙業関係者である来城半之式を任命して経営陣の強化をはかっている。この来城の任命には、納税銀行の経営方針を生活金融から生産金融に移行させようとしていた秋山の考えが読み取れよう。また、社名の変更に関して秋山の考えを推測するならば、公の場で金融業を営むからには「銀行」という名称がないものは社会的信用に欠けると考えたのではないだろうかと思われる。ともあれ秋山が頭取に就任したことにより、納税銀行の経営が強化されたことは確かである。

以上、納税社の設立とその背景、納税合資会社への転換と存続の理由、納税銀行への社名変更と経営の強化に関して分析を試みた。これより納税社、納税合資会社、納税銀行ともに、地域の資金需要に応えるべきために設立、存続、社名変更を行ってきたことが理解できたのではないだろうか。また、市川大門という地域の経済的特殊性も納税社以下の経営に大きな影響を与えたといえよう。以上で設立、転換、社名変更にかかわる分析を終えた。以下では、納税社の経営分析をおこなうことにしよう。

注

（1）「納税社第一回考課状」による。なお本文には句点はなく、必要と認めたときには句点を入れた。
（2）前掲『市川大門誌』七〇一頁。なお山梨中央銀行史である『創業百年史』も同書と同じ説をとっている。
（3）前掲「納税社第一回考課状」には、この社員総会の開催を明治一七年としているが、前後のつながりから一六年のことであると思われる。
（4）この続きとして「大蔵省租税局ヨリ派遣ノ官員方当社ノ設立ヲ聞キ…本省ニ帰リ該局ノ賞賛ヲ得タリ」とあることから、大蔵省からも賞賛をえている。
（5）前掲『創業百年史』八五頁。
（6）『明治年間府県統計集成』では、一四～一九年までの西八代郡には国税怠納者は一人もいない。二〇～二一年には菓子税の怠納者が一名いる。
（7）前掲『山梨縣市郡村誌　中巻』六三～六四頁。以下は、同書の記載による。
（8）この時期、地租が国税と地方税に占める割合は約六七％となっている。『日本経済史　第二版』（石井寛治著　昭和六六年　東京大学出版会）一二〇頁の表一六による。

（9）三七年における地価の一戸当たり平均を算出すると、県のそれが一五五円であるのに対して、甲府の平均は二一円となっており、都市部にいくほど平均金額が低下することがわかる。

（10）明治一六年から三二年における物価上昇率は一・二九倍である。しかし、租税であるので物価上昇率の影響は小さいと考えられ、ここでは考慮していない。

（11）『山梨県各郡選挙区有権者人名録』渡辺佳三郎編　明治二七年（『府県別資産家地主総覧〔山梨編〕』渋谷隆一編　日本図書出版　平成九年　所収）。

（12）『日本商工人人名録』第三版　明治三一年（前掲『府県別資産家地主総覧〔山梨編〕』所収）。

（13）前掲『市川大門誌』六三五～六三六頁。

（14）各年の「考課状」、「営業報告書」による。

（15）前掲『市川大門誌』一〇二頁。

（16）明治三三年の名称変更の際に、頭取および副頭取は出資金七五〇円以上の者とするとの新規定を設け、出資額による役員の差別化を図っている。

（17）なお、第十銀行大株主の渡辺信、同行の経営に関与した依田孝も高額出資者として名を連ねている。彼らは後に儲金を全額引き上げるか、少額出資者となっていることから、彼らの信用を借りて儲金を集めたことがわかる。

（18）上野納税社については、前掲『創業百年』七〇八、七〇九頁を見よ。

（19）営業の継続に関しては、以下断りのない限り「新納税合資会社第壱回 考課状」によっている。

（20）明治二七年六月から三三年七月までの「考課状」・「営業報告書」による。

（21）明治二三年六月までの渡辺信の儲蓄金額は三五〇〇円で、三番目の高額出資者であった。彼は、二三年末もしくは二四年当初に脱社したものと思われる。第七・八回「納税社考課状」。

（22）資本金が四万円以上で銀行に転化せず解散した銀行類似会社としては、明治一四年東山梨郡に四万円で設立された親盟社、一五年東八代郡に五万円で設立された済通社がある。

（23）明治三〇年より三四年の間に西八代郡で新設されたもう一つの銀行は、岩間村（現六郷町）に設立された岩間銀行である。同行は三一年三月、資本金三万円で設立されている。岩間村は岩間足袋で有名で、その生産・流通のための資金需要に対応するため設立されている。前掲『創業百年』七〇九頁。

（24）向井健著「商法」（『國史大辞典 七』六一四頁）。

(25) 商法の第二編第三章は、合資会社に関する法文である。『岩波第六法』(岩波書店　一九九二年版)。
(26) 市川大門村は明治三三年四月二四日に町制をしいている。このため秋山が最後の村長となった。前掲『市川大門誌』九四頁。
(27) 明治四〇年大寄元吉が株式会社化した甲州製糸を、四三年秋山が主宰している。前掲『市川大門誌』三〇六頁。
(28) 前掲の『市川大門誌』二九八頁には三二年頃に紙業が不振の極みに達したとあり、このため市川紙業組合が設立されたとある。

三、納税社・納税合資会社・納税銀行の経営分析

この節では、納税社、納税合資会社、納税銀行における金銭の出納を見ることにより、同行の経営がいかなる状態であったかを追うことにしたい。まずはじめに、儲蓄金・出資金の動きから見ることにしよう。

表3―1は、儲蓄金・出資金の推移を表したものである(1)。納税社の資本金額は四万円であったが、明治一七年の設立時における儲蓄金の総額は三万円を割っており、苦難の船出であったことがわかる。しかし、翌年になると一気に四万円に近づき(図3―1参照)、一九年には四万円を越えている。以後二四年まで、儲蓄金の総額は四万円前後で安定的に推移している。だが、二五年になると儲蓄金は三万九〇〇〇円を割ってしまう。同年の「考課状」には、資金需要の減少により本社資金を三〇〇〇円減資したとあることから、企業勃興期後の恐慌の影響が遠く市川大門の地にも及んだことがわかる。さて儲蓄金は、二五年を底として以後は上昇し、二七年の納税合資会社への転換とともに出資金となることになる。

納税合資会社への転換時における出資金の総額は四万三一〇〇円であり、資本金の五万円には到達していない。し

かし納税社の場合と同様に、二年後の二九年には満額払い込みとなっている。このことは何を意味していよう。二九年の「考課状」を読むならば、資本金が満額払い込みとなったことにより積立金を増やすとともに貸出も増加させることができたとの記載がある。後述するように同社は、預金のみでなく出資金も貸出に廻すという経営を行っていた。そのため出資金が満額で安定的に推移するということは、同社の経営が安定することを意味していたのである。したがって経営者側からするならば、払込資本金を早急に満額にする必要があったわけである。なお、短期間で資本金が満額となったもう一つの理由としては、同社が地域に根付いた金融機関であり、市川大門の住民に高い信用を得ていたことも指摘できよう。

では次に、貸出の原資となる預金に移ることにしよう。表3—2は、預金の推移を示したものである。一七年の預金はわずか九五七円であったが、一九年には二四〇七円と二・五倍に上昇する。しかし翌年には一〇〇〇円台に低下し（図3—2参照）、二五年には七五〇円と一七年比でも七九％にまで減額している。これは上述したように、恐慌の影響によるものである。二六年になると預金は急激に上昇し、前年比で七倍以上の伸びを記録する。同年の「考課状」には、四・五月に急速に貸出が伸びたとあることから、好況により預金が伸びたものと思われる。

さて、納税社時代の預金は一九年や二六年の例外はあるが、概ね低迷している。これは図3—2を見ても明らかであろう。このような預金低迷に対する挽回策として、経営陣は「日掛預金」なるものを二一年から二六年まで実施している。この詳細な内容は明らかではないが、社員以外による預金で、「日掛人納税賄」なる項目があることから納税に備えての預金と思われる。日掛預金の金額は二一年の一九八円から二五年の五九四円までの範囲の中にあり、二五年の金額は二一年の三倍にまで増加している。預金総額に占めるその割合は、当初は一〇％台であったが二三年には四〇％台に上昇し、二五年には実に七九％を占めるまでになっている。これより日掛預金が預金の中心となっていることがわかり、どのような形であれ預金を獲得して経営を安定させようとする経営陣の考えが読み取れよう。

表３―１　納税社・納税銀行の儲金・出資金の推移　（円）

17 年	19 年	25 年	26 年	27 年	28 年	29 年
28973 (100)	41358 (143)	38294 (132)	39390 (136)	43100 (149)	44750 (154)	50000 (173)

註：各年の「考課状」、「営業報告書」より作成。以下、断りのないかぎり同書を使用した。なお、（　）内は指数を示す。

図３―１　儲蓄金・出資金の推移　（円）

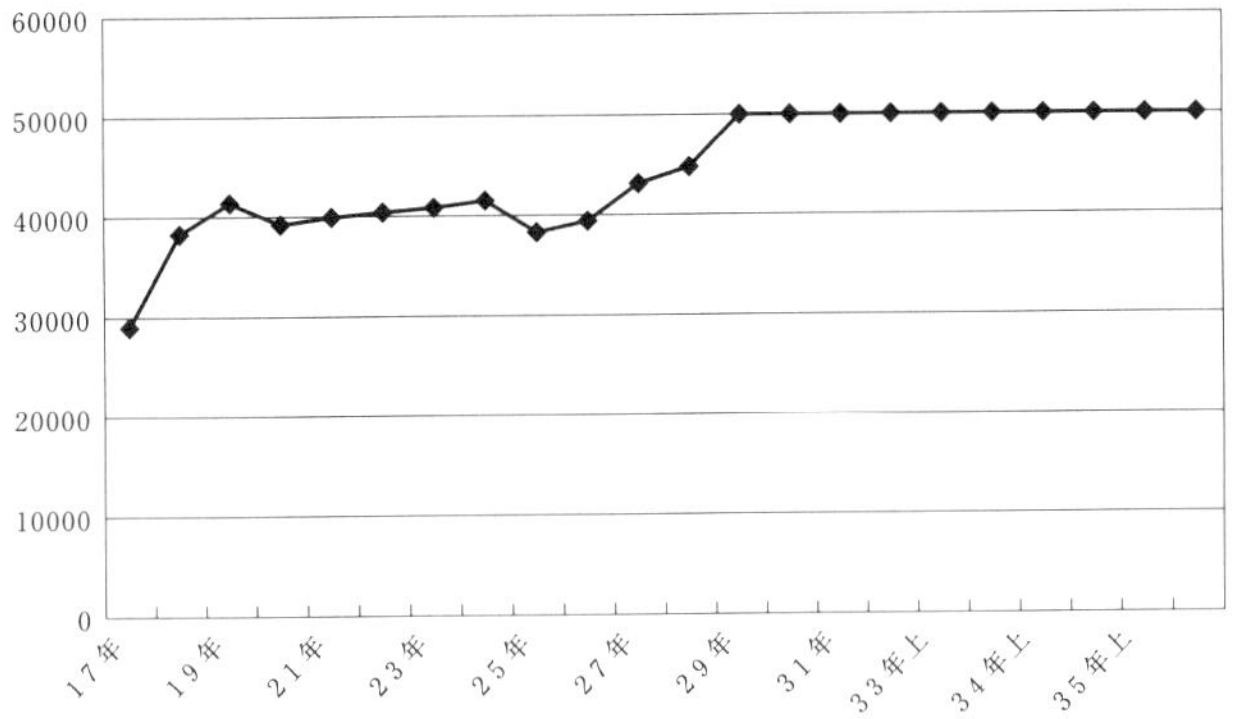

表３―２　納税社・納税銀行の預金の推移　（円）

17 年	19 年	20 年	25 年	26 年
957 (100)	2407 (252)	1269 (133)	750 (79)	5571 (582)
27 年	30 年	32 年	33 年下	35 年下
2028 (212)	2830 (296)	14840 (1551)	7942 (830)	9731 (1017)

註：銭以下は四捨五入した。なお、（　）内は指数を示す。

図３―２　預金指数の推移　（円）

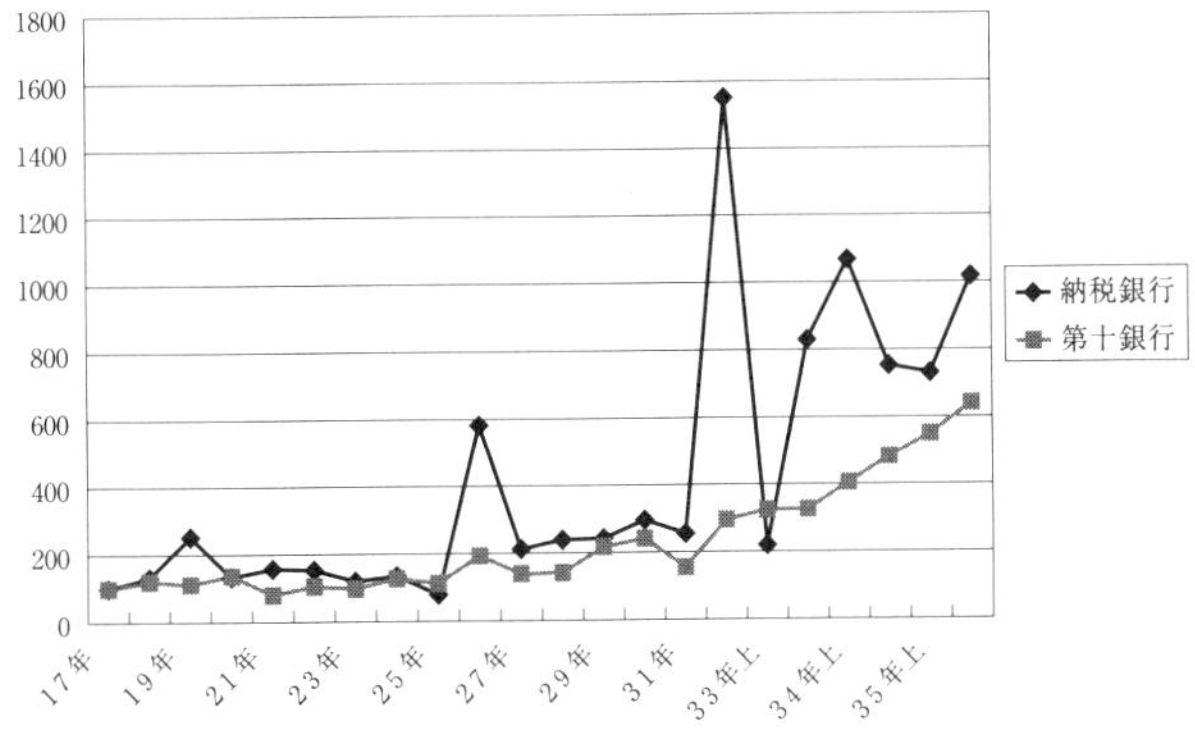

表3―3　定期預金と当座預金の推移

（円、%）

	M27年	32年	33年上	33年下	34年上	34年下	35年上	35年下
定期預金	1826 (90)	678 (5)	1990 (95)	3075 (39)	1680 (16)	1886 (26)	1573 (22)	106 (12)
当座預金	202 (10)	14163 (95)	114 (5)	4867 (61)	7138 (70)	4819 (67)	3817 (55)	7523 (88)

註：「33年上」は32年6月1日から33年5月31日までを意味する。なお（　）内は構成比を示す。

表3―4　貸出総額の推移

（円）

M17年	19年	25年	26年	27年	30年	33年上	34年上	35年下
32784 (100)	44820 (137)	42422 (129)	50064 (153)	55080 (168)	76073 (232)	81678 (249)	86296 (263)	75479 (230)

註：銭以下は四捨五入した。なお、（　）内は指数を示す。

図3―3　貸出指数の推移

（円）

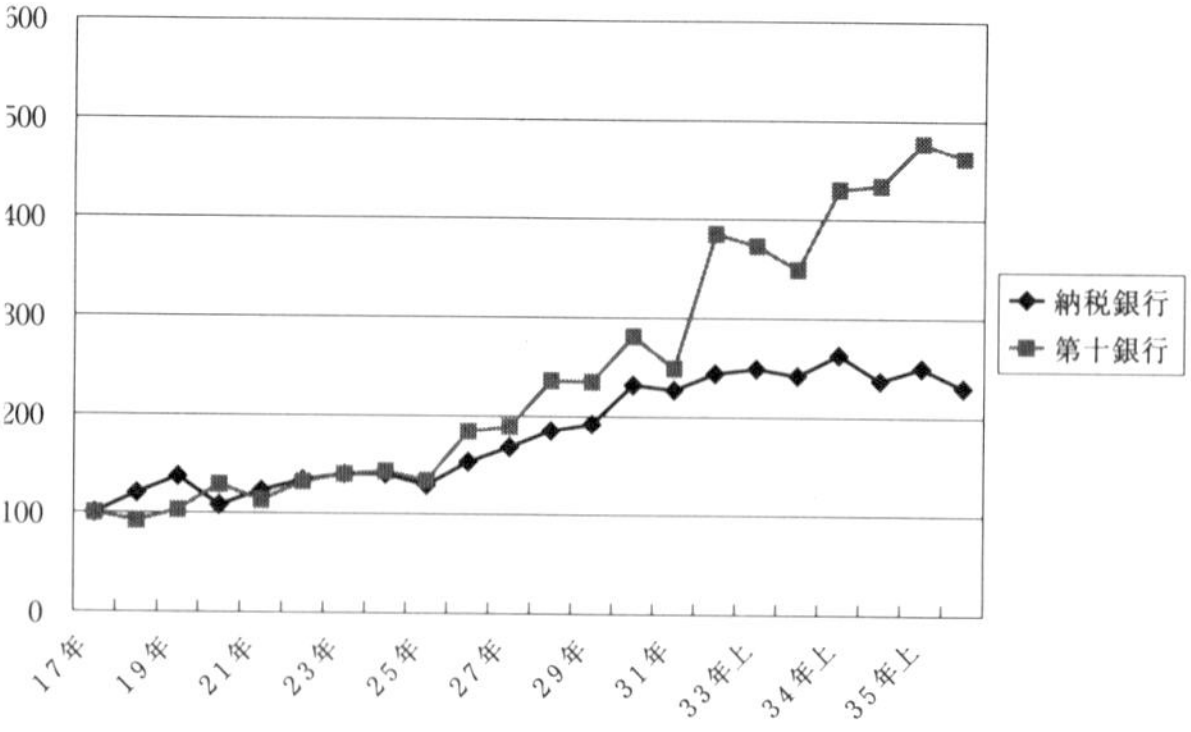

表3―5　納税金貸付総額の推移

（円）

	M 17年	19年	23年	26年	27年	29年	32年	35年下
納税総額	2551 (100)	4513 (177)	4252 (167)	3210 (126)	3596 (141)	2593 (102)	4045 (159)	1616 (63)
納税／貸出	8％	10％	9％	6％	7％	4％	5％	3％

註：（　）内は指数を示す。

図3—4　納税金貸付総額の推移

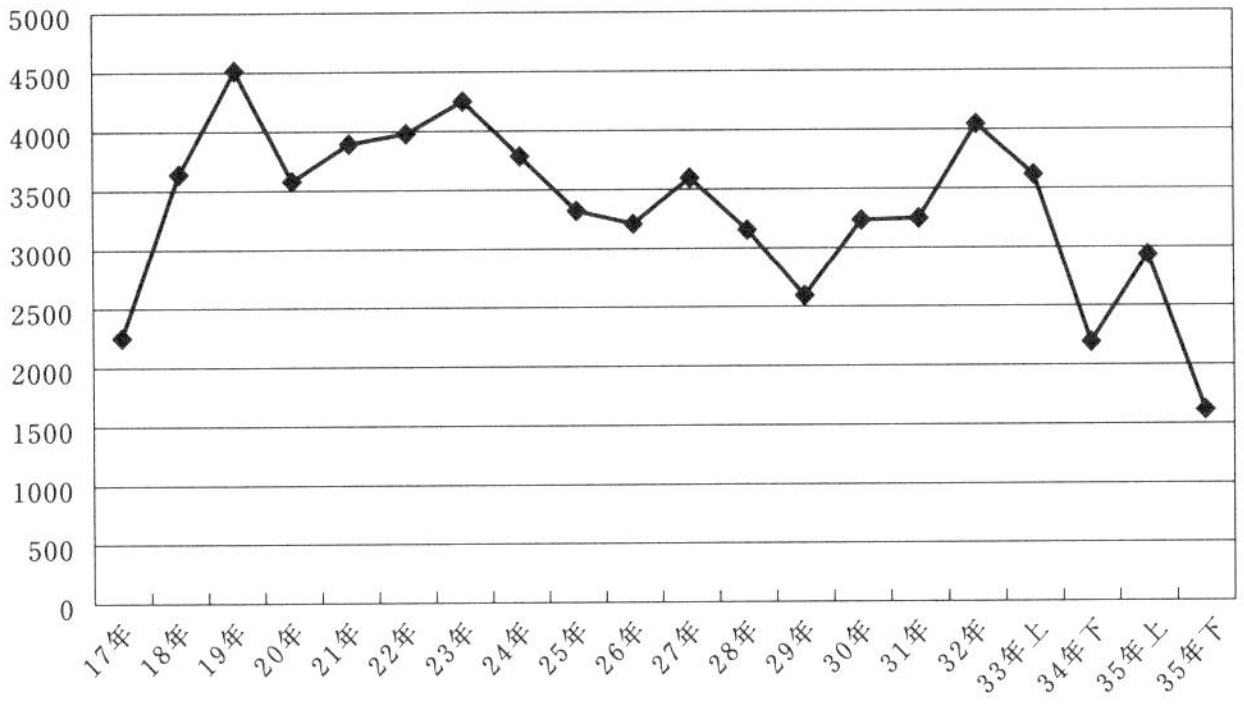

それでは、納税合資会社時代以降の預金に目を向けることにしよう。二七年の預金は前年と比べて三〇〇〇円以上の減少となるが、三一年まで安定的に推移している。三二年になると、一万四〇〇〇円を超える預金額が記録される。この主たるものは当座預金の増加である。同年は、製糸業が著しく隆盛であり[2]、この影響により当座預金が急増したものと思われる。翌三三年上期になると預金は再度低迷する。しかし、同年下期には急増することになり、三五年下期までは八〇〇〇円前後から一万円程度の範囲内で推移している。それまで低迷していた預金が急増した背景には、預金金利の引き上げも関与していようが、生産・流通金融を中核とする経営方針の転換が大きく関与していよう。

このことを確認するため、表3—3を見てみよう。同表は、二七年からの定期預金と当座預金の推移を示したものである。上述したように三二年は別であるが、二七年から三三年上期までは圧倒的に定期預金の割合が高い。これに対し三三年下期からは当座預金の割合が五〇%以上を占めるようになる。三三年下期は秋山が新頭取に就任するとともに、為替業務が開始された時期であった。商業および生産用途を目的とする当座預金が、この時期に増加しているのは偶然とはいえまい。これより、経営方針の転換が預金の増加に影響を与えていたことが理解できよう。

では次に、貸出の状況を見ることにしよう。表3—4は、貸出総額の推移を示したものである。一七年の貸出総額は三万二七八四円となっており、預金と比較して著しく巨額であることがわかる。以後一九年まで増加した貸出総額は二〇年に一時減少するが（図3―3参照）、二四年まで安定的に推移している。預金と同様に二五年の貸出は減少しているが、これは企業勃興期後の恐慌の影響によることは前述したとおりである。貸出は二六年以降は増加モードに入ることになる。

納税合資会社となった二七年の貸出総額は五万五〇八〇円であり、以後三〇年の七万六〇七三円まで急激にその金額を増加させている。二五年から三〇年までの貸出の増加率は七九％となっており、年率一二％の増加率を記録している。第十銀行の預金増加率が年率で一六％であるので、第十銀行の増加率には及ばないが、納税合資の増加率もかなり高いものであったといえよう。このように急激に貸出が増加した背景には、県および西八代郡の製糸業の発展を指摘できよう。

三二年からの貸出に目を向けるならば、七万円台から八万円台で推移していることがわかる。これに対して、第十銀行の貸出は著しい伸びを示しており、納税銀行とは対照的である。これをどう捉えるべきであろうか。この時期第十銀行は支店拡張政策を展開しており(3)、その表れが上述の貸出拡大に出ているといってよいだろう。納税銀行の場合、この時期は流通・生産金融に経営方針を転換した時期に相当するが、営業は市川大門が中心地域であり第十銀行ほどは急激に貸出を増加させることは不可能であったといえよう。むしろ後述する預貸率から考えるならば、納税銀行の貸出がこのように安定していたことは、同行の経営を安定化させたといってよいだろう。

では、上期と下期の貸出ではどのような特徴がみられるであろうか。三三年上期から三五年下期までの貸出額を追うならば、上期に貸出が増加する傾向性が読み取れる。市川大門の特産品は和紙であり、二〇年代中頃からは製糸がこれに加わっている。両製品ともに上期に資金需要があることから、納税銀行の貸出の季節性も上期が主になったといえよう(4)。

それでは次に、納税社の看板である納税金の貸付について見ることにしよう。表3―5は、納税金の貸付総額の推移を示したものである。一七年の納税金貸付額は二五五一円で、貸出総額の内の八%を占めている。その後の納税金の貸付額は急増し（図3―4参照）、一九年には一七年比で七七%増の四五一三円にまで増加しており、貸出総額の内の一〇%を占めるまでになっている。この急増は松方デフレの影響によるものであり、一九年はまさに納税社の存在意義が充分に発揮された年であったといえよう。なお、貸出総額に占める納税金貸付の割合は同年の一〇%が最高であり、以後は漸次低下していくことになる。さて、二〇年の納税金貸付は前年比で一〇〇〇円ほど減少しており、次にピークとなるのは二三年である。同年の貸付額は四二五二円、貸出総額に占める割合は九%であるが、これは日本初の恐慌による影響と思われる。

納税合資会社となった初年の二七年においても、納税金の貸付が増加している。その金額は三五九六円、貸出総額に占める割合は七%である。同年の貸付増加の原因としては日清戦争の勃発が指摘できよう。三二年においても納税金の貸付額が上昇しているが、同年の貸付額は四〇四五円と二三年の時以来の巨額なものとなっている。この原因を「考課状」から探るならば、生糸と麦作の不振により農家収入が減少したとの記載がある。これより、養蚕・製糸業が市川大門の地においても中核産業に成長していることがわかる。

以上が、納税金の貸付に関する推移である。納税金の貸付が貸出総額に占める割合は、一九年をピークとし漸次低下することは上述したとおりである。では、なぜ経営陣は納税金の貸付を漸次低下させていったのであろうか。一九年から二六年までの「考課状」には納税金に貸付に関する滞貨が記載されている。その金額は三一一円から三六七四円までの範囲となっている。納税金の貸付総額に占める滞貨の割合を調べてみるならば、一九年こそ七%であるが、翌年には八四%に急騰しており、二六年までほぼ八割を下回ることはない。また貸出総額に占める滞貨の割合も一九年以外は六%から八%の間で推移している。これより、納税金の貸付は返金が滞りがちで不良債権化しやすく、経営の重しとなる可能性が高かったことがわかる。したがって経営側からするならば、納税金の貸付を漸減させていったことは当然の戦略であったといえよう。

経営側のこのような方針は、日掛人納税を見ても読み取れる。この貸付は二一年より三三年上期まで追うことができる。その金額は二二円から四二六円であり、納税貸付総額に占める割合は一％から一一％となっている。これを年代別で見るならば、初期の頃ほど貸付額は高く、後半になるほどその額は低下している。これより、日掛人納税の例からも納税金の貸付を漸減させていくという方針が見て取れよう。以上のことを鑑みるならば、納税という業務は、地主や行政にとっては利益が多いが、営利を追求する商業銀行の業務としては限界があったといえよう。

では次に、借入金について見ることにしよう。表3―6は、借入金とその貸出に占める割合を示したものである。上表に記載はないが、借入金が初めて見出せるのは二六年からである。同年の「考課状」には、四月、五月と貸出が増加したため五〇〇〇円の借入をしたとある。しかし帳簿上の記載がないことから、この借入金は直ちに返済されたと思われる。

帳簿上で借入の確認ができるのが、上表に掲載されている二七年である。同年の借入金額は三〇〇〇円であり、貸出総額に占める割合は五％となっている。しかし、翌年以降となると借入額は急増し、三三年上期においては一万三〇〇〇円にまで上昇している。この金額が貸出総額に占める割合は一六％であり、資本金に占める割合は二六％にまで到達している。いくら資金需要があるとはいえ、借入金が資本金の四分の一以上を占める経営はやはり不健全であるといえよう。さて、三三年下期になると借入金の割合は減少している。その貸出に占める割合も、資金需要が高い前期においても概ね一〇％前後で推移することになる。借入金の割合がこのように低下した要因としては、預金の増加をあげることができるが、新頭取の経営方針の転換も指摘できよう。

借入金の推移は以上のような状況であった。では、この借入金はどこから借入れたのであろうか。三〇年の「考課

表３―６　借入金の推移　（円）

	M 27 年	30 年	33 年上	33 年下	34 年上	34 年下	35 年上	35 年下
借入金	3000 (100)	12500 (417)	13000 (433)	8355 (279)	9498 (317)	5812 (194)	7763 (259)	421 (14)
借入／貸出	5％	12%	16%	11%	11%	8％	10%	1％

註：(　) 内は指数を示す。

表３―７　預貸率の推移　（倍）

	M 17 年	19 年	25 年	26 年	27 年	32 年	33 年上	35 年下
納税銀行	34.27	18.62	55.96	8.99	27.16	5.38	38.83	7.71
第十銀行	2.48	2.27	2.94	2.37	3.36	3.23	2.86	1.79
*	1.1	1.02	1.09	1.11	1.22	1.23	1.57	1.26

註：＊は納税社・納税銀行の貸出／（預金＋出資金）を示す。

図３―５　納税社・納税銀行の預貸率　（倍）

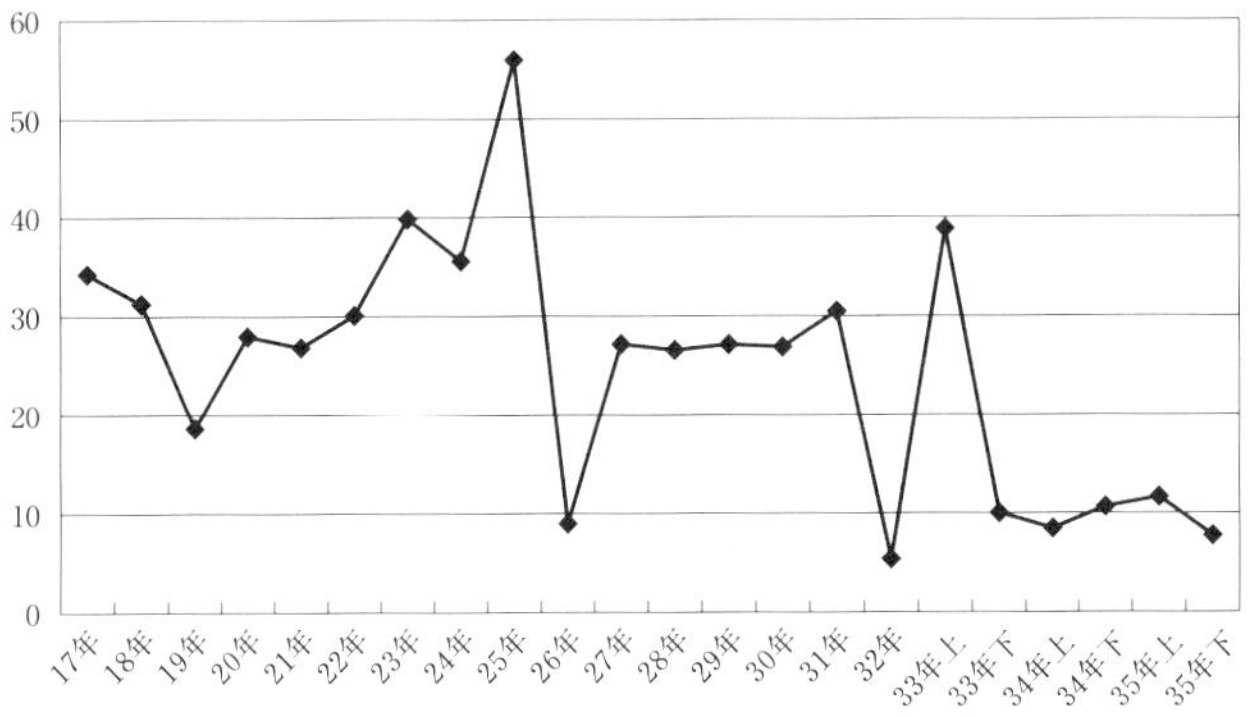

表３―８　積立金の推移　（円）

M 20 年	26 年	27 年	30 年	33 年上	34 年上	35 年上
250 (100)	3800 (1520)	4700 (1880)	8000 (3200)	11700 (4680)	13500 (5400)	18700 (7480)

註：(　) 内は指数を示す。

状」を見るならば、五月一九日に第十銀行より二五〇〇円、若尾銀行より一万円の借入を行ったとある。借入られた時期から、この借入が購繭用の資金であることは間違いあるまい。ここで目を引くのは、若尾銀行の貸出額の大きさである。納税銀行は三四年下期に第十銀行とコレスポンデンスを締結するが(5)、若尾とはこの手の関係は見られない。したがって、この資金提供は信用に基づくものではないことがわかる。おそらく信頼の有無というよりも、多額の資金を高利で貸出すことにより金利を稼ぐとともに、購繭資金という短期の資金需要に応ずることで貸し倒れを防ぐという戦略が若尾の経営方針ではなかったかと思われる。ともあれ、若尾銀行が地方の中小銀行を通じて購繭資金を流し、その末端で納税銀行が機能していたことがわかる。

では、このようにして集められた資金は何に貸し出されたのであろうか。詳細な出納録が手元にないので、ここでは統計的手法で推測しよう。対象期間を、器械糸および和紙の生産額が明らかとなる二四年から三五年までとし(6)、貸出総額と納税貸付・器械糸・和紙との関係を推測することにする。まず貸出と納税貸付の相関を求めると、係数はマイナス〇・三三四一となり、統計的には貸出と納税貸付の間には全く関係がないことになる。貸出と器械糸との相関は〇・八三二八四六となり、非常に強いプラスの関係があり、貸出の決定要因として機能していたといえよう。和紙との相関係数は〇・七五〇四九五となっており、器械糸よりは関係は薄いが、これもかなり関係が強いことがわかる。

以上の結果から、納税貸付を除く器械糸と和紙を変数として貸出との重回帰を求めると、器械糸の係数は〇・一三九九三九、和紙の係数は〇・三三八二三五となる。決定係数R^2が〇・七六八〇六七、有意値Fが〇・〇〇六〇〇九であることから、この係数は有意である(7)。これより納税銀行の貸出の方向性を決定していたのは、器械糸ではなく和紙であったといえよう。上記の相関係数の値からするならば、この結果は以外と思えよう。しかし、西八代郡においては養蚕業の発展が遅れたこと、また和紙生産が市川大門の古くからの主要産業であったことから、貸出のターニングポイントにおいては和紙の資金需要が重きをなしていたといえよう。

以上、主な貸出対象となった産業を明らかとしたので、以下では経営の健全性を示す預貸率を見ることにしよう。表3—7は、納税社・納税合資・納税銀行と第十銀行の預貸率を示したものである。一七年の納税社の預貸率は三四を超える値となっており、設立当初よりあまり健全な経営ではなかったことがわかる。同社の預貸率は以後低下して（図3—5参照）、一九年には一八にまで下がるが、この低下は預金の増加が主因である。しかし二〇年以降の預貸率は上昇傾向に転じ、二五年にはほぼ五六近くにまで達している。同年の預金は設立時よりも著しく減少しており、これが預貸率を著しく高率とする要因となっている。翌年になると好況による預金増加により、預貸率はほぼ九にまで低下する。

銀行に転化した二七年以降の預貸率は、二〇後半から三〇で動いている。この預貸率は、高率ではあるが安定的に推移しており、経営的に落ち着いた時期であるといえよう。三二年は不況の初期段階であったが国庫の貸付拡大で金融が緩和し、預金増加と貸出減少により預貸率は五台にまで低下する。しかし三三年上期となると景気が後退し、預金が著し減少したため預貸率は一気に三八台にまで急騰してしまうことになる。三三年下期以降になると、預金の安定化と経営方針の変化により預貸率は一〇前後で安定的に推移することになる。このような預貸率の安定化にともない、後述するように純益も増加傾向を示すようになる。

預貸率の推移は以上である。第十銀行の預貸率が四以下であるのに対して、納税のそれが著しく高率で不安定であることがわかろう。この理由は上述の内容から理解できるように預金にある。前掲の図3—2を見てもわかるように、第十銀行の預金の推移が安定的に推移しているのに対し、納税のそれは変動が激しく不安定である。これを視覚だけでなく、統計的に確認してみるため預金指数の標準偏差をとってみることにする。すると、納税の預金の標準偏差は三九二となる。これに対し第十銀行のそれは一五七と変動幅が半分以下となっており、統計的にも安定していることがわかる。また貸出の標準偏差をとってみると、納税は五四、第十は一二九となる。これより、第十の場合は貸出と預金の偏差値の差が小さいのに対し、納税の場合は七倍以上の差があることがわかる。したがって納税の預金の動きは、貸出の動きに対応したものではないといえよう。

このような預金と貸出の差を埋めたものが儲蓄金・出資金であった。前掲の表3―6には、預金・儲蓄金・出資金の合計額で貸出を割った項目を載せておいた。これを見るならば全て一台であり、儲蓄金・出資金が貸出に使用されていたことがわかる。この傾向は社名変更後も継続しており、経営の体質に高利貸的性格が長く温存されていたといえよう。

さて、このような特徴は、西八代郡においては納税一行だけの特徴ではなかった。三五年の『山梨県統計書』を見るならば、県内の各郡の預金と貸出がわかる。(8) これより預貸率を計算するならば、西八代郡全体のそれは五・二四で県内最高値である。県全体の平均預貸率は一・七二であり、第二位の東山梨郡でも三・六四であることから西八代郡の値がいかに高いかが理解できる。市川大門を除く西八代郡は、県下で最も地主制の発展が遅れた地域であったことは前述したとおりであるが、これにより同郡においては資本集積も遅れていたことが予測できよう。このような状況のもと、西八代郡でも製糸業が急速に発展することになった。そのため、資金の需要は旺盛であるが、その出し手がいない状況となり、上述のような預貸率になったわけである。

西八代郡のこのような金融状況を考えるならば、納税の高利貸的体質もある程度は許容されるべきものなのかもしれない。ともあれ、西八代郡におけるこのような金融状況においては、資金の仲介者としての銀行の重要性は述べるまでもなかろう。したがって、納税社の設立、銀行への転化、納税銀行としての存続は、西八代郡の金融状況が要請したものであったといえよう。

銀行経営の健全性を示す預貸率は、納税においては以上のような特色を持っていた。それでは次に、銀行経営の安全性を示す指標である積立金に移ることにしよう。表3―8は、積立金の推移を示したものである。同表によるならば、積立金が初めて「考課状」に登場するのは二〇年からである。これより納税社設立以後の三年の間、経営陣は積立金すなわち安全性に関してはあまり意識をはらってこなかったことがわかる。これは当時の経営陣の関心の中心が配当であったことによる。それはそれとして、積立金が初めて計上された二〇年の金額はわずか二五〇円であった。しかし、積立金は漸次増加し三〇年には八〇〇〇円、そして三五年には二〇年比で七四倍強の一八七〇〇円にまで増加している。特に社名が変更された時期になると積立金の金額が増加していることから、三三年の恐慌を意識して経営陣が安全性に対してウエイトを置くようになったことを示していよう。

図3―6は、積立金の貸出に占める割合を示したものである。これより、積立金で貸出の何％までを補填できるかを知ることができる。二〇年における割合を見ると、それはわずか一％であったことがわかる。しかし、その割合は漸次増加して、二九年には一〇％を越え、三五年下期には二一％にまで達している。積立金がこの間一度も取り崩されることがなく、継続して積み立てられてきたことは、経営陣が経営の安全性に関してはかなり注意をはらってきたことを示していよう。これは三〇年以降の第十銀行の経営方針とはまったく逆であり、中小銀行とはいえ市川大門の地域の資本を預かり運営をおこなっているという意識が経営陣のなかに強くあったことが読み取れよう。ともあれ、納税社・納税合資・納税銀行の経営は、出資金の貸出という高利貸的な体質は払拭しきれなかったが、安全性という側面に関してはかなり力を入れていたことがわかる。

では次に、純益に移ることにしよう。表3―9は、純益の推移を示したものである。一七年の純益は四二一九円であり、翌一八年のそれは四三％増の六〇二七円となっている。一八年の純益金は突出しているが（図3―7参照）、これは後述するように誤って高配当をしたことによる。この影響で一九年の純益指数は九四に低下している。しかし、以後純益金は上昇傾向をたどり、銀行に転化した二七年には一八年とほぼ同じ五八八七円を、二九年には七四三七円を計上している。一九年から二九年までの上昇率は八七％、年率では六・六％の増加率となっている。第十銀行の二

図３―６　積立金の貸出に占める割合

(%)

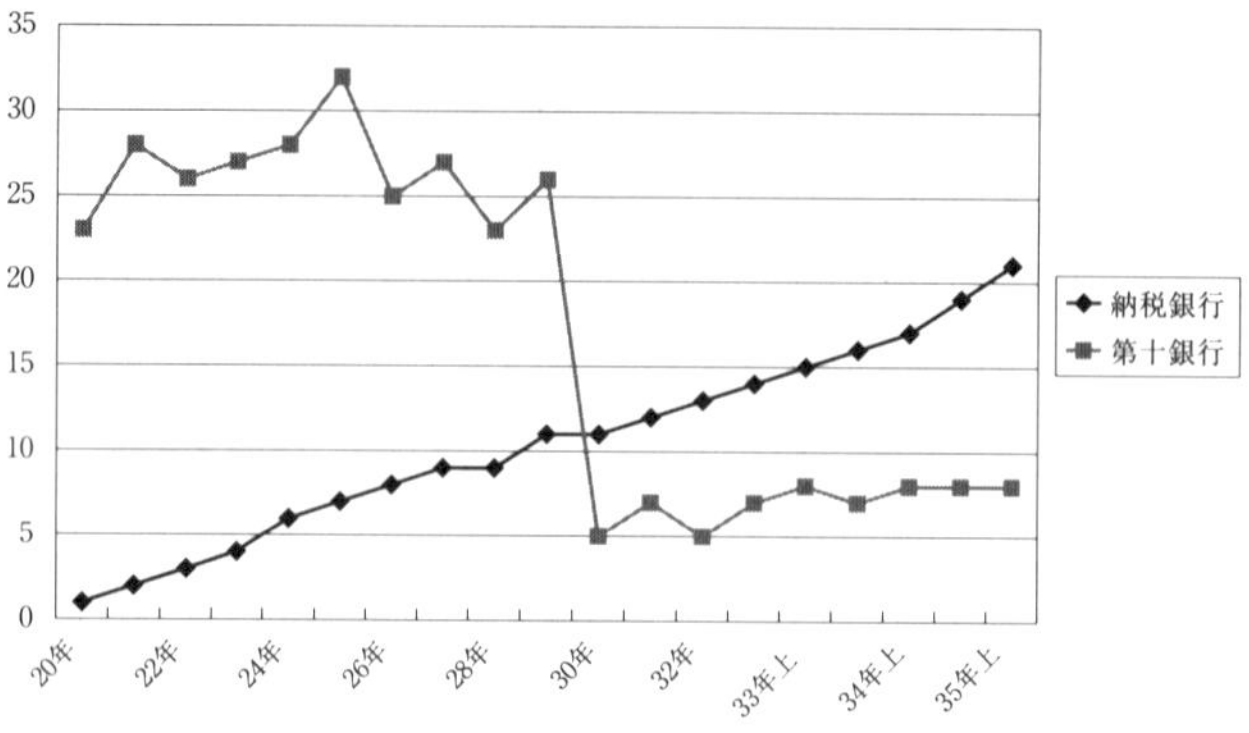

表３―９　純益の推移

(円)

M17年	18年	27年	29年	33年上	33年下	35年上	35年下
4219 (100)	6027 (143)	5887 (140)	7437 (176)	7899 (187)	2940 (70)	8670 (206)	2434 (58)

註：純益とは、配当、積立金、賞与、次期繰越金を意味する。なお、(　) 内は指数を示す。

図３―７　純益指数の推移

(%)

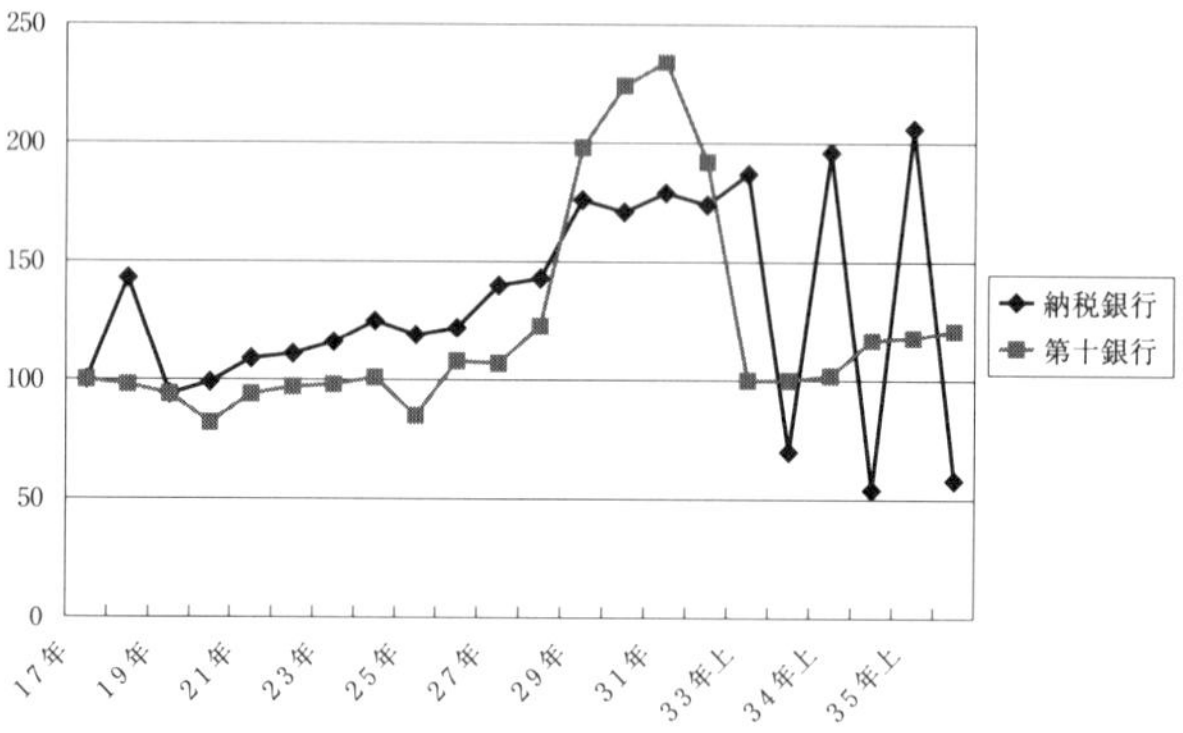

表３―10　配当金の推移

(円)

M17年	18年	20年	25年	27年	29年	35年上
5619 (100)	6445 (115)	3992 (70)	4587 (82)	4957 (88)	6000 (107)	6000 (107)

註：銭以下は四捨五入した。なお、(　) 内は指数を示す。

七年から三〇年までの純益金の増加率には及ばないが、納税のそれは着実な上昇経路を歩んでいるといえよう。なお、納税の一九年から二九年までの純益金と貸出の相関をとると〇・八九三七一となり、この間の純益金の増加が貸出の伸びによることがわかる。

二九年以降の純益金は、三三年から三五年までの後期分を無視するならば、安定的に推移しているといえよう。三五年上期の純益金は八六七〇円で、一七年比で二倍に達している。二九年から三五年上期までの純益金の増加率は一七%で、年率に換算すると二・七%となる。この増加率は一九年から二九年までの半分以下の割合であるが、預貸率などを考慮するならば経営の安定化の表れといえよう。このことは第十銀行の純益金の動きと比較してみても当てはまり、次の株式会社に転化するための下地を形成していたといえよう。[9] なお、この間における純益金の動きも、一応は貸出に対応しているといえる。しかし、両者の相関係数は〇・五八五二九二にまで低下しており、関係性が弱まっていることを指摘しおく。

それでは本節の最後に、配当金の動きを見ることにしよう。表3―10は、配当金総額の推移を示したものである。一七年の配当金は五六一九円で、配当金を資本額で割った資本配当率は当初から実に一九%に達している。第十銀行の一七年から三五年までの経営の中で、資本配当率が一九%となるのは同行が私立銀行に転化する三〇年だけである。これより納税社の配当金が、設立時からかなり分不相応なものであったことがわかろう。さて、翌一八年の配当金は前年比一五%増の六四四五円となっており、株式会社に転化する以前においては最高額の配当金を分配している。実は、一八年の配当金は純益金以上の金額を分配していたのである。このため一九年の決算では、一八年の過剰配当は先渡し配当金として処理するという珍事をなしている。この影響を受け二〇年の配当金は、一七年比で三〇%減の三九九二円に低下することになる。同年の配当金は、設立時より三五年までの間では最低の金額を記録している。

設立時の経営陣は、なぜこのような高配当を行ったのであろうか。前述したように納税社は、儲蓄金・出資金を貸出に回すという経営を行っていた。そのため、貸出原資の重要な部分をなす儲蓄金・出資金の確保は、経営上の死活問題であったといえよう。そこで出資者に厚めの配当を行わざるをえなかったのではないかと思われる。実際、各年の「考課状」には配当総額、配当率、経営状況が記載されており、経営陣がいかに配当を重要視したかが読み取れる。

二〇年以降の配当金は一七年のそれを超えることはなく、銀行へ転化した二七年の配当金も一七年比一二％減の四九五七円である。配当金が一七年を越えるのは二九年のことである。実に一九年より一〇年の間、設立時の配当金総額を越えることがなかったのである。この間、積立は上昇しているので、経営陣は経営の安全性の向上に努めていたことになる。

ではなぜ二九年になって設立時を越える配当をなしたのであろうか。これは翌三〇年を見越した、納税合資陣の戦略ではなかったかと思われる。三〇年の一月には第十銀行が私立銀行に転化し、六月には市川貯蓄銀行が設立されている。さらに同年の五月には有信銀行の市川支店が開設されている[10]。これら銀行の設立や支店の開設は、納税合資からの出資金および預金の流失を意味しており、この対策の一環として前年より配当を確固たるものにせざるを得なかったといえよう。

このような傾向は、二九年以降の配当金にも表れている。表には記していないが、同年より三五年上期までの配当金は六〇〇〇円を維持しており、資本配当率も一律の一二％で安定している。これより、出資金者に対する当時の経営陣の配慮がうかがえよう。しかしながら、安全性をある程度確保した後の経営で確保するべきものは経営の健全性であり、この指標をいかに確保していくかが株式会社市川納税銀行の課題となっていくことになる。

注

（1）　儲蓄金の名称は、明治二六年六月の納税合資会社に改組するまで使用された。

（2）米・仏の生糸需要が旺盛で、羽二重に対する需要も盛んであったという。『蚕糸要鑑』（大日本蚕糸会編　共栄社　一九三六年）。

（3）第十銀行は、明治三〇年に私立銀行に転化している。同行は、国立銀行時代の支店二行に加えて、三一・三二年と支店を増設し、三二年には六カ店となっている。前掲『創業百年史』二〇五頁。

（4）当座貸越の記載は三四年下期より始まる。これによると三四年下期三二七〇円、三五年上期六二九六円、三五年下期三七五三円の貸越がある。これより、貸出と同様に上期に資金需要が旺盛であったことがわかる。

（5）明治三四年に第十銀行および南部銀行とコレスポンデンスを締結している。

（6）器械糸・和紙の生産額が異常な明治二九年と、納税額が不明な三四年は除いている。なお、三三年と三五年は上期の貸出を使用している。

（7）検定を行うと、器械糸二・四八六三三二、和紙一・九八八三五となり、各係数も共に有意である。

（8）『明治三五年版　山梨県統計書』。また前掲『創業百年史』一九六〜一九七頁には各郡の金融状況の記載がある。

（9）第十銀行は、明治三〇年に私立銀行に転化している。この転化に備えて同行では、純益金の増加をはかり株主への配当を厚くしている。また積立金の増加もはかっている。これは、積立金を資本に繰り入れ、同行の経営を強化するためだったと思われる。このように急激に純益金の増加をはかった反動が、三一年以降の純益金の動きに出ていよう。第十銀行の私立銀行への転化とその経緯については、前掲『創業百年史』一九九〜二〇三頁を見よ。

（10）前述のように第十銀行は三〇年に私立銀行転化している。また市川貯金銀行も同年に新設されている。有信銀行は、第十銀行および若尾銀行に次ぐ第三位の銀行として意識されており、市川大門への支店の開設は納税合資会社にとっては脅威であったといえよう。有信銀行の県内銀行内における位置づけに関しては『山梨県史　資料編一六　近現代三　経済社会Ⅰ』（山梨県編　山梨日々新聞　二〇〇〇年）一七八頁を見よ。

おわりに

以上、納税銀行の経営とその特徴を追ってみた。これより同行は、良くも悪くも市川大門という地域の経済を反映した金融機関であったといえよう。

納税社の設立は、山梨県内においても進行していた地主制を反映したものであると共に、市川大門の古くからの特産品であった和紙の製造・流通を反映したものであった。また二六年の銀行条例を受け納税社は銀行へ転化するが、これも養蚕業および製糸業の発展という市川大門の地域経済の動きを反映したものであったといえよう。この後は購繭および和紙の資金需要の急速な伸びと共に経営を拡張している。しかし、納税合資会社の組織および経営方針は、その激変に充分対応できるものではなかった。そこで三三年には和紙や製糸金融に充分対応できるよう組織を革新し、その表れとして社名を変更している。このように納税銀行は、地域経済の要望に応えるよう変身を遂げ、経営の継続を図ってきたのである。

また納税銀行の経営体質に目を向けるならば、高利貸的な性格が継続的に保持されていたことを指摘できよう。しかしこの性格とても、旺盛な資金需要に対し、資金の出し手がないという西八代郡の経済を反映したものであった。またこのような金融状況であったからこそ、納税銀行の設立・存続の意味があったともいえよう。ともあれ、納税銀行は預金不足を出資金で賄うという高利貸的な体質であったため、その経営は不健全であったといえよう。しかし、経営が継続されるにつれ不健全性は低下しいくことになる。また、積立金を漸次増加させていくことから、安全性はかなり向上していったといえよう。

このように納税銀行は、地域経済に根をはる地域密着型銀行であった。山梨県内においても二四年から三四年にかけて多くの中小銀行が設立されるが、納税銀行のような地域経済密着型の銀行は多くはなかったのではないだろうか。

さて、納税銀行は三六年には株式会社に組織変更し、社名も市川納税銀行となる。同行が、産業革命の後期以降に市川大門の地域経済と歩調を同じくすることは上述の記述で容易に想像がつくのではないだろうか。この内容については後日を期したい。

第四章　系統農会組織の形成過程にみる地方農会の動向

——埼玉県を事例として——

加藤　隆

はじめに

明治二十年代は、「農政の空白期」であったといわれている。あるいは、やがて全国的系統農会組織である全国農事会の設立、農会法の制定をみるにいたるまでの準備の時期であった、ともいえるであろう。では、その実態はどのようであったか。

この時期をややさかのぼるが、明治十四年（一八八一）四月七日、殖産興業政策の中央官庁として農商務省が新設された。同省では、早くも翌五月二十三日、勧業管理体制の一元化を図るため、「府県農商工諮問会規則」[1]を「布告」した。同諮問会は各府県に置かれ、官制的な性格が強く、会員を地方名望家層から一定数選出するなど画一的であった。そのため反発を受けるところが多く、必ずしも同省の思惑どおりには運ばなかった。

そこで農商務省では、改めて十六年五月十六日にいたり、「各地方ノ便宜ニ従」って豪農商層を中心とした「勧業諮問会・勧業委員」の設置を各府県に「通達」[2]した。今回は、前回の「布告」と異って通達であり、また勧業諮問会とともに勧業委員を置くなど、各地の実情に配慮したものとなっている。とはいえ条文には、

第一条　勧業諮問会ハ、各府県勧業事務ニ付、府知事県令ノ諮問ニ備フルモノトス

第二条　勧業諮問会員ハ、府知事県令ニ於テ管内農商工業ニ名望アル者ヲ選テ之ニ充ツ、其人員竝処務ノ順序等総テ府知事県令適宜之ヲ定ム可シ

第三条　勧業諮問会員ノ旅費日当ハ、地方税中勧業費ヲ以テ支弁ス可シ

第四条　勧業委員ハ、区町村若クハ連合区町村ニ於テ勧業ノ事ヲ担当シ、又ハ区郡長戸長ノ諮問ニ備フルモノトス

第五条　勧業委員ノ人員選挙方法及ビ処務ノ順序等ハ、区町村又ハ連合区町村会ニ於テ之ヲ評定シ、府知事県令ノ

裁可ヲ受クヘシ

第六条　区町村若クハ連合区町村ニ於テ、農業会、商業会、工業会又ハ農商工ヲ併セタル勧業会、其他同業会ヲ設置スルトキハ、勧業委員ヲシテ会員タラシムルコトヲ得（以下略）

とあり、官制的な性格は強かった。しかしようやく、ここに農商務省——府県勧業諮問会——区町村もしくは連合区町村勧業委員・勧業会という勧業体制が成立してきた。

こうした動きの中で、例えば十六年には三二府県において五四一回の農談会の開催をみたという。[3]またこれを踏まえ、各地で農会類似の系統団体を組織しようとする機運も起ってきた。一方、政府の農業政策も農商務省の設立を機に、それまでの資本主義的欧化政策・保護干渉主義から、選奨主義・自由放任主義に移る。その結果、最初の全国的農業団体であり、当初同省の保護を受けていた大日本農会（十四年四月設立）の事業は縮小し、地方支部の解散・会員数の減少がみられるにいたる。この傾向は、二十三年十一月の帝国議会開設時まで続く。[4]

明治二十年代に目を転じよう。二十一年（一八八八）四月二十五日に市制・町村制の公布、次いで二十三年五月十七日には府県制・郡制が公布され、地方制度の整備をみるにいたる。とりわけ、前者は条例公布の翌年四月一日より施行されたが、財政能力拡大のため大規模な町村合併をともなった。[5]したがって、これまで勧業体制の末端を構成していた区町村もしくは連合区町村勧業委員・勧業会を基盤とした勧業会・農談会、あるいは農会類似の系統団体を組織しようとする動きも停滞するにいたる。

そこで政府は、二十四年十一月二十八日、系統農会を組織し農事改良の官制化を図るため、「信用組合法案」を内務省提案として第二帝国議会に提出したが、衆議院の解散（二十四年十二月二十五日）によって審議未了に終った。[6]かくして「農政の空白期」となり、その後、全国農事会の設立（二十九年一月二十六日）・「農会法」の公布（三十二年六月九日）・「産業組合法」の公布（三十三年三月七日）などによって全国的系統農会組織が形成されるまでには、いましばらく待たねばならなかった。

ではその間、各地における勧業活動はいかなる状況に置かれていたか。本稿の目的は、その点についての事例分析を試み、いわゆる「農政の空白期」といわれている時期における、地方勧業組織の動向を知るための一史料を提供するところにある。

ここでは埼玉県の場合を取り上げるが、その理由は次のとおりである。同県では新町村制の成立にともない、例えば二十一年九月に一九一〇町村を数えたものが、翌年四月には三七一町村にまで合併が進んだ。町村合併率は実に八〇・六%[7]におよび、全国平均の七七・八%を上回っている。したがって、これまでの町村もしくは連合町村（同県では区制を施行していない）勧業委員・勧業会による勧業事業が低滞したことはいうまでもない。ところがこの前後より、同県では各地に民営勧業会の設立をみるにいたる。しかも、その先駆であった「私立埼玉勧業会」の発会式には、時の農相（農商務大臣）井上馨が臨席し、同勧業会の設立を推奨する「演説」[8]を試みている。彼の発言は、当時の農商務省の地方勧業施策にたいする姿勢を知る上で、大いに関心が寄せられるところである。

そこで、まず明治二十年前後の県内各地における勧業組織の実態を追ってみる。次いで民営勧業会を取り上げ、その性格・機能をもっぱら私立埼玉勧業会を事例としながら考察し、系統農会組織の形成にいたるまでに果した役割を明らかにしたい。

注

（1）「太政官第二十九号布告」（明治十四年五月二十三日）。
同諮問会規則によれば、農商工諮問会は各府県に置かれた（第一条）。同会の役割は、「農商工ニ関スル事件、就中、海陸、運漕、道路ノ開鑿、港湾ノ修築、川渠並ニ用水路ノ疏通、悪虫ノ駆除法、獣畜類伝染病ノ予防法、山林ノ保蓄栽培伐採、各地ニ適応スヘキ動植物及ヒ器具ノ試験、勧業列品場、其他農商工模範建造物設置ノ方法、市場ノ興廃并ニ其規則按」について、農商務卿・府知事県令が「諮問スル事件ヲ審議シテ其意見ヲ具申」シ、同時に「農商工ノ盛衰其他ノ統計ヲ調査」する（第二条）。また同諮問会の会員は、府知事県令が府県内に「満三年以上住居シ、二十五歳以上ノ男子ニシテ名望アル農商工五名以上十五名以下」を選任し、任期は三カ年とされていた（第三条）。

（2）「太政官第十三号達」（明治十六年五月十六日）。

（3）産業組合史編纂室『産業組合発達史（第三巻）』（産業組合史刊行会、昭和四十年）四五一～四五二頁参照。

（4）前掲『産業組合発達史（第三巻）』四五九～四六〇頁参照。

（5）亀卦川浩『明治地方制度成立史』（柏書房、一九六七年）二九九～三〇一頁参照。

法令そのものが町村合併を前提として作成されていたため、混乱は予測されたとしても断行された。町村合併は二十一年六月十三日の「内務大臣訓令第三五二号」をもって、各地方長官に町村合併標準が伝えられ、地方長官は翌年二月末までに各管内に発令している。

合併の実施にあたって反対・紛議が起こり、二十二年末の合併町村の内訳をみれば、町村制施行一万三二三八町村（八四・三%）、未施行町村四八七町村（三・一%）、非施行町村一九九五町村（一二・六%）である。ともあれ、町村合併は混乱はみられたものの法令公布の一年後には大多数の府県に施行され、二年以内に全国に施行されるにいたった。因みに郡制についてみれば、法令公布の翌二十四年四月一日を以て施行されたものは「十指を屈するに足らず、殊に府県制の如きは久しく施行されず、遂に全文改正を見た明治三十二年に至る十年間も施行されなかったものが三府四県に上るという状態」であった。施行が遅れた事情については、同書に詳しい。

（6）わが国最初の「信用組合法案」は、時の内務大臣品川弥二郎が、法制局次長であった平田東助に託して立案させたものである。同法案の骨子は、さきに彼らが共にドイツで学んだシュルツェ方式の信用組合論である。

品川は、貴族院において同法案提出の理由を次のように述べる。わが国の国民の七、八〇%は小農・小商工業者であり、「国民生産者の要部」「国家の土台」である。さきに政府は、地方自治制を断行したが、「地方の土台となります る中産以下の人民のために其産業を維持するの方法を立てませんければ、自治制度を設けたる趣旨も廃れ、国権の伸張も国力の発達も如何であろうか…茲に政府の提出致しました信用組合法案と申すものは、即ち此中産以下の人民のために金融の便を開きて低利に資本を使用することを得せしめ、兼て勤倹、自助の精神を興し、以て地方の実力を養成せんとするの目的でござります」（平田東助『産業組合法要義』明治三十二年八月、『協同組合の名著　第一巻』所収、昭和四十五年、二四八〜二四九頁参照）と。

また平田も、「三府二十四県の農民中一町五反歩以上の田畑を所有するものは一割四分七厘、一町五反以下八反以上を所有するものは二割九分四厘に過ぎずして、其他は皆な八反以下を有する細農…中産以下人民が優勝劣敗の経済界に処して窮困に迫りつつあるの景状を知るべし、夫れ全国人口中最も多数を占る中流以下人民の生計、此の如く困迫せり。国の生産力は減ぜざるを得ず、国家の元気は衰えざるを得ざる也。嗚呼今日に当り、中流以下人民に於て奮起して貨幣を利用し、信用を振活するの機関を設立し、其生産力を発達し、自由競争の経済界に処するの道を開くに非ざれば、他日の悔を招くや鏡に懸けて見るが如し。其機関とは何ぞ、信用組合是なり」（平田東助・杉山孝平『信用組合論』明治二十四年十一月、前掲書所収、一七頁）と、同趣旨の発言をしている。

つまり品川と平田は、わが国人口の大半を占める中産以下の人民に融資する信用組合を組織し、資本主義的発展から取り残されている彼らの経済的困難を救済すべきであるとして「信用組合法案」を議会に提出したが、議会の解散により審議未了に終るところとなった。

（7）　前掲『明治地方制度成立史』三〇九〜三一五頁参照。
（8）　私立埼玉勧業会『私立埼玉勧業会雑誌』第一号（明治二十二年三月）一一〜一八頁参照。

一、埼玉県における勧業委員と農会

1、町村勧業委員・勧業会の設置

明治初期、埼玉県の経済構造には、近世以来、大消費都市江戸への近接性によって形成された分散的市場関係が、依然として存続していた。したがって、県内各地の農産物・手工業製品は、点在する小都市を中心とした地域市場から東京その他各地方に販売されており、この地域市場をつなぎ経済構造を集中・統一化することはできず、資本主義経済の展開は未成熟段階にとどまっていた。

県ではこうした事態に対処するため、農民の経済意識の啓発を重視し、国策に先駆けて勧業組織の整備に着手した。まず明治十二年（一八七九）九月五日、各郡にたいし勧業委員一名を配置すること、次いで翌年七月十七日には各郡に農区を設置し、それぞれに農区委員を配置することを布達する。とりわけ「勧業上ニ精キ富農ノ間ニ紹介」を進め、その結果、早くも同年八月末までに地主・富農層から勧業委員八名、農区委員一〇八名が選任された(1)。しかしこの制度は、「県会之議決ヨリ影響ヲ及ホシ、十四年己降廃棄(2)」となり、系統的な勧業活動は低滞した。その後は、県の働きかけもあり、一時的会合であったが各地の老農・篤農による勧業会・農談会、あるいは「埼玉県下民設一府五県連合共進会(3)」などが開催されている。

十六年十月十六日にいたり、県令吉田清英は農商務卿西郷従道にあて、「勧業委員及勧業会設置之儀ニ付伺」を提出した。それは、同年五月十六日、農商務省が府県勧業諮問会および区町村勧業委員・勧業会の設置を布達したことに応えたものである。この伺い書に添付された「勧業委員及勧業会設置準則」(4)は、次のとおりである。

第一　勧業委員ノ事

第一条　各町村若クハ連合町村ニ於テ便宜勧業委員ヲ設置シ、勧業上諸般ノ事ヲ担任セシメ、及県令郡長ノ諮問ニ備フヘシ

第二条　勧業委員ノ人員撰挙法及処務ノ順序ハ、戸長ニ於テ方案ヲ設ケ、町村会若クハ連合町村会ノ評決ヲ経テ県令ノ裁可ヲ受クヘシ

第三条　勧業委員選定ノ後、若シ県令ニ於テ不適当ト認ムルトキハ改選セシムルコトアルヘシ

第四条　勧業委員ハ県令ノ裁可ヲ受ケタル処務順序ニ拠テ、担当部門ノ農商工事業ノ拡張物産ノ改良蕃殖ヲ図リ、及県庁郡役所ノ指揮スル所ノ事務并戸長ヨリ協議ノ事務ヲ処弁スヘシ

第五条　勧業委員ニ諮問ヲ要スルモノハ概ネ左ノ事項トス

一　水産運漕ノ利害ニ関スル事

二　溝渠疏通ニ関スル事

三　有害鳥獣虫類駆除ノ事

四　動植物ノ蕃殖及改良ノ事

五　森林保蓄ノ事

六　農商工事統計ノ事

七　前六項ノ外農商工事業ノ利害ニ関スル事

第六条　勧業委員年手当ノ給否ハ其町村会若クハ連合町村会ノ評決ニ依ルヘシ

第二　勧業会ノ事

第一条　農業会商業会工業会又ハ農商工ヲ併セタル勧業会ノ会員ハ、町村若クハ連合町村ニ於テ之ヲ公選シ、其他同業会ノ会員ハ各同業者ニ於テ之ヲ公選スヘシ

第二条　各勧業会ハ会則ヲ設ケ県令ノ認可ヲ受クヘシ

第三条　各勧業会ハ農商務卿及主務ノ官署ヨリ勧業上ノ件ニ付諮問アルトキハ審議シテ之ニ答フヘシ

要するに、勧業委員は県令郡長戸長による勧業上の諮問に備えて、町村・連合町村に置く。同委員の人選は、町村会・連合町村会があたり、県令の裁可を受ける。同委員にたいする給与の有無は、町村会・連合町村会において決定する。つまり地方裁量となっていた。一方、勧業会は農商務卿・県（勧業課）からの諮問に備えて設けられ、会員は町村・連合町村で選出し、会則は県令の認可を要した。

さて、県の伺い書は同年十一月二日に認可となる。ただし、農商務省では「第五条第一項　水産ノ二字　水陸ト修正」することを求めた(5)。県では直ちに訂正の上、同月十六日に改めて郡役所・戸長役場にたいし、同設置準則を「専ラ農商工事業ノ拡張ヲ図リ候儀ニ候条、厚ク其ノ意ヲ体シ速ニ施行」するよう「布達」した(6)。

ところが翌年二月七日にいたり、県にたいし農商務省より同設置準則を県内に公示する際、中央官庁を差し置いて行政命令にあたる「布達」とした理由について問い合せがあった。初期段階においては、こうした混同があったのであろう。県ではその意を体し、五日後の二月十二日にさきの県内「布達」を取り消し、同日付で「準則ハ最前発布ノ通リ改正セズ」として、同条文のまま郡役所・戸長役場に「諭達」した(7)。

同時に県では、各郡役所にあて同設置準則に基づいて、それぞれ管内の町村・連合町村において早急に勧業委員の

選出・「勧業委員申合規則」の作成を進め、郡長に報告するよう指示した。第1表は、各町村・連合町村における同委員の選出状況を例示したものである。これによれば、概ね六～七ヵ町村が連合して同委員一名を選出していたことが知れよう。

ところで、県としては勧業体制を整備する必要から、同委員の設置を急ぎ、諭達の一〇ヵ月後にあたる十七年十二月五日、各郡長にあて「未タ勧業委員ヲ設置セサル町村ハ、戸長ニ於テ弁務候様致サスヘシ」(8)と通知した。にも拘らず、それより二カ年後の十九年末にいたっても、第1表から明らかなように同委員はすべての町村で設置されているわけではなく、また戸長・筆生名義で届けられている場合が多い。例えば、比企郡では同委員数一九名であるが、うち六名（三一・六％）が戸長・筆生名義である。(9)このように形式化してきた同委員の設置にいたし、後述のように老農・篤農の間から、彼らに実質的な活動を求める要求が起ってくる。

それはさておき、各郡で選出された町村勧業委員は、まず郡役所内に「勧業委員事務会」を置き、事務会則を設けて処務にあたった。同会則は郡長に提出され、郡長を経て県（勧業課）に届けられている。ここでは一例として「児玉・賀美・那珂郡勧業委員事務会々則」(10)を挙げておこう。

第一条　本会ハ勧業上ノ利害ヲ商議シ、又県令又ハ郡長ノ諮問ニ答へ、併テ事務ノ整理及其順序方法ヲ議決ス

第二条　本会ハ常例会ト臨時会トノ二種ニ分チ、常例会ハ毎年一度二月ニ於テ之ヲ開キ、臨時会ハ随時之ヲ開設ス

第1表　勧業委員設置状況　（明治19年）

郡名	町村数a	勧業委員設置町村数b	b／a％	勧業委員数
入間郡	236	170	72.0	32
高麗郡	110	83	75.5	14
比企郡	155	130	83.9	19
横見郡	41	41	100.0	4

〔出典〕埼玉県立文書館所蔵「県行政文書」より作成。
（注）町村数は『新編　埼玉県史　別編5　統計　附録』より算出した。

但其開閉ハ郡長之ヲ命ス

第三条　会員ハ勧業委員及主務郡吏トス

但諮問会ニハ郡吏ヲ加フルコトヲ得ス

第四条　本会ノ会頭ハ郡長トス、若シ郡長差支アルトキハ郡書記ヲシテ代理セシム

第五条　書記ハ会頭之ヲ選任シ、本会ノ雑務ヲ処弁セシム

第六条　本会ノ議案ハ郡長之ヲ発ス、但下付議案ノ外会頭三分ノ一以上ノ同意ヲ以テ提出スル意見ハ、会頭許可ヲ得テ之ヲ議題トナス事ヲ得

第七条　会員ノ席次ハ籤取ヲ以テ之ヲ定ム

第八条　会議ニ対テ発言セントスルトキハ、先ツ会頭ト呼ヒ自己ノ番号ヲ称ヒ、会頭ノ許可ヲ得テ後発言スヘシ

但一会員ノ発言中ハ黙聴スヘシ

第九条　会員半数以上出席セラレハ、当日ノ会議ヲ開クヲ得ス

第十条　会議ハ多数ニ依テ決ス、若シ同数ナルトキハ会頭ノ意見ニ依ル

第十一条　議場ヲ整理スルハ会頭ノ任トス

第十二条　会議ノ決議ハ、郡長ノ認可ヲ得テ之ヲ執行ス

第十三条　此会則ヲ更正セントスルトキハ、会議ノ評決ヲ取リ郡長ノ認可ヲ受クヘシ

この三郡では、勧業委員事務会を郡役所の所在地児玉郡本庄に置き、会員は町村勧業委員・主務郡吏計一三名で構成し、会頭には郡長が就任した。同事務会では臨時・定例の会合をもち、三郡内の勧業に関する利害関係を協議するとともに、県令・郡長による勧業上の諮問に備えた。審議事項としては郡長からの議案が主体であり、官制的事務会

であった。

次いで、各郡の町村勧業委員が作成した「勧業委員申合規約」に触れることにしよう。同申合規約の内容は、それぞれの管内の勧業に関する調査・報告事項および、勧業諸会の実施について取り決めたものである。事務会則と同様郡長に提出し、郡長から県（勧業課）に届けられている。同申合規約の作成には所定の様式がなかったようであり、その内容は各郡の農業構造を反映して各様である。そこでまず、当時の郡別の田畑面積・主要農産物生産高を表示してみよう（第2表参照）。同表から①水田地帯（県東）、②中間畑作地帯（県央）、③山間地帯（県西）に大別できそうである。次に、この三地帯に属する郡部の勧業委員申合規約を例示しつつ、それぞれの特徴を明らかにしたい。

まず、①の県東にあたる水田地帯は、県内の穀倉である。水田面積が五〇％～六〇％の埼葛地方を中心に、四〇％前後の北足立郡北部にまで広がる。小作地率は、県平均田四〇・九％、畑三〇・九％を上回り、それぞれ四四・五％、三八・五％であり、農民層分解が進んでいる。例えば、二十二年における地租三〇〇円以上の納入者（五〇町歩以上の土地所有者）一一四名の分布状況をみれば、南埼玉郡三八名（三三・三％）を始めとして、北葛飾郡二六名（二二・八％）、北足立郡二〇名（一七・五％）、北埼玉郡一六名（一四・〇％）[11]、合計一〇〇名（八七・六％）をこの地帯で占める。次にこの地帯において最も地主制が進んでいた「南埼玉郡勧業委員申合規約[12]」を例示してみよう。

第一条　勧業委員処務順序ノ外、申合規約ヲ設クル要領ハ倍々農事ノ隆盛ヲ謀リ、併セテ虫害豫防ヲナシ、以テ郡内一般公益ヲ企画スルニアリ

第二条　虫害ヲ豫防スルニ当リ、各郡緩急アリテ其方法同一ニ出サルトキハ効少ナシ、故ニ南埼玉郡勧業委員ハ、本規約ニ従ヒ均一ニ奨励又ハ取扱ヲナスモノトス

第三条　蚕病豫防ノ旨趣ハ当業者ニ貫徹セシメ、若シ蚕病アルトキハ速ニ豫防セシメ其顛末ヲ具シ、郡役所ヲ経テ

本県へ報道スルコト

第四条　蚕卵紙掃立ニ先チ、原種ノ良否ヲ鑑定スルハ勿論、蚕室及蚕具ヲ清潔ニシテ病毒ヲ豫防セシムルコト

第五条　勧業委員ハ各郡内養蚕家ニツキ景況ヲ視察シ、眠起毎ニ其実況ヲ具シ、郡役所ヲ経テ本県へ報道スルコト

第六条　各郡内蚕卵紙掃立ノ枚数及収繭ノ多寡ヲ取調、毎年七月三十日限リ前条ノ手続ヲ以テ報道スルコト

第七条　桑茶適良ノ土地ヲ認ムルトキハ、其増殖ヲ奨励スルコト

第八条　本年一月□□《ママ》甲第六号ヲ以テ布達セラレシ田圃虫害豫防規則ヲ部内へ貫徹セシメ、総テ虫害ノ豫防ヲ怠ラシメサルコト

第九条　左ノ諸項ハ、定期ノ外臨時ニ郡役所へ報告スルモノトス

一、諸作物ノ景況

一、旱害・水害・虫害、其他作物ノ被害景況

一、農業ノ改良又ハ開墾等ノ景況　報道期毎年十月

一、特有物産ノ産出高及収納量高并増減其原因　報道期毎年十月

一、種子交換并肥料等ノ良否

一、有益ナル農会又ハ農事ニ関スル古来慣習ノ参考ナルヘキモノ

一、水産ニ関スル一切ノ景況

生糸（貫）	茶（貫）	藍（貫）	綿（貫）	煙草（貫）
661	21,374	59,304	48,375	737
210	4,467	52,422	640	－
1,057	1,447	114,359	202,291	6,618
759	6,894	33,494	90,351	237
37	579	49,468	47,784	332
13	605	－	8,573	750
4,635	99,028	181,439	10,809	109
1,702	23,605	2,996	930	144
4,353	3,523	7,387	37,027	2,053
13	19	13,674	6,291	27
4,381	145	19,604	2,860	396
2,186	97	3,700	5,040	1,211
80	101	80	2,355	456
905	234	24,688	56,496	339
1,041	605	66,305	20,643	444
3,059	3,687	132,375	9,892	612
632	341	660	32,900	542
10,695	1,944	150	948	37,898
36,418	168,865	762,287	584,207	52,911

第２表　埼玉県郡別田畑山林面積・主要農産物生産高　（明治20年）

郡名 新	郡名 旧	田（町）	畑（町）	山林（町）	米（石）	麦（石）	大豆（石）	甘薯（貫）	藺（石）
北足立	北足立	12,072	15,430	8,847	177,473	170,239	43,869	7,669,896	1,465
	新座	721	3,433	2,375	11,700	34,390	6,125	1,515,812	389
北埼玉	北埼玉	12,227	10,138	3,491	161,273	187,076	41,987	?	2,535
南埼玉	南埼玉	11,630	9,035	3,862	156,192	129,150	35,531	836,093	266
北葛飾	北葛飾	8,121	3,926	1,330	113,299	52,684	19,453	21,675	125
	中葛飾	1,679	1,209	579	11,118	14,820	4,957	62,500	12
入間	入間	5,529	15,211	12,621	76,683	123,069	24,374	4,495,736	12,948
	高麗	1,193	4,401	8,087	18,853	31,550	6,754	731,277	5,493
比企	比企	4,808	5,733	9,748	60,361	57,769	16,182	133,037	11,242
	横見	1,097	1,276	709	17,265	10,602	3,149	－	504
児玉	児玉	1,319	3,291	3,199	17,946	34,415	10,817	36,225	7,984
	賀美	465	1,799	934	6,824	23,045	6,488	11,250	3,443
	那珂	328	761	1,588	4,196	10,671	1,368	21,875	1,441
大里	大里	1,707	1,813	999	26,509	20,117	7,333	34,410	2,712
	幡羅	2,216	3,300	1,563	37,898	46,830	9,651	3,772	2,606
	榛沢	1,065	5,156	4,471	16,561	69,517	14,150	14,551	12,722
	男衾	519	1,482	3,326	6,792	14,581	2,933	192,140	3,675
秩父	秩父	756	11,311	31,385	9,708	49,374	10,546	93,928	20,920
合計		67,456	98,715	99,120	931,049	1,080,290	265,673	15,873,179	85,963

〔出典〕『埼玉県統計書（明治20年）』より作成。
（注）　それぞれ表示の単位（町・石・貫）以下は切り捨てのため、合計数と一致しない。

一、急劇ナル物価ノ変動并其原因
一、商法会議所ノ決議ノ要旨
一、工作製造場等ノ景況并盛衰其原因
一、商業上慣習ノ参考トナルヘキモノ
一、発明工夫ニ係ル事項
一、美術ノ景況
一、農工商諮問会及博覧会・共進会等ノ開閉并其開会中ノ景況
一、天変地異
一、特有物産ノ市価并其売捌キ
一、獣畜伝染病ニ関スルコト
右ノ外農商工ニ関スル緊要ナル景況

南埼玉郡の勧業委員申合規約の特徴は次のとおりである。

（a）　同郡勧業委員の米作に関する申合せは、水田地帯の他郡に比して条項が多い上に、申合せ内容がより具体的である。例えば、米生産高が首位であった北足立郡の米作に関する申合せ

は、「虫害豫防ニ怠ラシメサルコト」[13]の一条項であったが、南埼玉郡の場合には米作に関して三条項を設け、さらに虫害予防についても効果を挙げるため、郡内で同時に同一方法で実施することを申合せている。こうした背景には、同郡の米生産高が北足立・北埼玉郡に次いで第三位であり、勧業委員としてはたえず米の生産性向上の目標があったからであろう。

23年		明治28年			
収繭量(%)	桑園1反当り収繭量(石)	桑園(%)	収繭量(%)	桑園1反当り収繭量(石)	養蚕農家戸当り収繭量(石)
13.5	0.6	10.5	11.2	1.0	1.3
6.7	0.7	5.2	7.9	1.4	0.9
9.6	0.6	8.8	8.4	0.9	1.0
0.4	0.3	1.1	2.1	1.8	0.7
13.2	0.6	9.8	9.2	0.9	0.5
4.0	0.5	3.2	3.6	1.0	0.6
1.8	0.5	1.0	1.4	1.3	0.8
3.6	0.4	4.5	4.7	0.9	0.6
3.2	0.3	3.9	3.3	0.8	1.1
13.8	0.6	8.7	9.8	1.0	0.6
3.5	0.6	2.3	2.3	0.9	0.8
67.3	0.5石	59.0	63.9	0.9石	0.8石
78.018石		18,515町	171.673石		

（b）　県内の養蚕業は、二十年代に入り全県的な広がりをみせ、ようやく水田地帯にも普及してきた。南埼玉郡においても二十年には桑園面積四四町、収繭量二六六石であったが、三年後の二十三年にはそれぞれ一一六町（二・六倍）、八四〇石（三・二倍）に急増している[14]。したがって、養蚕業に関する勧業委員の申合せも、蚕病予防のための蚕室・蚕具の消毒、蚕種の選定、育蚕過程における眠起（一、二、三齢）の状況、蚕卵紙掃立枚数・収繭量などについて調査し、郡・県へ報告することを徹底している（第三・第四・第五・第六条）。しかしこの申合せには、当時県内の育蚕において、従来の「清涼育」を「温暖育」に改良しようとする動きがあった[15]にも拘らず、この点についてはまったく取り上げていない。それは同郡の養蚕業が普及途上にあり、勧業委員の注目するところとならなかったからであろう。

（c）　南埼玉郡の勧業委員は、特有農産物である茶・藍・綿

第3表　埼玉県内中間畑作地帯の桑園面積・収繭量の構成比推移

郡名		明治20年				明治
新	旧	桑園（%）	収繭量（%）	桑園1反当り収繭量（石）	養蚕農家戸当り収繭量（石）	桑園（%）
入間	入間	11.8	15.0	0.7	1.2	10.8
	高麗	7.6	6.4	0.5	0.9	4.8
比企	比企	6.1	7.7	0.7	1.1	7.9
	横見	0.5	1.0	1.2	2.2	0.9
児玉	児玉	11.9	9.3	0.4	1.9	10.3
	賀美	4.3	4.0	0.5	1.7	3.9
	那珂	4.7	1.7	0.6	1.3	1.6
大里	大里	4.2	3.2	0.4	0.9	4.5
	幡羅	4.7	3.0	0.3	0.7	5.8
	榛沢	18.3	14.8	0.4	1.6	11.4
	男衾	3.9	4.4	0.6	1.6	2.8
計		74.8	70.5	0.6石	1.4石	64.7
全県実数		15,194町	85.963石			15,348町

〔出典〕　埼玉県蚕糸業協会『埼玉県蚕糸業史』（昭和35年）68〜70頁より作成。

などの生産高の推移・増減の理由・市価・販路について調査し、郡役所へ報告することを申合せている。これらの物産の生産高は、水田地帯の中でも他郡の方が多く、競争も激しかったであろう。したがって、同郡の勧業委員が、これらの物産の動向についてとくに細目に渡り調査することを申し合せているのは、この競争に対応するためであったと考えられる。また、他郡にはみられない取引上の慣習・商標などに関する条項も、対応の姿勢の現われであったといえよう。

次いで②の中間畑作地帯は、前述した県東の水田地帯と後述する県西の山間地帯に狭まれた、県央北部から南部にかけて広がる。この地帯は、台地・丘陵から成り、各郡部では農地面積の七〇%前後が畑地である。小作地率は田の場合平均三一・四%、畑では一七・三%である。ともに県平均を下回っており、目立った農民層分解の動きはみられない。

この地帯の中小農家では、麦・大豆を始め特有農産物である茶・藍・綿などを生産する一方、第3表から明らかなように養蚕に従事し、県内の主要産地を形成する。桑園面積・収繭量の構成比は、二十年代を通して養蚕が水田地帯にも普及してきたため相対的に低下しているが、その中でも県央南部にあたる入間郡は上位を維持している。そこで同郡を取り上げ、勧業委員がいかなる申合せをしているか追ってみよう。「入間・高麗郡勧業委員申合規約」(16)は次のとおりである。

第一項　勧業委員処務順序ヲ履行シ、其目的ヲ達スルコト
第二項　蚕病豫防ノ趣旨ヲ普ク当業者ヱ貫徹セシムルコト
第三項　蚕卵紙掃立ニ先チ、原種ノ精選ハ勿論、蚕室及蚕具ヲ清潔ニシテ病毒ヲ豫防セシムルコト
第四項　病毒試験ノ為メ、重立タル養蚕家ハ枠取蚕種ヲ製造シ、組合事務所ニ於テ検査ヲ受ケシムヘキコト
第五項　勧業委員ハ連合内養蚕ノ景況ヲ眠起毎ニ視察シ、其実況ヲ本県及郡役所へ報道スヘキコト
第六項　毎年掃立原紙ノ枚数及ヒ収繭ノ数量ヲ精密ニ調査シ、七月三十日限リ本県及郡役所へ報道スルコト
第七項　養蚕飼育法ハ熟練者ニ付キ、可成温暖育ニ改良セシムルコト
第八項　隔月ニ勧業委員会ヲ開設スルコト
第九項　連合内ニ於テ毎月集談会ヲ開キ、蚕糸業及茶業並織物其他勧業上ノ利害損失ヲ討議セシムルコト
第拾項　連合内ニ於テ其重ナル物産ニ就キ品評会ヲ開キ、現品ノ改良ヲ計画スルコト
第十一項　連合内ノ蚕糸茶業組合加盟漏無之様注意シ、其趣意ヲ懇篤説明スルコト
第十二項　農商工通信期限ヲ誤アラサルコト
第十三項　臨時報告ヲ怠ラサルコト
第十四項　肥料ノ充塞ヲ謀ルコト
第十五項　桑園改良ノ事
第十六項　勤勉貯蓄ノ規約ヲ実行セシムルコト

第十七項　農商工業統計ノ調査ハ、正確ナルヲ要スルヲ以テ、左ノ調査例ニ拠ルモノトス

一、農産物ハ毎村毎種ノ作付反別ヲ豫メ調査シ、其収穫ノ期ニ先チ、上中下ノ田畑ヲ一ケ所ツヽ、坪刈シテ其収量ヲ平均シ算出スルモノトス

一、繭ハ原紙ノ数ヲ先キニ調査シ置キ、二三ケ所ノ数量ヲ実査シ平均シテ算出スルモノトス

一、茶ハ前年度ニ於テ反別ヲ綿密ニ調査シ、其年ノ生葉及ヒ製茶ヲ三ケ所実査シテ平均ヲ算出スルモノトス

一、生糸及其他ハ繭ノ原料ニ付テ調査スルヲ要ス

第十八項　虫害駆除法ヲ講究スルコト

第十九項　柿実、果実、梅実等ノ産額ハ、殊更ニ調査シ置クヘキコト

第二十項　民林ノ改良ヲ計画スル事

第二十一項　種苗交換及選種法ヲ実施セシムル事

この両郡の勧業委員が作成した申合規約について一、二触れてみよう。まず養蚕に関して勧業委員の役割は、郡部内に（i）病蚕予防の趣旨の徹底、（ii）蚕室・蚕具の消毒の奨励、（iii）清涼育から温暖育への切替えの指導、（iv）有力養蚕家にたいし「枠取蚕種」の製造・蚕種組合の検査・一般養蚕家へ良質蚕種の配給・優良繭の大量確保などを実施する。また、県・郡役所にたいしては、蚕卵紙掃立枚数および収繭量、育蚕中の眠起状況を調査・報告する。

なお、（i）に関連して、県央北部で養蚕が進んでいた児玉郡の勧業委員は、病蚕予防の趣旨説明の時期を毎年二月に実施することを申し合せている(17)。これに反し、入間・高麗郡の勧業委員の場合には時期を設定していない。その理由として、児玉郡の養蚕は春蚕に九〇％以上のウェイトを置いており、一方、入間郡では春蚕の飼育時期が後述する茶摘時期と重複するため、春蚕の地位がやや低い(18)という地域的な相違性を挙げえよう。また（iv）の「枠取蚕種（框

製蚕種）」については、検査上やや難点があったようであるが、当時の理想的な蚕種として、同郡のみならず県内の前進的養蚕地域の勧業委員も奨励している(19)。

次に、入間・高麗郡の勧業委員は、極めて積極的であり、毎月の集談会を始め、主要物産の品評会の開催を申し合せる。他郡では例をみないところである。また、郡部の農民にたいし、十八年に生糸の粗製濫造防止のために制定された蚕糸業組合、あるいは同年に製茶の品質向上を目的として制定された茶業組合へ加入するよう強力に働らきかけている。さらに米・麦などの食糧穀物、繭・茶などの特有農産物の収穫量を正確に把握するため、あらかじめ調査方法（抽出法による推測統計）を例示する。以上、同郡の勧業委員が申し合せにおいて積極的であったのは、同郡が商品作物生産にウェイトを置いていたからに他ならない。

③の山間地帯に目を転じよう。県西に位置する秩父郡を主体として、児玉・大里・比企・入間郡の一部にも広がる。秩父郡のみで県全体の四三％近くの地積を占め、この広大な地積のうち七〇％以上が山林・原野であり、三〇％弱の農耕地のうち大半を畑地が占める。農家戸当りの耕地は五反三畝程度であり、しかも山間の低生産性のため米反収一・二石、麦のそれは〇・四石、県平均（それぞれ一・四石、一・一石）を大きく下回っている。小作地率は県内で最も低く、これに反して自作地率が八七・七％と極めて高い。したがって大地主の成立はみられず、多数の中小農民は養蚕――製糸を最大の副業としてきた。県内における同郡の繭・生糸の生産高構成比は、それぞれ二四・三％、二九・四％であり、ともに首位を占める。次は「秩父郡勧業委員申合定款(20)」である。

第一項　勧業委員ハ部内ヲ巡回シ、蚕病豫防公告ノ趣旨ヲ養蚕家ニ無漏説示スル事
第二項　蚕病ヲ防ク為メ蚕室蚕具ハ能ク洗ヒ、都テ消潔ナラシムル事
第三項　本年掃立ノ蚕卵ハ其地方熟練者ノ鑑定ヲ請ヒ、可成無病ノモノヲ飼育セシムル事

第四項　重ナル養蚕家ニハ、試験蚕卵紙トシテ二三枚ツヽ、枠取ノ法ヲ行ハシムル事
第五項　養蚕ハ可成温暖育ニ改良セシムル事
　但シ其方法ハ容易ナラサル義ニ付、地方熟練家ニ教ヲ請フヘシ
第六項　勧業委員ハ眠起毎ニ部内ヲ巡回シテ蚕病ノ有無等ヲ取調、郡役所又ハ勧業課へ報道スル事
第七項　養蚕前各所ニ集談会ヲ開カシメ、熟練家ノ養蚕演説ヲ聴聞セシムル事
第八項　掃立原種数及収繭量ハ八月上旬迄ニ取調、郡役所及勧業課へ報道スル事
第九項　勧業委員発起人トナリ、秩父蚕糸組合長ヲ総裁トナシ、本年九月頃繭糸共進会ヲ開設スル事
　但シ其費用ハ有志者ノ寄附金ヲ以テ設立スヘシ

すなわち、同郡勧業委員の申し合せの特徴は、農業構造の特質を反映してすべて養蚕に関する条項に集約されている点である。ただし、条項を一覧すれば当時先進的であった枠取蚕種・温暖育などを取り上げてはいるものの、内容において中間畑作地帯の場合と変らない。相違を見出すとすれば、同郡では勧業委員が発起人となり、経費を民間有志者の寄付によって調達し、民営繭糸共進会を開催する計画を申し合せている点である。また同郡は、県内でも寒涼地に位置しているため、二十年代半ごろまでは他地帯と同様に春蚕を中心としていたが、育蚕の時期において一〇日程度遅れていた。したがって、他地帯では県・郡役所へ蚕卵紙掃立枚数・収繭量の報告期限が七月末であったのにたいし、同郡の場合は八月上旬となっている。

以上、県では各郡に町村勧業委員を設置して系統化を進め、それぞれ同委員が勧業上の申合規約に基いて、管内の調査・勧業諸会を実施する。その成果を各郡長より報告を受け、県内における勧業実績の把握につとめた。しかし実際には、同委員の設置が必ずしも順調ではなく、その目的を実現することはできなかった。

注

（1）　埼玉県『新編　埼玉県史　資料編21』（近代・現代3　産業・経済1　昭和五十七年）一二〇〜一二三頁、埼玉県『埼玉県行政史　第一巻』（平成元年）、二六七〜二六八頁参照。

（2）　埼玉県立文書館所蔵「勧業委員及勧業会設置之儀ニ付伺」（明治十六年十月十六日）。前掲『埼玉県行政史　第一巻』四〇〇頁参照。

勧業委員廃止に関する県会の意見は、「一郡一人ニテハ如何ニモナスヘキヨウナシ」というものであった。また農区委員については、業務を各町村の戸長に任せたらよいとする意見もあったが、戸長は租税の調査・戸籍の整理など、行政上の事務が多いという理由から廃止となる。

（3）　埼玉県立文書館所蔵「明治十六年　埼玉県下民設一府五県連合農産共進会概況」、前掲『新編　埼玉県史　資料編21』四七頁参照。

「埼玉県下民設一府五県連合共進会」は、明治十六年（一八八三）二月十五日〜三月二十七日の四〇日間、県庁所在地浦和で開催された。発起人代表は、県東の穀倉地の一角に位置する北足立郡田島村の老農深井豊造である。彼は十三年八月に同郡第一農区委員に選任されていた。同共進会への参画者は、同郡および隣接の新座郡の老農・篤農五九名であり、東京・神奈川・群馬・千葉・栃木から協賛者をえた。

同共進会開催の動機は、前年に東京・上野において農商務省主催の米・麦・大豆・烟草・菜種共進会があり、これに触発されて、今後ますます物産を「改良シテ声価ヲ昂騰」しようとする気運が高まったところにある。発起人たちは、この「官設共進会ノ盛意」を受け継ぎ、県内においても「各物品ヲ一場ニ蒐収シテ其精粗ヲ鑑別」する機会を設けるべきであるとして、開催を計画するにいたった。

同共進会の開催は、いわゆる松方デフレが進行していた時期でもあり、大方の高い関心を集め、地方会場であったにも拘らず会期中の観客動員数は二万五二九名（一日平均五一三名）におよんだ。米・麦・大豆・菜種・綿・茶などの出品数は実に四九五八点に達した。発起人たちは、地域を限定するのではなく、広く「近隣各府県下数国ノ種類ヲ聚列」することにより、「大イニ審査ヲ加ヘ、優劣ヲ品第（題）シ、其競争力ヲ鼓舞」しようと考えていたからである。褒賞の対象となったものは一四四一点（三一・六％）におよんだ。彼らが意図した「競進ノ念慮」は、大いに高まったと思われる。

審査員の構成は、審査官長に農商務省御用掛阪田春雄が就任し、審査官として同省属官四名をあて、その他に地元および参加した一府五県の老農・篤農から三〇名が選出され、審査掛となっている。審査員は半官半民の構成であったが、開催雑費三〇八八円余は、すべて発起人・協賛者側が支出しており、まさに民設と呼ぶにふさわしいものであった。

（4）埼玉県立文書館所蔵「勧業委員及勧業会設置之儀ニ付伺」（明治十六年十月十六日）。
（5）埼玉県立文書館所蔵「行政文書」（明治十六年十一月二日）。
（6）埼玉県立文書館所蔵「勧業委員及勧業会設置方ニ付郡役所等エ達」（明治十六年十一月十六日）。
（7）埼玉県立文書館所蔵「十六年本県甲号達ノ内取消更ニ論達ノ伺」（明治十七年二月十二日）。
（8）埼玉県立文書館所蔵「勧業委員未設ノ地方通信事務上ノ儀ニ付各郡長エ達伺」（明治十七年十二月五日）参照。なお、勧業委員は十七年十一月十九日付の県諭達により、農商務通信委員を兼務することになっている。
（9）埼玉県立文書館所蔵「行政文書」（明治十九年四月三十日）参照。
（10）埼玉県立文書館所蔵「児玉・賀美・那珂郡勧業委員事務会々則」（明治十九年五月二十四日）。
（11）埼玉県社会経済総合調査会『埼玉県産業金融史研究報告書』（昭和五十七年）、六～七頁参照。
（12）埼玉県立文書館所蔵「南埼玉郡勧業委員申合規約」（明治十九年六月一日）。
（13）埼玉県立文書館所蔵「北足立・新座郡勧業委員申合規約」（明治十九年五月二十九日）。
（14）埼玉県蚕糸業協会『埼玉県蚕糸業史』（昭和三十五年）六八～七〇頁参照。
（15）前掲『埼玉県蚕糸業史』九九七～一〇〇二頁参照。
同じ水田地帯においても、南埼玉郡に比して養蚕業が進んでいた北足立郡では、勧業委員が「養蚕飼育法ハ可成温暖育ニ改良セシムルコト」（前掲「同郡勧業委員申合規約」）の条項を申合せるなど、積極的であった。
（16）埼玉県立文書館所蔵「入間・高麗郡勧業委員申合規約」（明治十九年六月一日）。
（17）埼玉県立文書館所蔵「児玉・賀美・那珂郡勧業委員申合規約」（明治十九年五月二十四日）参照。
（18）前掲『埼玉県蚕糸業史』七一頁参照。
（19）埼玉県立文書館所蔵「比企・横見郡勧業委員養蚕事業取扱規約」（明治十九年四月三十日）、同館所蔵「大里・幡羅・榛沢・男衾郡勧業委員申合規則」（明治十九年六月一日）、前掲『埼玉県蚕糸農史』一一六九頁参照。
（20）埼玉県立文書館所蔵「秩父郡勧業委員申合定款」（明治十九年五月十一日）。

2、「埼玉県私立勧業会」の発起

さきに指摘していたように、県内各郡の町村勧業委員の選出をめぐり、老農・篤農間において改正を求める意見が出ていた。その一人が、県東の中葛飾郡椿村在住の内田幸三郎である。彼は明治十三年八月に同郡第一農区委員として選任されたこともあり、代表的な老農である。彼の意見を分析するところから始めよう。

明治二十年（一八八七）八月二十三日、内田は知事あてに「勧業委員選挙之儀建言」を提出した。これによれば、まず当時の風潮を「事々物々改良ノ論盛ニ世ニ行ハレ、其実功ヲ見ル亦速ナリ」と評価する。ただし、農事改良については進展が遅れており「未ダ一点ノ改良ヲ視」ることもなく、また「改良ノ説ヲ聞クダニ稀」である。彼はその原因について、勧業には特別に「法律ノ制裁」がないからといって、すべてを「下民ノ固陋」、すなわち伝統的な農民の慣行のままに放置すべきではない。適時に「率先者ヲシテ誘導鼓舞セシムルニ非レハ、他ニ改良ノ計アルナシ」と強調する。(1)この率先者こそが、勧業委員を指していることはいうまでもない。

ところが、内田によれば、当時「勧業委員ハ戸長ニ隷属シ、戸長ノ指示ニ従テ雑務ニ鞅掌シ、本職タル勧業事務ハ却テ之ヲ傍ラニナス」という状況である。(2)要するに彼は、勧業にあたり強力な指導力を発揮すべき立場にある勧業委員の不在こそが、農事改良の進展を遅らせている要因であるとする。そこで彼は、その解決にあたり同委員を改選すべきであるとした。

たまたま農商務省では、十九年末に各府県にたいし「勧業委員ノ選挙更正」の実施を訓令している。内田はこの機に、これまでの「有名無実」となっていた同委員を改選して人員を調整し、合せて農事改良を推進する機構を作り上げるべきであるとして、次のように提言する。(3)

県下一般一郡役所部内ヲ三農区ニ画シ、一農区ニ勧業委員壹名ヲ改選シ、勧業事務所ヲ設ケ戸長役場ト分離シ、勧業上一切ノ事ヲ掌ラシメ、加フルニ毎区篤農業者ヲシテ農事集談会ヲ開設シ、各自ノ見聞ト実験トヲ吐露シ、其利ニ就キ害ヲ去リ、又時ニ農学士ヲ聘シ学理説ヲ聞カシメバ、自然競争心ヲ発シ庶幾クハ改良ノ途ニ就カン

要するに、内田が提言した同委員の改選と機構改造は、

① 各郡部の町村もしくは連合町村から同委員を選任するという従末の方式を改め、各郡部を三農区に分け、一農区より一名の同委員を選任する。具体的には一八郡を五四農区に分け、五四名の同委員を置く。その意図は、委員数を減少し、実質的に機能させるところにあった。

② 従来の勧業事務会は、郡役所・戸長役場内に置かれているため、行政側との癒着を免れない。これを改め、新たに「勧業事務所」を設置し、独立して勧業上の業務処理にあたる。

③ 農区ごとに「農事集談会」を開設する。この集談会では、老農・篤農を交えて相互に農事改良上の実験談・意見を交換し、あるいは学識経験者を招聘して、農事に関する専門的知識を学習する。

というものであった。彼は農事改良を推進するための条件として、同委員の一新を図り、実質的に機能できるような環境整備が必要である、としているのである。

内田は、かつて農区委員であった経験を踏え、農会の系統化を進めるための適正な農区数・農区委員数を試算し、提示したのであろう。また、彼の居村は米作地帯の一角に位置しているが、田畑面積の構成は田四八・二%、畑三六・四%であり（郡平均は田五七・五%、畑二二・五%）、田面積のウェイトが低い。米の反収も〇・六石、同郡の平均を下回っている。他に綿・茶の産額は少なく、蚕糸業もようやく緒に付いたところである。(4) 彼はこのような状況の中で、

農事改良にたいする同委員の強力な指導力に期待するところが大きかったのであろう。

内田の建言は、直ちに所轄の北葛飾・中葛飾郡長名で知事に進達されたが、県からの回答はなかった。当時県では、差し迫っていた地方制度の成立に向けて、政府からの指示「町村郡市区画標準案」に基づき、準備的な調査を実施し、また各郡長との調整を図り、その結果を内務省に上申するなど(5)、行政上の問題処理に追われていた。したがって、県としては町村合併問題に関する対応を優先させたのであろう。そこで次に、彼にたいする回答を見送らせる結果となった県内の町村合併について触れることにしたい。

埼玉県では、二十年三月に町村合併を行うための準備的な調査に着手した。翌年四月の町村制公布にともない、その七月には町村合併の基本事項を定め、十月にかけて合併作業を進めた。その間、各地において合併をめぐる紛擾が起こり、同年十月十九日付の『毎日新聞』は、「随分騒々しき有様なり」と報じている。こうした紛擾も、翌年二月ごろまでにほぼ調整され(合併調整がつかず、組合村として統合した村が一六ある)、三月下旬には内務省の認可をえて(6)四月一日より新町村制が発足した。第4表は、当時の郡別町村合併数の推移を示したものである。県内の町村合併率は、前述のように、全国平均七七・八%をかなり上回っていた。

これにともない、これまで各郡に設置されていた町村もしくは連合町村勧業委員・勧業会の多くは消滅するところとなり、勧業事業の低滞は免れなかった。まさにこの時期の前後より、県議の間で、各地の殖産興業を推進するための勧業組織を設立しようとする動きが起ってきた。それを主導したのは、県東の北足立郡より選出された加藤政之助(7)である。

加藤は改進党所属であり、当時は県会議長職にあった。県会において改進党所属県議は、予算の減額修正・民費負担の軽減を求め、県側と厳しく対立していた。その間にあって彼は、同党の掲げる「民力休養」を実現するため二十年八月、「埼玉県私立勧業会」の設立を計画する。それは県内の各郡に農事改良のための系統的農事団体組織の形成を

第４表　埼玉県郡別町村数推移

郡名 新	郡名 旧	明治21年9月 町村数	明治22年4月 町村数	町村合併率
北足立	北足立	346	60（3）	82.7%
	新座	25	9	64.0
北埼玉	北埼玉	195	48（3）	75.4
南埼玉	南埼玉	224	41（2）	81.7
北葛飾	北葛飾	163	24	85.3
	中葛飾	42	7	83.3
入間	入間	231	46（2）	80.1
	高麗	108	15	86.1
比企	比企	153	25	83.7
	横見	42	4	90.5
児玉	児玉	62	12（2）	80.6
	賀美	25	5	80.0
	那珂	11	3	72.7
大里	大里	42	9（3）	78.6
	幡羅	59	11（1）	81.4
	榛沢	70	14	80.0
	男衾	28	5	82.1
秩父	秩父	84	33	60.7
合計		1910	371（16）	80.6

〔出典〕　前掲『新編　埼玉県史　別編5　統計　附録』より作成。
（注）　明治22年4月の（　）内は組合村数

企図したものである。当時県では、農商務省との間で地方税中の勧業費の取り扱いをめぐり交渉を続けていたが、同省の対応は余りにも緩慢であり、積極性を欠くものであった(8)。恐らく彼はこの事情をふまえた上で、自主的に運営する民営勧業会の設立を計画したのであろう。

さて、埼玉県私立勧業会は、県央の入間郡川越に事務所を置き、各郡部に一カ所宛出張所を設け、県内広く会員を募集し、会費を徴集して自主的に運営する。「私立」とした所以であり、また県の訓令(9)（明治二十一年十二月）以前に設立発起したからでもある。同勧業会の目的は、会員相互の交流を通して農事改良にたいする認識を深め、また経済上の安定を拡大しようとするところにあった。

「埼玉県私立勧業会規則(10)」は次のとおりである。

第一条　本会ハ埼玉県私立勧業会ト称シ、事務所ヲ川越町ニ、出張所ヲ一郡役所部内ニ一ヶ所ヲ置キ、県内勧業特志者ヲ以テ組織シ、事務ノ都合ヲ計リ一連合村町ヲ以テ一区ト定ム

第二条　本会ニ加盟セント欲スル者ハ、必ス特別員ノ紹介ヲ要ス

第三条　但五名ヲ一組トシテ加盟スルモ妨ナシト雖モ、此場合ニ於テハ、本会ニ向テ総テ一人ノ権義ヲ有スル者トス

第四条　会員ニハ本会ノ証ヲ授ク

第五条　本会ニ幹事長一名、幹事九名、又一区ニ特別員若干ヲ置ク

第六条　但選挙法ハ総テ特別員ヨリ復（複）選方ヲ用フ

第七条　会員百名以上ニ至レハ、幹事ノ見込ヲ以テ事務所ニ書記生定員ヲ置ク

第八条　但其報酬ハ一日金拾五銭以内ト定ム、役員ハ総テ報酬ナシ

第九条　幹事長ハ本会事務一切ヲ所理スルノ外、時ニ本会ノ実況ヲ視察スル為メ、部内ヲ巡回スルノ責アリ

第十条　但会員五百名ニ満ツレハ、一里金六銭ノ旅費ト一泊金三拾銭ノ宿泊料ヲ給ス

第十一条　幹事ハ幹事長ヲ助ケ、或ハ之ニ代リ又ハ常ニ本会ノ議員トナルノ責アリ

第十二条　特別会員ハ尋常会員ノ会費ヲ取纏メ幹事ニ送リ、兼テ一切ノ紹介ヲ司ル者トス

第十三条　尋常会員ハ毎年金三拾銭、特別会員ハ同金五拾銭ノ会費ヲ（毎年六月）納ムヘシ

第十四条　会員タルモノハ必ス左ノ事項ニ付意見ヲ述ヘ、又ハ一ノ改良及ヒ試験ヲナシ、年二回（六月　十二月）之ヲ事務所ヱ報スヘシ

一　養蚕及織物ニ関スル事、二　製茶ニ関スル事、三　種子ニ関スル事、四　肥料ニ関スル事、五　牧畜ニ関スル事、六　開墾ニ関スル事、七　工事ニ関スル事、八　機具ニ関スル事、九　土地分析ニ関スル事、十　各国勧業ノ事ヲ調査スル事

第十五条　本会ニ於テハ、年二回（七月、一月）前条ノ通報ヲ取纏メ之ヲ会員ニ頒ツ　但第十三条ノ費用ヲ以テ本

第5表　埼玉県私立勧業会の設立「主唱者」（明治20年8月）

氏　名	住　所	備　考
加藤政之助	北足立郡滝馬室村	新聞記者、県議（改進党）、副議長、議長
高橋荘右衛門	〃　原島村	農業、県議（改進党）、副議長
福島耕助	〃　大間村	農業・醤油醸造業、県議（改進党）
稲村貫一郎	北埼玉郡上川上村	農業、県議（中立）、副議長
神木三郎兵衛	入間郡苗間村	醤油醸造業、県議（中立）
大沢禎三	〃　東大久保村	農業、県議（改進党）
山口正興	〃　今福村	農業、県議（改進党）
福田久松	〃　豊田新田	県議（改進党）、副議長
田中万次郎	高麗郡脚折村	農業、県議（中立）、副議長、議長
大河原栄五郎	〃　下大谷沢村	農林業、県議（中立）

〔出典〕『埼玉県議会議事録』（明治20年8月2日）より作成。
（注）　備考欄は、埼玉県議会史編纂委員会編『埼玉県議会百年史』（昭和55年）参照。

条ニ充ツ

第十六条　本会ハ第十五条ニ関スル実況ヲ談話スル為メ、各部内ニ年一回（七月　第一日曜日）ノ総会ト、毎区ニ年四回（三月　五月　九月　十一月　共ニ第一日曜日）ノ小会ヲ開キ、其費用ハ一名金拾銭以下ニ限ル

第十七条　但此場合ニ於テハ、諸学士ヲ聘シテ講談ヲ聴ク等ナリ

加藤とともに同勧業会の設立発起に参画した県議を一覧すれば、第5表のとおりである。「主唱者」と呼ばれた一〇名中、六名までが改進党員である。彼らの住所から明らかなように、改進党の選挙地盤であった(11)。県東の北足立郡、県央南部の入間郡に集中しており、ともに地主層であった。加藤は十五年五月から二十三年三月までのほぼ八カ年に渡って議長職にあったが、その間、副議長として彼を補佐する立場にあった稲村・高橋・福田らが参画している。つまり、同勧業会の設立発起は、彼およびその腹心である改進党所属県議らが中心となって進められたといえよう。

しかし、同勧業会の内実については、史料に乏しいため明らかではないが、設立にあたり改進党の政党色が強く、したがって同党所属県議らが会員募集をしたとしても、恐らく制約は免がれなかったであろう。加

藤は、町村合併にともなって消滅する旧来の町村勧業委員・勧業会に代わり、県全域におよぶ系統的農事団体組織の形成を試みようとしたのであろうが、活動するまでにはいたらなかった。

注

（1）（2）（3）　埼玉県立文書館所蔵「内田幸三郎（埼玉県下総国中葛飾郡椿村五十七番地）勧業委員選挙之儀建言」（明治二十年八月二十三日）参照。

（4）　前掲『新編　埼玉県史　別編5　統計　付録』（昭和五十六年）、吉本富男編『明治二十二年埼玉県知事巡視録』（昭和六十年）一四八～一五〇頁参照。

（5）（6）　前掲『新編埼玉県史　通史編5　近代1』（昭和六十三年）五五七～五五八頁参照。

（7）　加藤政之助（安政元年〈一八五四〉一月～昭和十六年〈一九四一〉八月）は、北足立郡滝馬室村（現鴻巣市）に出生、生家は地主・庄屋である。県書記を勤めた後、慶応義塾に学ぶ。大隈重信の信頼を受け、『大阪新報』を主宰する。明治十三年十月の県議補欠選挙において、「当時の県会に於ける勢力が県の北部に偏在…北埼玉、大里、秩父、児玉方面に奪はれ南風更に競はず、如是くんば吾等の県会議員は名のみにして、在れどもなきに等しく、到底選挙民の付託に副ふ能はざる」（青木平八『埼玉県政と政党史』〈埼玉県政と政党史出版後援会、昭和五年〉三一頁）として、地元より推され改進党派として当選した。以来明治二十三年七月の第一回衆議院議員選挙に立候補・落選したが、県議を辞職するまでの間に第四～九代県会議長を務め、県内の改進党勢力の伸長を図る。

なお、彼には渡辺茂雄編『加藤政之助回顧録』（私家版、昭和三十年）があるが、同勧業会についての記述はない。

（8）　明治十七年三月、県では農商務省にたいし地方税中の勧業費に勧業補助費目を設けることを請願している。その意図は、勧業費支出の取り扱い上の簡素化と増額にあった。すなわち、十五年一月二十日の地方税法改正以前においては、「単純ノ勧業費ト勧業補助費ノ別ナク支出」することが可能であり、勧業支弁額を確保してきた。

ところが十五年改正の結果、地方税から補助費の支出が認められたのは、土木費にたいして町村土木補助費、また教育費にたいして町村教育補助費の二条項のみである。これ以外には、地方税からの補助について明記されていない。したがって、勧業補助費を必要とする場合、「（勧業費）末項ノ処分ニ与ラサルヲ得」ないという事態となった。しかし、勧業補助費は地方勧業上ますます必要となり、ここに「到底勧業補助費ノ一目ヲ該条ニ増加相成」るよう請願したので

ある（以上、埼玉県立文書館所蔵「農商務書記官より吉田埼玉県令宛行政文書〈明治十七年三月三十一日〉」参照）。

　これにたいする農商務省書記官名による回答は、「地方勧業上補助費ノ方今ニ必要ナルハ御同感」としながらも、「法律ニ費目増加之義ハ、容易ニ行ハレ難キモノ」とする官僚的立場に終始する。ただし、とりあえず具体的に補助を要する勧業事項を書き出し、「実際ノ事情本省卿へ御縷陳相成候テハ如何」と、直接農商務卿へ陳情するよう行政指導を受けた。さらに、さしあたり十七年度分の勧業補助費を必要とする場合には、「大阪府等既ニ類例有之候」として、内務・大蔵両省へ「勧業費目内ヨリ補助費支出ノ義」について許可を求める方法があるとの示唆も受けた。

　そこで県では、同年五月二十二日に県令名をもって農商務卿および内務・大蔵両省宛に、勧業補助費に関する「伺」を提出し、地方税中勧業上重要である勧業費目として、「勧業補助ヲ要スル事目、一博覧会費、一共進会費、一農談会費、一獣疫及虫害予防費、一種苗交換費、一獣医学講習費」を挙げる。この六費目を勧業費目とした場合、「議案ノ体及辨觧上不都合」な点が出てくる。そこでこれらの費目に関する支弁稟議書を支障なく作成するためにも、勧業補助費の一項を設けられるよう要望した（以上、埼玉県立文書館所蔵「農商務省エ勧業補助費ノ儀ニ付稟請ノ伺〈明治十七年五月二十二日〉」参照）。

　県が提出した「伺」にたいし、まず五カ月後の十月十五日付で大蔵省主税官長・内務省庶務局長連名による回答があった。その要点は、地方税中の勧業費目より共進会などに補助を必要とする場合は、「地方税規則第三条末項ニ拠リ特別費目創設スヘキ処、其手続ヲ履行セス、直ニ本項目ヨリ支出セシ向モ有之候ニ付、本年度（明治十七年度）限リ据置之義別紙写之通リ太政官へ上申」しておいたというものである。文中の「別紙」とは、同年十月に大蔵卿・内務卿連名で、太政大臣（内閣総理大臣）に宛てた「上申書」を指す。

　この「上申書」によれば、まず十六年度の場合には、十六年十二月十八日付で「府県会ニ於テ地方税中勧業費ヨリ該費補助之義可決シ、府県ヨリ伺出候場合」に限り、補助の支出が認められた点を挙げる。その上で、十七年度についてもすでに府県会において勧業費より勧業補助費の支出を決議し、認可後である場合には、「其認可ヲ取消サシメ、更ニ特別費目創設之議決ヲ取リ具状」したとしても、「地方税支収上ニ於テハ同一ノ結果」となるであろう。また、改めて「議決ヲ要スルトキハ、特ニ臨時府県会ヲモ開カサルヲ得サル場合ニ立到」るため、「本年度ニ於テモ兼テ御允可」されるように上申するとしている（以上、埼玉県立文書館所蔵「大蔵卿内務卿より太政大臣宛行政文書〈明治十七年十月〉」参照）。すでに明らかなように、十七年分の勧業補助費の支出は、府県会による決議・認可という既成事実を前提としたものであった。

次いで、それよりもさらに二カ月遅れ、同年十二月二十四日に農商務省書記官名で回答が寄せられた。それは「地方税ヲ以テ支弁スヘキ勧業補助費増加云々之義ニ付、予テ本省卿ヘ御上申之次第モ有之候処、勧業費目之義ハ、土木費・教育費トハ稍其性質ヲ異ニスルヲ以テ、事業ノ府県立ニ属スルモノト人民ノ共立ニ係ルモノトヲ問ハス、均シク事業奨励上必用ニシテ、自ツカラ一府県全体ニ関スルヲ以テ、右等ノ費用ハ勧業費目ヨリ支弁シ、法律上妨無之義太政官ヨリ御指令之次第モ有之…」というものである。

すなわち、勧業費は土木費・教育費と性格が異なり、事業が府県営であれ、民営であったとしても勧業上必要であれば、府県全体に係わるものとして、勧業費目より支出しても法律上何らの支障はない。この点は、太政官の指令でもある。したがって、さきに県が勧業補助を要するとして挙げた六費目は、民営の事業であったとしても、勧業費からの支出が認められることになった。ただし、今後は「特ニ費目追加不相成」ること、また「表面補助ノ名義ハ不及相用事」として、補助費目の追加・補助名義の使用を禁止している（以上、埼玉県立文書館所蔵「農商務書記官より吉田埼玉県令宛行政文書〈明治十七年十二月二十四日〉」参照）。

以上、県が地方税中の勧業費に勧業補助費目を設けることに関して、関係官庁と交渉した経緯をみてきた。前述のように、県が大蔵・内務卿および、農商務卿に上申したのは、十七年五月二十二日のことである。前者からの回答は、十七年度に限り勧業補助費の支出を認めるというものであった。しかし、回答があったのは県の上申より五カ月後であり、すでに年度末に近付いていたため、有効であったとは思われない。また後者の農商務卿は勧業政策の最高責任者であるにも拘らず、回答は上申より実に七カ月後の十七年末であった。それによれば、十八年度より勧業補助にあたる費目は、勧業費に一元化されて支出することが可能となる。ただし、今後費目の追加・補助名義の使用は禁止となったため、むしろ県の勧業活動の展開は、資金面で制約を受けることになったといえよう。

因みに、十年代初めの県地方税中の勧業費は決定額で四七〇〇円強であり、総計の一・二～一・三%を占める。十

別表　埼玉県郡別・政党別県議数（明治20年）

郡　名	改進党	自由党	中立	計
北足立・新座	5	0	0	5
北埼玉	2	3	0	5
南埼玉	4	1	0	5
北葛飾・中葛飾	3	0	1	4
入間・高麗	5	0	0	5
比企・横見	3	1	0	4
児玉・賀美・那珂	1	2	1	4
大里・幡羅・榛沢・男衾	0	0	5	5
秩父	3	0	0	3
計	26	7	7	40

〔出典〕　前掲『埼玉県議会百年史』55 頁参照。

五年には、加藤政之助による改進党の党勢拡大により、県会において同党所属議員が圧倒的に優勢となる。彼らは、十六・七年の松方デフレにともない、県会で予算の減額修正・民費負担の軽減を要求して厳しく対立した。その結果、十六・七年度の勧業費は二〇〇〇円強となり、総計の〇・三％〜〇・四％にまで低下している（前掲『埼玉県議会史百年史』二〇〜二三頁参照）。

その後、二十年代を通して県勧業費は一四〇〇円〜二五〇〇円程度（総額の〇・三％〜〇・四％）で推移している。もっとも、その間二十年には四四四円（総額の〇・一％）、二十一年には四五五円（〇・一％）と異常な減額となっているが、それは利根川の氾濫による堤防決壊の修理費へ転用されたためである（埼玉県『埼玉県議会議事録』各年度「地方税精算報告」参照）。

(9)　次節二の注（1）（2）を参照のこと。

(10)　前掲『埼玉県議会議事録』（明治二十年八月二日）参照。

(11)　下表は明治二十年現在の埼玉県各郡における政党別県議数を一覧表にしたものである。県議定員四〇名中、改進党員は二六名（六五％）を占め、圧倒的な地位にあった。

二、「私立埼玉勧業会」の成立

1、県議加藤政之助の活躍

明治二十二年（一八八九）四月一日の新町村制施行にともない、旧町村もしくは連合町村勧業委員・勧業会に代って、民営勧業会の設立が進んだ。翌年末における県の調査によれば一六を数え、第6表のとおりほぼ全郡におよんでいる。もっとも、その報告には「此等ノ諸会ノ農政上ノ機関タルニ適否如何ヲ観ルニ、私立（埼玉）勧業会ヲ除クノ外ハ、単ニ同志者ノ講究会ニ止マリ、農政上ノ諮問ニ応スル機関タルニ適セス、且何レモ不振ノ状況ヲ有スル」[1]とあり、早くもこの時点で実質的に農事改良活動を続けているものは、私立埼玉勧業会に過ぎなかったようである。

さらに、不調な民営勧業会にたいして、「農政上ノ機関トセンニハ其会則ヲ改メシムルカ、若クハ私立（埼玉）勧業会ノ支会ヲ各郡ニ設置セシムルカ、又ハ郡町村農会ヲ興サシムル」[2]とする三つの選択肢を提示し、「実行ノ得失ヲ審査」するように求めている。ここでもまた私立埼玉勧業会は、他の民営勧業会を同勧業会の支会として改編し、勧業活性化を図るための選択肢の一つに挙げられている。そこで次に、注目の私立埼玉勧業会について触れることにしよう。

第6表　埼玉県内の民営勧業会（明治22年）

郡名		設立目的	
新	旧	普通農事	単独の目的
北足立	北足立・新座	1	1
北埼玉	北埼玉	1	−
南埼玉	南埼玉	1	−
北葛飾	北葛飾・中葛飾	1	−
入間	入間・高麗	1	2
比企	比企・植見	1	−
児玉	児玉・賀美・那珂	−	−
大里	大里・幡羅・榛沢・男衾	3	3
秩父	秩父	−	1
合計		9	7

〔出典〕埼玉県立文書館所蔵「行政文書」より作成。
（注）私立埼玉県勧業会の郡支会2ヵ所も算入してある。

二十二年二月二日、私立埼玉勧業会は前述した埼玉県私立勧業会を改組して成立した。主導者は同じく加藤政之助であり、改組の過程は次のとおりである。

加藤は、埼玉県私立勧業会を設立発起した三ヵ月後の二十年十一月、改めて県全域におよぶ系統的農事団体を形成する試みを実現するため、方策を転換した。これまでは、参画した県議の政党色が強く、会員募集に制約があると判断したからである。そこでまず、広く県議に呼びかけ、同勧業会の趣旨に賛同する県議を発起人に加えた。彼らがそれぞれの選挙地盤において会員募集をすれば、各郡部において急速に農事改良が拡大するであろうと考えたからに他ならない。

こうした方策の転換により、会員確保の見込みが立ってきたため、加藤は翌年八月、県庁内において臨時の「会員相談会」を開催し、組織強化のため知事吉田清英を名誉会員・会頭に推すことを決議する。同時に呼称を私立埼玉勧業会と改め、埼玉県私立勧業会規則（以下旧規則）の見直しを図った。さらに彼は、地元出身の有力者にも参加を呼びかけ、これに応じた四名を名誉会員とした。それは渋沢栄一（榛沢郡血洗島村、東京第一国立銀行頭取・日本煉瓦製造会社社長）、原善三郎（賀美郡渡瀬村、横浜生糸売込業組合組合長・横浜市会議長）、眞中忠直（北葛飾郡惣新田、衆議院議員・内国通運会社顧問・日本製鉄会社顧問）、山中隣之助（秩父郡小鹿野町、衆議院議員）である。(3) この結果、同勧業会の社会的信用は高まり、また彼らからの寄付金は運営資金として大いに役立つところとなる。彼の組織強化の構想は功を奏したといえよう。

いよいよ翌二十二年二月二日、県会議事堂において加藤が議長となり、発起人会の開催をみた。出席した三四名の発起人の構成は、県議一四名（四一・二％）、郡長・書記九名（二六・五％）、富農商層一一名（三二・三％）である。(4) かつての主唱者一〇名はすべて県議であり、しかも過半を改進党所属議員が占めていた。これにたいし今回の発起人は員数も増加し、依然県議のウエイトは高かったとはいえ、超党派（改進党九名・自由党三名・中立二名）(5) で参加している。また郡長・書記など行政側および、各郡の代表的な富農商層の参加もみられるところに特質がある。

発起人会では、まず新規則が審議され、第一章総則（第一〜四条）、第二章会員（第五〜一一条）、第三章役員（第一二〜二一条）、第四章集会（第二二〜二八条）、第五章会計（第二九〜三二条）、第六章雑誌（第三三〜三八条）の構成となる。(6) 旧規則（全一七条）を体系的に充実したものであった。発起人会における討議の過程をふまえながらそれぞれの要点をみておこう。

① 総則において、私立埼玉勧業会の設立目的は、「殖産工業《ママ》ヲ起シ、専ラ国家ノ富源ヲ増進スル」（第一条）にあるとしている。勧業に関連する情報交換の便宜上、本会を川越か浦和の県会議事堂の一隅に移し、「学術ト実業ヲ研究シテ其利害得失ヲ論定シ、会員相互ノ経験智識ヲ交換」（第二条）する。また、各郡役所所在地に支会を設置し、この

本・支会における「諮詢討議ノ要件及、会員通信質問応答ヲ採録」するため機関誌として「私立埼玉勧業会雑誌」を発刊し、会員に頒布する（第三条）。この会誌は、同勧業会が系統的農事団体としての役割を果たす上で、風土的に営農条件を異にする会員間の情報交換の場として重要であった。

② 会員には、名誉・特別・尋常の三種を設ける（第五条）。名誉会員は、前述した地元出身の有力者渋沢・原・眞中・山中および知事吉田、それに県金庫となっていた中井銀行の頭取中井新右門を加えて六名である。[7]彼らが「寄付金ヲ為スト否トハ本人ノ適意」（第六条）であったが、実はこの寄付金こそ同勧業会にとって有力な資金源であった。特別会員の資格は、年会費二円となっていたが、討議の結果、これを「半減して一円に修正し、特別会員の数を増やすことに決った。[8]」旧規則では、特別会員の年会費は五〇銭であったから、新規則では一挙に倍額となる。同勧業会は、運営にあたり特別会員からの会費収入に期待するところがいかに大きかったかを知りえよう。特別会員は常議会・総会への参加資格をもつ。

尋常会員の年会費は、旧規則で三〇銭となっていたが、それを二五銭に引き下げることにより、中小農民層からの入会の増加を図った。尋常会員の資格は総会への参加に限られている（第七条）。これら会員の入会・退会は自由であり、所定の会費を納入して「会員証票」の交付を受け、退会時にこれを返還する（第一〇、一一条）。

会員たちは、養蚕製糸・織物・茶業・種苗・肥料・牧畜・山林・地質分析など、各郡部における主要な農産物・手工業製品について「意見ヲ述へ、又ハ一切ノ改良試験ヲ為シ、之ヲ本会ニ通信シ及質疑応答スル」ことができた（第八条）。この点は、旧規則においてもみられるが、新規則では年間四回会誌を刊行し、会員の報告・質疑応答などを収録して会員に頒布するところに相違がある。[9]これまで、同会誌の刊行については余り紹介されていないようであるが、明治二十年代初めの勧業雑誌として注目したいところである。

③ 役員は、旧規則では幹事長（一名）―幹事（九名）―特別員（一区に若干名）の構成であった。これにたいし

新規則では、地盤が各郡部に拡大したため、役員構成の改正・員数の増加をみた（第一七条）。すなわち

（ⅰ）会頭（一名）――「名誉若クハ特別会員ヨリ推薦」
（ⅱ）理事長（一名）――「理事中ヨリ互選」
（ⅲ）理事（三名）――「常議員中ヨリ互選」
（ⅳ）常議員（二〇名）――「特別会員ヨリ公選シ、事務所所在地区内ニ四名、他之郡役所部内ニ二名宛」
（ⅴ）幹事長（一名）――「幹事中ヨリ互選」
（ⅵ）幹事（一八名）――「特別会員ヨリ公選シ、各郡役所部内ニ二名宛」
（ⅶ）書記（若干名）――「理事長特選」
（ⅷ）委員（若干名）――「一町村内ニ一名ヲ置キ、町村内会員中ヨリ互選」

のとおりであり、県全域に割り振られている。これらの役員は、書記を除いて無給であり（第一八条）、また任期は、原則として満二ヵ年であった（第一九条）。因みに、これらの役員は会頭を除いてすべて特別会員である。

次の第7表は、発起人会で選出され、総会において承認された同勧業会役員を表示したものである。これによれば、同勧業会を代表する会頭には知事が就任した。一方、「本会一切ノ事務ヲ総理シ、役員ヲ監督」（第一三条）する理事長および、理事長を補佐し、会誌の「編輯・会計・常務ヲ分担」（第一四条）する理事には、県会議長・副議長が就任しているが、すべて改進党所属である。また、「会頭ヨリ下付スル試案ヲ決議」（第一六条）する常議員は、二〇名中九名（四五％）を改進党所属県議が占める。したがって、同勧業会は、事実上改進党所属県議によって運営されていたといいうる。加藤を始め彼らは、前述のように「民力休養」を主張して県側と対立していたにも拘らず、会頭に知事を置いたのは、同勧業会を系統的農事団体の組織とする構想によるものであろう。

常議員の構成が県議中心であり、しかも改進党寄りであったとすれば、理事長を補佐し「支会ヲ総轄スル」（第一五

第7表　私立埼玉勧業会役員（明治22年2月）

氏　名	住　所	役　職	備考（経歴　当時）
吉田清英	北足立郡浦和	会頭	知事
○加藤政之助	北足立郡滝馬室村	理事長	県議（改進党）議長
○高橋荘右衛門	北足立郡原島村	理事	県議（改進党）副議長
○永田荘作	北足立郡土屋村	理事	県議（改進党）
○加藤政之助	北足立郡滝馬室村	常議員	前出
○高橋荘右衛門	北足立郡原島村	常議員	前出
○永田荘作	北足立郡土屋村	常議員	前出
○稲村貫一郎	北埼玉郡上川上村	常議員	県議（中立）副議長
堀越寛助	北埼玉郡本川俣村	常議員	県議（改進党）
○大島寛爾	南埼玉郡太田町	常議員	県議（自由党）
佐藤乾信	南埼玉郡南川崎村	常議員	
○三須丈右衛門	南埼玉郡下柏間村	常議員	県議（改進党）
○渡辺宗三郎	北葛飾郡前崎村	常議員	県議（中立）
須藤周三郎	北葛飾郡杉戸町	常議員	北葛飾・中葛飾郡役所書記
○福田久松	入間郡豊田新田	常議員	県議（改進党）
○田中万次郎	高麗郡鶴ヶ島村	常議員	県議（中立）
○野崎為憲	比企郡青山村	常議員	県議（改進党）
田中一郎	横見郡中新井村	常議員	県議（改進党）
○鈴木敏行	児玉郡本庄町	常議員	児玉・賀美・那珂郡長
持田直	児玉郡本庄町	常議員	県議（自由党）
橋本近	榛沢郡下手斗村	常議員	県議（改進党）
斉藤安雄	榛沢郡中瀬村	常議員	県議（自由党）
大森市三郎	秩父郡大宮郷	常議員	
足立弥平	秩父郡大宮郷	常議員	大河原村長
○山中福永	北足立郡浦和	幹事長	県書記官
○小泉寛則	北足立郡浦和	幹事	北足立・新座郡長
○加治良一	北足立郡浦和	幹事	県書記
天野三郎	北埼玉郡成田村	幹事	北埼玉郡長
岡戸勝三郎	北埼玉郡下手子林村	幹事	県議（自由党）
○間中進之	南埼玉郡岩槻町	幹事	南埼玉郡長
○三須丈右衛門	南埼玉郡下柏間村	幹事	前出
○河島浩	北葛飾郡杉戸町	幹事	北葛飾・中葛飾郡長
須藤周三郎	北葛飾郡杉戸町	幹事	前出
伊藤栄	入間郡川越町	幹事	
○二味道政	入間郡川越町	幹事	入間・高麗郡役所書記
鈴木庸行	比企郡松山町	幹事	比企・横見郡長
鈴木善恭	比企郡松山町	幹事	県議（自由党）
○鈴木敏行	児玉郡本庄町	幹事	前出
持田直	児玉郡本庄町	幹事	前出
○荻野六郎	榛沢郡横瀬村	幹事	
渋沢宗助	榛沢郡血洗島村	幹事	
○鎌田冲太	秩父郡大宮郷	幹事	秩父郡長
伊古田豊三郎	秩父郡大宮郷	幹事	県議（改進党）

〔出典〕　前掲『私立埼玉勧業会雑誌』第1号より作成。
（注）①　○印は発起委員を示す。
②　備考欄は前掲『埼玉県議会百年史』などを参照。“前出”とあるのは第5表参照のこと。

条）幹事長・幹事の構成は、やや県寄りである。幹事長には知事直属の県書記官が就任し、幹事の大半は郡長・郡書記が占めていたからである。とはいえ、県議は六名（改進党二名・自由党三名・中立一名）を数え、ここにおいても県議のウェイトが高い。

④集会に関しては、発起人会の席上、総会開催日を、行政事務との関連で「毎年一月九日」とするとした。しかし論議の結果、施肥・作付の準備など農作業に配慮して、毎年三月に修正となる。(10) 総会は県会議事堂で開催し、会員の農事改良に関する報告・質疑応答に次いで、農学専門家・実業家などの演説会を予定している（第二三条）。また各郡役所所在地において幹事・委員が中心となり、文会を開催し町村会員による改良試験の発表と意見交換を行い、系統的農事団体活動の一端を担う。これに要する経費は、すべて町村会員が負担する（第二四条）。

⑤会計条項では、会費徴収の委嘱を「会員ノ所属スル郡役所・町村役場」、あるいは「幹事及ビ委員」とするかをめぐり論議となる。結局、前者に決着し、徴収は毎年一月に決定した（第二九条）。徴収された「会費ハ銀行へ預ケ置ク」（第三〇条）が、取引銀行は中井銀行浦和支店となる。同勧業会の収支については、「一ヶ年毎ニ決算シ三月ニ報告」（第三二条）する。

⑥会誌の刊行は、同勧業会活動の一環であり、年間四回発行し、会員に頒布する（第三三条）。掲載事項は「本会記事・論説・会員通信・問答・雑報・広告」であるが（第三四条）、「総テ会員ノ報告ニ係ルモノ」に限られ（第三五条）、寄稿があった場合、掲載の可否は編集権をもつ理事が決定する（第三七条）。

かくして、二十二年二月二日に県会議事堂において開催された同勧業会発起人会に引き継いで翌三日には同所で総会および発会式が開催され、同勧業会の発足をみるにいたる。当日の総会に出席した会員は一三四〇名、その構成をみれば特別会員一一二名、尋常会員一二二八名である。(11) すでに明らかなように、中小農層が占める尋常会員が大半であり（九一・六％）、彼らの農事改良にたいする期待がいかに大きかったかを知りえよう。

第8表　私立埼玉勧業会の会員構成（明治22年8月）

郡名		会員		
新	旧	特別	尋常	計
北足立	北足立	37名	107名	144名
	新座	1	2	3
北埼玉	北埼玉	7	9	16
南埼玉	南埼玉	6	63	69
北葛飾	北葛飾	5	53	58
	中葛飾	2	6	8
入間	入間	43	263	306
	高麗	14	75	89
比企	比企	10	269	279
	横見	4	47	51
児玉	児玉	5	19	24
	賀美	2	2	4
	那珂	2	13	15
大里	大里	5	67	72
	幡羅	2	83	85
	榛沢	8	135	143
	男衾	1	61	62
秩父	秩父	9	14	23
合計		163	1,288	1,451

〔出典〕前掲『私立埼玉勧業会雑誌』第2号、第3号より作成。

同勧業会の会員数は、第8表にみられるように発足して六ヵ月後、一四五一名に増加した。増加傾向は老農・篤農層が占る特別会員にもみられ、彼らの間に、同勧業会の性格・機能に対する理解が広まってきたことを示すものであろう。例えば、前述したように二十年八月、勧業委員の改選・同委員数の適正化・新農区の設定などを県に建言した中葛飾郡椿村の老農内田幸三郎は、この時期に入会している。もっとも、彼は二十四年三月にいたり、再度「勧業委員設置之建言」[12]を知事あてに提出した。これによれば、県では二名の巡回教師の配置を決定したが、彼らのみで県全域に渡り農事改良を指導することは不可能である。そこで「県下各郡役所部轄ヲ一農区ニ分画シテ、之ニ勧業委員三名」を置くことの要請である。その理由として、勧業委員が勧業事務の処理・農区内の巡回・集談会の開催・農事の諮問にあたり、また「貳名ノ教師ハ時々勧業事務所ニ派出シテ農区人民ヲ召集シ、勧業委員ト与ニ学説ヲ聞カシム」ことにすれば、農事改良は大いに進展するからであるとしている。彼は特別会員として入会はしたが、中小農会員を主体とした同勧業会の勧業施策との間に、やや距離がでてきたようである。

第8表に関連して会員の分布状況を一瞥すれば、かなりばらつきがあるものの県全域におよんでおり、系統的農事団体の組織が形成されたといえよう。郡別では、中間畑作地帯である県央南部諸郡における中小農の加入が目立つ(13)。もっとも、これらの諸郡においても町村別に見た場合には、かなりの差異を見出す。例えば、近世来裏絹・手漉き和紙の産地である比企郡小川町の入会者は皆無である(14)。同町の中小農は、早期より生産・流通面において地元仲買商による支配形態に組み込まれていたからであろう。

注

（1）（2）　埼玉県立文書館所蔵「行政文書」（明治二十三年）参照。県の調査による一六の民営勧業会は、明治二十一年十二月に県が訓令した「郡町村ニ於テ集談会ヲ開設スルニ当リ届出等ノ心得」（第一六一号）に準拠することなく、「人民各自ノ意旨投合ヨリシテ農工業ニ係ル諸会ヲ開設」しているものを示す。

（3）（4）（5）　前掲『私立埼玉勧業会雑誌』第一号、一〜二頁参照。

（6）　前掲『私立埼玉勧業会雑誌』第一号、三〜六頁参照。

（7）　中井新右門（新右衛門と記されている場合もあるが、正しくは新右門である）は、江戸・播磨屋両替店として知られ、文化五年（一八〇八）末には本両替仲間に加入した江戸屈指の金融業者である。中井家の埼玉進出は、維新後県為替方に任命され、明治九年（一八七六）十二月、正式に「埼玉県為替方定約書」を結んで以来のことである。
十六年（一八八三）六月三十日、中井家は日本橋・金吹町に合名会社中井銀行（資本金一〇万円）を開業した。同時に、県内において為替方として官公預金を取扱っていた県東に浦和支店を始めとして八支店を開設した。当初は県内官公預金を独占的に取扱っていたが、地元川越第八十五国立銀行の開業にともなって対立が起こってきたため、県としては県東をこれまでの経緯から中井銀行、県央・県西を第八十五銀行に分けることにより決着を図っている。詳しくは拙稿「東京・中井銀行の埼玉進出とその影響」（地方金融史研究会『地方金融史研究』第二〇号、〈一八八九年三月〉）を参照されたい。

（8）　前掲『私立埼玉勧業会雑誌』第一号、二頁参照。

（9）　後出の「会誌の刊行」の注2を参照のこと。

(10)(11)　前掲『私立埼玉勧業会雑誌』第一号、四一頁参照。
(12)　埼玉県立文書館所蔵「勧業委員設置之建言（内田幸三郎）」（明治二十四年三月）参照。
(13)　前掲『私立埼玉勧業会雑誌』第二号（明治二十二年八月）、第三号（明治二十二年十一月）所収「会員名簿」参照。
(14)　小川町『小川町の歴史　通史編　下巻』（平成十五年）第四編第一章参照。

2、農相井上馨と私立埼玉勧業会推奨

明治二十二年二月三日、埼玉県会議事堂において私立埼玉勧業会の設立総会が開催され、終了後に時の農相井上馨を迎えて発会式が行われた(1)。それは加藤が要請したものであったが、この両者の政治的立場は異なり、むしろ相反するものであった。すなわち、前述のように加藤は改進党所属であり、一方井上は、農相就任にあたり、黒田清隆首相にたいして大隈・改進党の勢力牽制を条件付けているからである(2)。

それにも拘らず、井上が加藤の要請に応じた理由の一つを挙げるならば、彼は農相就任にあたり重要課題として地方制度の整備を挙げているが、これにともない消滅する旧来の町村勧業委員・勧業会に代わる地方勧業組織の成立を求めていたにちがいない。それが同勧業会であったのである。いま一つとして、両者に係わる人脈の存在が挙げられる。井上が「自治制研究会」(3)を結成したことはつとに知られているが、その有力メンバーの一人として地元出身の渋沢栄一がおり、井上と渋沢はともに大蔵省在任中からの旧知の仲であった。その上渋沢は、加藤に推されて同勧業会の名誉会員となっていたため、井上としては渋沢との交友関係上、また渋沢が同勧業会にも係っていたところから、発会式に出席したのであろう。

ともあれ、井上は同勧業会の発会式に出席し、その席上、単なる祝詞に終ることなく、勧業施策にたいする所信について「演説」(4)を試みている。次にその要点を追ってみよう。

さて、井上は明治初期の藩閥政権の中で、伊藤博文と並び長洲派を代表する絶対主義官僚であった。十八年十二月に内閣制度が施行され、初代伊藤内閣が成立した際、彼は外相に就任したが、当時より「大農論」を展開し、日本資本主義が急速に自立を達成するために農事改良が必要であると強調している。伊藤内閣のあとを受けた黒田清隆内閣の農相に就任するにあたり、地方制度の整備・立憲体制の成立が急務であると力説した。(5) 彼はこれを実現するための手段として、農相に就任するやまず従来の殖産興業政策の在り方を見直す(6)とともに、「自治制研究会」の結成・(7)「農商工議会」の設置(8)を推進したが、ともに思惑通りに運ばなかったようである。

かくして井上は、農相に就任以来目立った成果を挙げえないまま、二年目にあたる二十二年を迎える。同年二月三日にいたり、前述のように加藤の要請に応えて私立埼玉勧業会発会式に出席した。彼はこの機をとらえ、持論である地方制度の整備と、それにともなう勧業組織の在り方について演説を行った。まずその冒頭において、同勧業会の設立目的が「主として国の経済の根本たる農事を進歩せしむる」(9)としている点を評価する。農事改良の重視に関しては、井上・加藤も政治的立場を越えてともに共通認識をもっていたといえよう。

次に井上は、重要課題としていた地方制度の整備と勧業組織について触れる。

①「町村制度なるものは…陛下御自分の御権力の一部を割いて、其行政の一部分を人民に分たれ給ひ、其範囲内に於て人民の自治を行はしむるの趣旨」である、と強調する。彼は町村制による地方制度の整備こそ、天皇制国家の制度的確立の一環であると考えていたからに他ならない。

町村制が施行され、埼玉県の「町村人民、自ら共同して自治を行ふ」ことになれば、それを反映して「人民の営業上にも亦自治を行はざる可らず」ということになる。(10)

② では「営業の自治」とは何か。「自ら法律を立て、其範囲に於て自ら法律に束縛せられつゝ、相手の利益を謀る」ことである。

すでに農商務省では、組合設立準則を公布しており、これに基いて蚕糸業・茶業組合の設立をみているが、成果を挙げているとはいい難い。それは、各地「互に其状勢を異にしている」にも拘らず、「此に真一文字に法則を当嵌」めているからである。つまり、行政主導による画一的な組織化であるため、営業の進展を期しえなかった。

そこで同勧業会員は、経済的条件のみに限ることなく、それぞれの地域の気象条件・地形的特徴・生活慣習にまで注目し、団結の強化を図る。これを基盤として「次第に改良の方針に向はしめ、利益を得、併せて事業を進歩せしめる精神」をもたなければならない(11)。

③　後発国日本の経済発展にとって重要課題は農事改良である。それを推進するためには、彼の持論でもあったが、「第一　耕地面の散乱を改むる事」、「第二　動物を使役して人力を省くと同時に、土地の肥料を得ること」が必要であるとする。

第一点は、依然として近世の土地所有形態である小耕地・分散錯圃が継続していることにたいする改良である。同県の場合は、農家戸当り「六反の地面を耕すに、其地所の散乱せること少なくとも五、六ヶ所以上に及ぶ…農夫が此間に往来に費す時間は…余の勘定にては一日十時間の中四時間は其往来に費」やしている。したがって、耕地移動時間を節減し農作業の効率化を図るためには、速やかに「土地統合」（耕地整理）を実施しなければならない。その際あくまでも富農層が主導し、「地主同士申合せて其錯乱を正し、之を適宜に引纏む」べきである(12)。

第二点は、投入する労働・時間を度外視して、ひたすら生産高の増大を図ることが富につながる、としてきた伝統的勤労観を批判する。

同県の場合には、畜力の導入により人力・労働時間の節約が必要である。畜力を導入することは、その前提とする家畜の飼育・繁殖を通して肥料の確保・土壌の改良にも役立ち、二重の効用がある。すなわち、同県および周辺のいわゆる関東ローム層地帯においては、地質が「恰も灰の如き有様であり、此の灰が如き地は、始終融かしたる肥料を施すも其効なかるべし」という状況である。したがってこれを改良するためには、「廐肥抔を施し、之を腐敗せしめて其土地を堅め」ることが必要であり、そのために家畜の肥料が役立つ[13]。

④　農事改良の目標は国益の増大である。それを実現するためには、「物産が出来、其原価は安く、ヨイ品を揃ふこと」、つまり製品の量産・安価・良品質を維持することである。

同県の場合、主要物産は生糸である。一般的にも指摘できるが、生糸は「全く粗造若しくは不揃」であるため、海外市場において「価格は殆と一割以上安く」抑えられている。したがって、たとえ「産額は増進するとしても、未だ以て充分に国の利益を興す」までにはいたっていない。

そこで同勧業会員は、「一己人の利益より協同の利益を思ひ、団結を固うし、其団結力を百般に利用」することが必要である。すなわち、「衆心一致」して「自治の団結」を強化し、共益の追求を重視しなければならない[14]。

以上井上は、演説を通して、同勧業会員が「営業の自治」「自治の団結」を実践し、県内の農事改良を推進するよう具体的に示唆を与えた。そして彼は、演説を終るに当り、

> 将来、斯かる会の埼玉県のみならず他地方にも陸続興起して、一県は一県に、一郡は一郡に、一村は一村に農会を組織し、其団結の勢力を以て農業社会の改良進歩を図らすんは、如何に法律一偏を以て農事を進歩せしめんとするも、到底云ふへくして行はるへきにあらず、政府に於ても規則を制定する以上は到底真一文字を引きたる如き窮屈のものとなり、其結果は偶ま以て実業家の困難を来すに終らんのみ
>
> 故に余の望む所は、余の所謂営業の自治す即ち各個人に放任せさる自治の団結を起し、益々其経済心を養ひ、何事も算盤づくにあるものと思ひ定め、其利害得失を始終絶えす講究し、以て農事改良の目的を達するにあり、今日起りし此勧業会をして、独り当県下に止めず弘く日本諸県に及ほし、以て日本経済の基礎根柢を鞏固ならし

めんことは、余の深く希望する所なり

と結んだ[15]。すなわち、彼は新町村制下で同勧業会のような民営勧業会が全国的に普及することに期待を寄せている。

ところで、井上はこの演説の後、数ヵ月はとくに関東地方の官有地払下げを進めた[16]。しかし、間もなく療養生活に入り、同年末には在任僅か一ヵ年半で農相を退任する。したがって、恐らくこの演説が、勧業施策について述べた最後ではないかと思われる。

注

（1）前掲『私立埼玉勧業会雑誌』第一号、八頁参照。

（2）後出の注（5）を参照のこと。

（3）後出の注（7）を参照のこと。

（4）前掲『私立埼玉勧業会雑誌』第一号、一一～一八頁参照。

（5）井上馨侯伝記編纂会『世外井上公伝』（『明治百年史叢書』昭和五十三年復刻版）第四巻、七～一三頁参照。

井上馨は、明治初期の藩閥政権の中で伊藤博文と並び、長洲派を代表する絶対主義官僚である。彼は文久三年（一八六三）五月に長洲藩留学生として、伊藤とともにイギリス留学の経験もあり、合理的な判断力を備えていたように思われる。

彼は維新以来主として外交・財政の衝に当っており、内閣制度施行の初代伊藤内閣の外相であった。在任中、明治十九年の地方遊説の際には、松方デフレ後の主要な政策課題となっていた農事改良問題を取り上げている。その中で、彼は日本農業の欠点として、

①「小農分裂シテ土地統合セサル事」

②「労働不規則ニシテ間断アル事」

の二点を挙げ、富農層による耕地整理の推進・労働価値論にたいする認識向上の必要を指摘し、大農論を展開している。一方、彼は外相として積極的に欧化主義を取り入れ、条約改正交渉にあたったが失敗に終わり、二十年九月十七日に辞任する。その後、伊藤内閣の後を受けた黒田内閣の農相として入閣した。辞任より一〇ヵ月後のことである。

黒田内閣は、伊藤内閣の後を受けて二十一年四月三十日に成立した。井上の入閣は同年七月二十五日であったから、三ヵ月遅れたことになる。その間、彼は黒田にたいし施政方針について所信を述べ、それを「廉書」として提出した。その要点は、地方行政の成立・警察の地方分権化・官有林および原野の最寄町村への払下げ・備荒儲蓄制の廃止・収税法の改正・輸出税の廃止・商業法規の制定などであり、多岐に渡っている。

いま一点、彼は立憲国家として帝国議会の開設・議会政治の順調な進展を重視する。その実現にあたり、まず各地の「中等以上財産家」、つまり富農商層を「結合シテ、地方自治ノ基本ヲ鞏固」にし、「町村ニ在テハ町村自治ノ制ヲ承当セシメ、以テ独立自治ノ基礎ヲ固ク」する。また選挙により彼らを議員として多数中央に送り出し、地方・中央「一体ノ保守党トナリ、以テ将来政治上ノ狂瀾ヲ支フルノ砥柱」としなければならない。したがって、「今日ノ改進党ノ如キモ、漸ヲ以テ之ヲ一変シテ保守的団結ノ一体ニ融合」すべきであると強調する。

井上が指摘している改進党とは、いわゆる「明治十四年の政変」によって下野した大隈重信が、翌十五年四月に結成を主導し、自由民権運動の一翼を担った政党である。同党は都市のブルジョアジー・知識人層を基盤として反政府的な活動を強め、三菱との関係も深かった。しかし、十七年にいたり自由民権運動の弾圧が進む中で大隈は脱党し、運動の指導を放棄している。また大隈は、二十一年二月一日に伊藤内閣の外相に就任するが、その際、井上は伊藤と図って彼を推挙したという。伊藤は黒田を介して就任を交渉したが、彼が帝国議会開設後の八年以内に政党内閣の樹立を条件としたため、不調に終る。その後、大隈はさきの条件を撤回して外相に就任した。井上が大隈・改進党の動きを牽制することに固執したのは、このような事情によるものであろう。

井上は、伊藤宛に前述した「廉書」とともに書簡（二十一年七月二十四日付）を送っている。その文中に「改進党之義ハ、此際充分通域を拡張し、其主義を一変セシムルニアラザレバ、将来疑惑之種子と可相成候ニ付、随分大隈えハ強ク論ジ置申候」とある。彼がいかに大隈・改進党の動向に注目していたかを知りえよう。彼は政党を「一人各個ニ属スル党派」のようなものと考える。その上で大隈・改進党を想定しつつ、もしこの弊風が拡大し「一内閣員ノ退クゴトニ輙チ一党派ヲ作ル」ことになれば、政治上の混乱が起こり、立憲体制の成立は困難となる。そこで彼は、前述のように各地の富農商層を基盤とした、地方・中央を結ぶ一大保守的勢力形成の必要を強調するのである。

以上の諸点を施行することが井上の入閣条件であり、これを黒田始め主要閣僚が承認したことにより、ここに彼の農相就任が決定した。

（6）　前掲『世外井上公伝』第四巻、三八〜三九頁参照。

井上は農相に就任するや、これまで殖産興業政策の成果が挙がらなかった理由として、①いまだ我国の産業界には「封建ノ余弊」「官民ノ懸隔」が存在しており、その上、行政側が「概ネ実業ノ経歴」に関

別表　自治制研究会「発起員」一覧（明治21年10月）

氏名		役職名（当時）
井上馨		農商務大臣
官僚・政治家	野村靖	逓信次官
	青木周蔵	外務次官
	小松原英太郎	内務大臣秘書官（のち埼玉県知事）
	斉藤修一郎	農商務大臣秘書官
	有松英義	司法省判事
	高梨哲四郎	代言人（弁護士）（のち衆議院議員）
実業家	渋沢栄一	東京第一国立銀行頭取
	益田孝	三井物産社長
	原六郎	横浜正金銀行頭取
	藤田伝三郎	大阪商法会議所会頭
ジャーナリスト	関直彦	日報社（『東京日日新聞』）（のち衆議院議員）
	徳富猪一郎	民友社『国民之友』創刊、『国民新聞』創刊
	古沢滋	『大阪日報』社長、『自由新聞』主筆

〔出典〕前掲『世外井上公伝』第4巻52〜63頁、大津淳一郎『大日本憲政史』（昭和2年8月）第3巻102〜104頁より作成。

して理解に乏しい。したがって富農商層による企業活動を推進するための法令規則があったとしても、「却テ民業ノ実際ニ相反スル」ような場合が多い。

②各省庁の大臣人事に比較して、農相人事は「尤モ頻繁ヲ極メ」てきた。事実、井上が就任する以前、伊藤内閣時代には谷干城――西郷従造（海相と兼務）――山県有明（内相と兼務）――土方久元――黒田清隆の五名が交代し、兼務の場合もある。また黒田内閣においても、当初は逓相榎本武揚が兼務し、井上はその後を受けた。このように農相の交代が繰り返えされたため、「其時々農商工施策ノ方針区々ニ流レ、処分一途ニ出ス」という状況にある。

との二点を挙げる。

要するに、井上は行政側が自省し、まず民間側の事業の実態を把握した上で、それに適合した法令規則を公布すること、また農商務行政に積極的に取り組み、長期的に施策を実行することによって信頼を回復しなければならない、としている。彼は絶対主義官僚であったが、若き日にイギリス留学の経験もあり、合理的な判断力を備えていたように思われる。

（7）　前掲『世外井上公伝』第四巻、六一～六三頁および、渋沢青渕記念財団竜門社編『渋沢栄一伝記資料』（渋沢栄一伝記資料刊行会、昭和三十四年）第二七巻、五五〇頁参照。

井上は、二十一年十月に「自治制研究会」の結成を推進した。「発起員」をみれば、別表のとおりであり、彼と交流の深かった官僚・政治家・実業家・ジャーナリストである。その一人渋沢栄一は、発起の経緯について、「小松原英太郎だったと思ふが、地方自治の事を調べ、井上さんを首脳として自治党を組織しやうとしました。之に野村靖も食指を動かし、私を唆かしました。井上さんは此勧には色気がある様子」であったと述べている。明らかに当初より結党を目的としていたことが知れよう。この発言によれば、同研究会の発起に積極的であったのは、彼を取り巻く欧化主義派の官僚・政治家であった。

同研究会発起員の間では、井上を党首に置き、幹事―松原、運営・管理―斉藤・野村・青木、事務―古沢、広報―関・徳富、資金―「井上門下の寵商」などの役割分担を決め、また「開設の旨趣」を作成した。全文を挙げれば次のとおりである（『東京日日新聞』第五〇八一号）。

我政府ハ本年四月（明治二十一年四月二十五日）法律第一号を以て自治制度（市制・町村制）を公布し、以て立憲政治の基礎を立てられたり、夫れ自治ハ邦国の組織を鞏固にするの制度にして、邦国ハ果して恰も一個の身体の如きも

別表　自治制研究会「規則」（明治 21 年 10 月）

目的	「完全なる自治政（制）の実施を希望する者相集り、自治政（制）学を研究する」（第2条）
会場	東京を原則とする（第 1 条）。発起員が選定し会員に通知する（第 5 条）
講師	①内務省雇　ドイツ人　*Albert Mosse*（在日期間 1886～1890） ②東京帝国大学雇　ドイツ人　*Karl Rathgen*（在日期間 1882～1890）
講義内容	① *Mosse*「自治政（制）学其他一般行政学・憲法」（第 3 条） ② *Rathgen*「市町村・郡県並に全国に関する一般の経済学」（第 3 条）
講義録	「講義録」については、書記が筆記し「講釈後活版摺の小冊子となして会員に頒布」（第 4 条）
開講日	月 4 回、毎週金曜日、午後 7 時 ① *Mosse*――第 1，3 週（月 2 回） ② *Rathgen*――第 2，4 週（月 2 回）（第 5 条）
入会・退会	「誰何を問ハず本会に入らんと欲する者ハ、少くも会員 3 名の紹介によって加盟することを得る。但会場の都合に依り人員を限ることあるべし」（第 6 条） 退会する場合は、「一ヵ月前其旨を発起員に通知」（第 9 条）
会費	会場費・書記給与・講義録印刷費・通信費として、毎月 1 円 府外会員の場合は毎月 50 銭（第 7 条）
事務局	ⅰ「特に会頭を置かず」 ⅱ発起員――書記の指導・監督、会費徴収 ⅲ書記（2 ～ 3 名）――講義筆記・印刷・通信（第 8 条） ⅳ委員――発起員による細則の制定・会場の秩序・会務の整理（第 10 条）などを補助（第 11 条）

〔出典〕『東京日日新聞』（第 5081 号）より作成。

> のとせば、自治ハ乃ち其四肢・関節にして、精神を貫通し、血液を循環し、各其官能を発達し全体を強健にするの作用なり…邦国の経済之に由て宜しきを得べく、富人・貧者の権利・義務之由て其権衡を得べく、立憲政治の基礎ハ之に由て恰も下層より畳起したるが如く堅固なるべく、邦国と社会とハ之に由て一致親和し、社会各自の固執する各個の利害も之に由て邦国の一致せる定意と相和し、国人の公平なる良心も之に由て油然発生し、我帝国の政徳を新にする者ハ其れ実に自治に在る乎、然れとも此制度の我国に於ける、創始に係るを以て是に由て其利害を占得し、進て邦国の福祉を増加すると否らざるとの結果ハ、之を実施するの如何に在り…是を以て吾人ハ茲に自治政《ママ》研究会を設け、泰西の学士を聘し、自治の主義・自治の制度を講究し、並に今後此に因て発生すべき事物の変に応ずるの方法を経画し、政治的に、経済的に、各個的に、共同的に、実際之を担当するの準備をなさんと欲す、願くハ我公民諸士来て共に斯図を賛襄せられよ
>
> 　明治二十一年十月

これによれば、同研究会は立憲国家成立の基盤である地方制度について理解を深めるため、西欧の学説に学ぶことを目的としており、直接的には触れていないものの、自治党結成に備えて準備を進めるというものであった。二十一年十月五日付『東京日日新聞』（第五〇八一号）は、鹿鳴館における発会式の模様を次のように伝える。当日は発起員を始め知事以下の地方官、各地の富農商層など約二〇〇名が出席し、渋沢の趣旨説明に始まり、次いで内務省雇のドイツ人A・モッセが自治に関する講演を行ったという。それはあたかも反政府活動勢力（例えば自由党）に対抗して、新たに保守政党の結成準備を伝える一大デモンストレーションであったようである。

同研究会では、別表のような「規則」を作成し、運営にあたった。その間、発起員中とくに欧化主義派の官僚が中心となり、自治党の結成・綱領の作成・機関紙の発行などについて討議している。しかし渋沢によれば、その途中で「伊藤さんから井上さんに話があって、『此際そんな特殊の政党を組織する事は面白くない』と云ふ事になり、井上さんから私に『其考（自治党結成）は伊藤に相談して見たが、今日は駄目だ、事業（モッセ、ラートゲンの講義）の事は君と打合をするが、政治については伊藤と相談する』と云はれました。…それで井上さんは政党組織どころか、形も造らずにやめてしまいました。之が明治二十三・四年の事だったでしょう」と述べ、同研究会・自治党結成の挫折を伝えている。ただしその時期については、井上の農相退任が二十二年末であるところから、修正を要するであろう。これに加えて、A・モッセの自治制講座が二十一年十月十九日〜二十二年三月八日までに一〇回実施されて終了し、彼は二

十三年に帰国している。また、講師K・ラートゲンも同年に帰国しているので、渋沢の指摘した時期を二十二年と修正すべきではないだろうか。

　井上による同研究会・自治党結成が挫折した理由の一つには伊藤の消極的発言があった。その背景には、当時黒田が政府の姿勢として政党外に立つというわゆる「超然主義」を表明していたこと、また反政府的な大同団結運動を展開していた後藤象二郎が買収され、逓相として入閣したことなど、政治的環境の変化があったからであろう。いま一つ挫折の理由を挙げるならば、活動資金の調達問題である。前述のように、資金は「井上門下の寵商」が分担することになっていた。ところが「井上恩顧の実業家（主として三井系）は、概ね政治に冷淡にして、却て井上の為に此の計画を危み、辞を設けて運動費支出を躊躇せしかば、『自治政《（ママ）》研究会』は未だ政党的効用を見るに及ばずして、已みたり」（前掲『大日本憲政史』一〇五頁）と指摘されているからである。

（8）前掲『世外井上公伝』第四巻、三六〜四〇頁参照。

井上は自治制研究会を結成した三日後の十月八日、「農商工議会ノ設置ヲ必要トスルノ議」を閣議に提出した。その理由として、殖産興業政策を推進するためには、「農商工三業ニ必要ナル法律ト実業ト相制シ相制セラレテ、互ニ其中庸宜シキヲ得セシムル」ものでなければならない。つまり経済的自由主義に基づいて、官民調和のとれた勧業施策が必要だというのである。そのためには、

① これまでの行政主導であったような農商工業振興機関（例えば商法会議所・商工会・蚕糸業組合・茶業組合中央部など）を改組すること

② 重要農産物・水産物において組織化が進んでいない分野に、早急に組合の結成を推進すること

の二点の実行が必要であるとする。

　井上によれば、民間業者はこれらの実行によって、はじめて「互ニ実業上ニ関スル利害ヲ審議討査」する機会をもち、また「営業上益々自治独立ノ精神ヲ振起」することになる。そこで彼は、まず農商務省内に「農商工参事会」の開設を提案する。同参事会においては、各地の農商工会議所から一定数の参事会員（原則として名誉職）を選出し、彼らを招集して「農商工議会」を開催する。同議会では、行政側が農商工業に関する法令規則を公布する以前に参事会員の意見を聴取したり、あるいは逆に彼らから法令規則を建議させる。これによって行政側と民間業者との相互調整が可能となり、「初メテ町村自治、国会開設ノ挙ト相副フ」ことになるとしている。

　井上の同議会設置に関する議案は、提出後六日目にあたる十月十三日に閣議決定をみた。決定が遅れた理由は、恐ら

く、同議会の「施設ノ順序・組織ノ方策等ハ、尚ホ欧米各国ノ成規ト本邦ノ慣例トヲ参酌折衷シ、更ニ詳細具申」するとしているなど、いまだ成案化されていなかったからであろう。それにも拘らず彼が決定を先取りする形で設置を急いだのは、予定されていた全国蚕糸業者の集会において、あるいは主要都市の「重立タル商人」にたいし、同議会の設置について諮問する計画をもっていたからである。早急に富農商層を参事会員として掌握しようと考えていたのであろう。しかし、その後も成案化されるまでにはいたらず、また富農商層にたいする諮問も計画段階のまま推移したようである。

(9)(10)(11)(12)(13)(14)(15)　前掲『私立埼玉勧業会雑誌』第一号、一一～一八頁参照。

(16)　前掲『世外井上公伝』第四巻、四一～四三頁参照。

二十二年三月から七月にかけて、茨城県宮田村一七四町歩余、群馬県坂本村五三六町歩余、栃木県寒川村外三ヵ村・蘆野村外二ヵ村・日光町計一五三五町歩余、合計二二四五町歩余の官有地を払下げている。

三、「私立埼玉勧業会」の活動状況

1、私立埼玉勧業会の運営

私立埼玉勧業会は、理事・幹事に県議が多数を占めていたところから、恐らく彼らの利便性を考慮して本会を県会議事堂の一隅に置き、自主的に運営を開始した。

まず運営資金は、すべて会員（特別・尋常会員）の会費、名誉会員および理事・幹事からの寄付金によって調達した。第9表は第一回総会において承認された当初の収支予算計画である。これによれば、会員数を二一五〇名と見積り、会費収入を八〇〇円としている。この会員数は、当時の県内自作農数とほぼ同数であり、恐らくこれに基いて算

第9表　私立埼玉勧業会　明治22年度収支予算計画

収入	会費	800円	
	内訳		
	特別会員	350円	「350名ト見積リ、1名ニ付金1円」
	尋常会員	450円	「1800名ト見積リ、1名ニ付金25銭」
支出	事務所費・其他諸費	800円	
	内訳		
	借家料	18円	「1ヶ月分1円50銭」
	書記給料	60円	「1名、1ヶ月金5円」
	原稿料	100円	
	旅費	36円	「1ヶ月金3円」
	消耗品一切	12円	「1ヶ月金1円」
	臨時小使給料	24円	「1ヶ月金2円」
	郵便税	6円	「1ヶ月金50銭」
	雑誌印刷代	240円	「1ヶ年4回、1回2000部ト見積リ、1回分金60円」
	雑誌発頒郵便税	160円	「1ヶ年雑誌部数8000部、1部ニ付金2銭」
	総会費	50円	「1ヶ年1回分」
	予備費	94円	

〔出典〕前掲『私立埼玉勧業会雑誌』第1号より作成。

出したものであろう。また会費八〇〇円は、当時の県勧業費のおよそ四〇%にあたる。同勧業会では、資金規模をいかに大きく見積っていたかを知りえよう。

次に支出をみれば、会誌関係費が最高である。印刷・発送費として計四〇〇円（四回分）を見積っており、支出予算額の五〇%を占める。同勧業会では、会誌を二一五〇名と見積った全会員に頒布し、農事改良にたいする理念・意欲を振起することを、活動の第一に位置づけていたからである。しかし、一回の刊行予定は二〇〇〇部であったから、これを全会員に無料頒布するとすれば、試算上では一五〇部・七円五〇銭の不足となる。したがって、同勧業会の収支予算計画は当初よりやや正確さを欠いていたようだ。

ところで、同勧業会の会員数は当初（二十二年二月）に一三四〇名（特別会員一一二名・尋常会員一二二八名）であり、その六ヵ月後（二十二年八月）には一四五一名（特別会員一六三名・尋常会員一二八八名）と増加傾向（増加率八・三%）がみられる。しかも特別会員の増加によって、会費増収の見込みとなった。さらに同年末には一四八八名（特別会員一六二名・尋常会員一三二六名）となっているが[1]、

第10表　私立埼玉勧業会の会費徴収状況

郡　名	明治22年度				明治23年度			
	会　費 a	徴収高 b	b/a%	未済高	会　費 c	徴収高 d	d/c%	未済高
北足立・新座	円 62.250	円 62.250	% 100.0	円 0	円 63.250	円 8.000	% 12.6	円 55.250
北埼玉	9.500	4.000	42.1	5.500	9.750	0	0	9.750
南埼玉	23.500	20.750	88.3	2.750	25.500	0	0	25.500
北葛飾・中葛飾	21.750	21.750	100.0	0	22.500	12.500	55.6	10.000
入間・高麗	141.750	141.750	100.0	0	135.000	63.000	46.7	72.000
比企・横見	93.750	68.250	72.8	25.500	98.500	24.250	24.6	74.250
児玉・賀美・那珂	17.500	15.250	87.1	2.250	20.500	8.500	41.5	12.000
大里・幡羅・榛沢・男衾	101.500	101.500	100.0	0	93.000	0	0	93.000
秩父	12.500	3.750	30.0	8.750	13.000	7.000	53.8	6.000
合計	484.000	439.250	90.6	44.750	481.000	123.250	25.6	357.750

〔出典〕　前掲『私立埼玉勧業会雑誌』第5号（明治24年7月）36～37頁より作成。

増加率は鈍化し（二・五%）、会費増収につながる特別会員は減少している。したがって会費収入は四九三円五〇銭、八月と比較すれば僅かに八円五〇銭の増収が見込まれるに留まった。その後会員数の増加はみられず、当初計画していた二一五〇名にははるかにおよんでいない。

このように会員数の伸び悩みは、第10表から明らかなように会費の徴収にも大きく反映している。初年度の二十二年には、会員数の多い郡部において徴収が進んだため、徴収率は平均九〇・六%に達した。しかし、早くも翌二十三年度には二五・七%にまで低下する。この点は、同勧業会の存立に係わる問題でもあるため、急遽二十二年末に臨時役員会がもたれ、対策をめぐって大いに論議された。

論点を整理すれば、同勧業会本会と広く各郡部に分布する会員との間に意志の疎通を欠き、「会員中には一年四回雑誌の配本を受くるも、別に会員たるの効能なし」とする不満が多い。これを解消するには、各郡部で支会の開設を進め、各支会において年数回の集会（演説・談話会など）を実施する。これによって会員間の不満も解消し、また会費の徴収も容易になるのではないか、という提案がなされた。この提案は幹事長山中福永か

第11表　私立埼玉勧業会寄付金一覧（明治22年3月）

氏名	金額(円)	備考（経歴・当時）
渋沢栄一	200	前出
原善三郎	200	前出
笹田黙介	120	県書記官
真中忠真	100	前出
山中隣之助	50	前出
吉田清英	50	前出
中井新右門	50	中井銀行（東京）頭取
長谷川敬助	15	前出
加藤政之助	15	前出
田健次郎	15	埼玉県警察部長・逓信書記官
平田八郎	10	
山中福永	10	前出
高橋荘右衛門	10	前出
隅山尚徳	10	
橋本近	10	前出
福田久松	10	前出
福島耕助	10	北足立郡大間村県議（改進党）
大島信	5	北足立郡浦和
渡辺宗三郎	5	前出
稲村貫一郎	5	前出
永田荘作	5	前出
田中万次郎	5	前出
堀越寛助	5	前出
近藤圭三	5	北足立郡浦和
山浦常吉	5	北足立郡浦和
宮島信吉	5	
合計	930	

〔出典〕　前掲『私立埼玉勧業会雑誌』第1号14頁より作成。
(注)　備考欄中、“前出”とあるは、第7表参照のこと。その他は、前掲『埼玉県議会百年史』、埼玉県『埼玉人物事典』（埼玉県教育委員会、1998年）などを参照。

ら提出されたものであり、彼は支会設立に要する経費の捻出について、
①「此際減し得へき丈け本会の費用を節減して、支会創設の費用を補助」する
②「最も費用を要するは雑誌の発行なるを以て、此の雑誌発行の回数を減し…之を各郡支会に補助費」としてある
などの方策を提示している。(2) いま一つの提案は、幹事三須丈右衛門が提出したものであり、会員の増加策として会費を引下げ、特別会員の会費一円を五〇銭に、尋常会員のそれを二五銭から二〇銭にしてはどうか、というものであった。(3)

これらの提案をめぐって賛否が問われたが、各郡部に支会を設立し、同勧業会の活動を強化することについては大方の賛成をえた。ただし、支会設立の補助費を捻出するため、会誌の発行回数を減すことについては、常議員田中一郎が「若し勧業会に於て雑誌を発行せさるに於ては、如何にして其の効用を見るを得んや、各郡支会に於て行ふ所は支会丈けに止まるの運動なり、此の全県下勧業上の事、其他総へて全県下に係る事柄は此の雑誌に掲載して之を頒ち、

会員は之に依て試験等をもなすものなれハ、此の雑誌の効用は誠に大なるものと云ふへし、故に我々は寧ろ発行の回数を増加し度き精神なるも、費用の許るさゝるものあるか為めに止むを得す二回に止め置き、漸次本会の隆盛に赴くに至ては、次第に回数を増加せんと欲するなり」(4)として、会誌の刊行が同勧業会活動の基本であると力説した。その結果発行回数を半減し、残余を支会設立の補助に廻すことに決定した。

会費の引下げについては、理事長として加藤が勧業活動の起点である同勧業会を存続させることの重要性を説き、「今後支会を起して会員次第に増加するに至れば、或は支出収入の上に於て余裕を生じ…会費を減し得へきやも知るへからすと雖とも、今日の有様にては之を減する時は支会に補助金を与ふること能はす…今日は先つ此侭に据置」(5)くべきであると発言し、賛成をえた。臨時役員会で承認された郡支会の設立補助・会誌発行回数の半減・会費の据置きなどについては、二十三年四月六日の第二回総会で報告・了承された(6)。

それはそれとして、会員数増加の低迷・会費徴収の低下による同勧業会の運営資金の不足分を補ったものは、第11表にみられるように会費のほぼ倍額に近い寄付金であった。例えば、二十二年度の同勧業会収支決算報告によれば、収入として寄付金九三〇円、会費三八四円三六銭、中井銀行預け金利子一〇円、計一三二四円三六銭である。これにたいし支出は計六〇〇円四九銭であり(7)、もし寄付金収入がなければ実に二〇六円一三銭の赤字であったからである。

注

(1)　前掲『私立埼玉勧業会雑誌』第四号（明治二十三年五月）、四五頁参照。
(2)　前掲『私立埼玉勧業会雑誌』第四号、三九〜四〇頁参照。
(3)(5)　前掲『私立埼玉勧業会雑誌』第四号、四〇頁参照。
(4)　前掲『私立埼玉勧業会雑誌』第四号、四二〜四三頁参照。
(6)(7)　前掲『私立埼玉勧業会雑誌』第四号、一頁参照。

第12表　私立埼玉勧業会雑誌掲載論説一覧

講師名	所属・職位	論　　題	掲載年月日
高峰譲吉	農商務省技官	人造肥料の説	明治22年3月30日（第1号）
玉利喜造	東京農林学校教授	農事の変動	〃　〃　〃
酒匂常明	東京農林学校教授	農事改良の先務	〃　〃　〃
野沢　淳		作物の喜を述ふ	〃　〃　〃
藤田克三		山林の富	〃　〃　〃
練木喜造	農商務技手	養蚕の話	〃　〃　〃
練木喜造	農商務技手	養蚕の話	明治22年8月14日（第2号）
林　遠里	老農	米作改良法	〃　〃　〃
船津伝次平	老農・農務局員	農事問答	〃　〃　〃
松永伍作	農商務技手	桑樹の話	〃　〃　〃
高橋信貞	農商務技手	蚕種の話	〃　〃　〃
加藤政之助	本会理事長	入間・高麗郡支会の開設	〃　〃　〃
秋山直三	本会特別会員	皮疽、鼻疽病に就て	明治22年11月16日（第3号）
高橋貞信	農商務技手	製糸の話	〃　〃　〃
松永伍作	農商務技手	養蚕の話	〃　〃　〃
林　遠里	老農	米作改良法（続）	〃　〃　〃
青山元	農商務技師補	土地の性質	明治23年5月8日（第4号）
横井時敬	農商務技師補	選種法	〃　〃　〃
奈良専二	篤農家・千葉県属	米麦改良の講義	〃　〃　〃
船津伝次平	老農・農務局員	普通食物調理ノ注意	〃　〃　〃
船津伝次平	老農・農務局員	種選之注意	〃　〃　〃
船津伝次平	老農・農務局員	埼玉県下川越近辺地質改良説	〃　〃　〃
高橋荘右衛門	本会理事	農者は天賦の幸福を得る事多し	〃　〃　〃
陸原真一郎		稲田の排水に就て	明治24年7月5日（第5号）
小野孫三郎	農商務技手	水害後の作付に就て	〃　〃　〃
松永伍作	農商務技手	養蚕之話	〃　〃　〃
秋山直三	本会特別会員	管下本年流行の炭疽病に就て	〃　〃　〃

〔出典〕前掲『私立埼玉勧業会雑誌』第1号～第5号より作成。

2、会誌の刊行

同勧業会にとって、会誌の刊行が活動の一環であったことについては、すでに述べておいた。会誌の刊行については、加藤政之助が最初に埼玉県私立勧業会の設立を主唱した際にも規則に一条を設けており、彼は当初よりこれを勧業活動の出発点と考えていたことが知れよう。このように二十年代初めに民間で勧業雑誌の刊行が企画され、二十二年三月に私立埼玉勧業会雑誌が刊行されたことを紹介する文献は、少ないように思われる(1)。

さて、会誌は、同勧業会において毎月一～二回程度実施される農事改良に関する論述を、すべて収録している。第12表は講師名・論題・収録の会誌年月日を表示したものであるが、複数回に渡っている場合が多い。まず、講師の顔振れをみれば、農商務省から派遣された農業技能官吏である技手および、農業技術の経験的先覚者として著名であり、農事巡回教師として全国的に活躍していた老農たちである。彼らの論述傾向としては、農事改良に関する総論的なものもあったが、殆んど県内の主要物産である米作・蚕糸などの改良についての各論である。県内においてこれらの生産が進んでいた県東・県央には会員も多く、彼らの関心を反映して、こうした傾向となったことはいうまでもない。

次いで講師たちの論調に触れよう。前述のように、同勧業会の発会式において井上が演説を試みているところから、彼の持論である大農論に同調するものが多かった、と考えられるかも知れない。しかし、講師たちの論調からは、むしろこれに反論している場合が多くうかがわれる。例えば、東京農林学校教授酒匂常明は「今日の農業法は之を廃すへきや、将た之を此侭に継続しつゝ進みゆくへきや」と設問した上で、「余輩に向て両者何れか先務たるへきやと問うものあらば、余は新たに規模の大なる農業を起すは第二段の問題として、今日の農業法に改良を加ふるを以て先務」

であるとする。(2)

酒匂はその理由として、大規模な西洋風の農業法を移植するとすれば、相応の知識と資力を要するが、現段階ではこの両者に乏しい点を挙げる。したがって、「当勧業会の方針の如きも、濫りに新事業・大事業を興すを期せず、専ら今日の農業に付て改良を図るの精神を以て歩を進める」べきである、(3)と強調する。ここに、明治農法の確立以前における新しい農業経営をめぐる試行をうかがいえよう。

では、同勧業会を設立した加藤は、農事改良の在り方についていかに考えていたか。彼は直接この点には触れていないが、同勧業会として、「県下に於て新規の事業を企つることあらは、我々は本会に於て十分な研究を遂け、其の愈よ過失なきを信するに及んで之を実際に施行」する。しかし、旧事業は「大い我か県下に益する所あるへしと信するを以て、故に本会は独り新事業を起すのみならす、旧来の事業に付て研究を加へ、之が改良を図るを以て第一の目的」(4)とするとした。つまり彼は、井上の大農論に理解を示しつつも、まず県内の在来農法を研究し長所を活用すべきであるとしているのである。

この点は講師たちの論調にも反映しており、従来の多肥多労の労働集約的な農法を改良するための方法について論述している場合が多い。例えば、老農林遠里は「米作改良論」(5)において、種籾の「寒中浸」「土囲法」を紹介し、また農商務技手松永伍作は「養蚕の話」(6)において、蚕糸農家に「清涼育」「温暖育」それぞれの効用を解説している。林・松永らがともに強調しているのは、県内各地の風土的条件をふまえて農法の導入を図り、合理的に生産活動を展開し、収益を挙げるべきであるとしている点である。

同勧業会員は、会誌を通してこうした論調を知り、それぞれの風土に適応した農事改良に関する知識・技術を吸収するため、支会を増設すべきであるとする気運を高めるにいたった。

注

（1）明治初期の勧業雑誌については、杉山四郎『日本の経済雑誌』（日本経済評論社、一九八七年）二一～三二頁に詳しい。なお、私立埼玉勧業会雑誌については、『新編埼玉県史』『埼玉県行政史』においても紹介されていない。

（2）（3）前掲『私立埼玉勧業会雑誌』第一号、二八～三三頁参照。

（4）前掲『私立埼玉勧業会雑誌』第四号、二四～二六頁参照。

（5）前掲『私立埼玉勧業会雑誌』第二号、一二～一六頁、第三号、一三～一八頁参照。

（6）前掲『私立埼玉勧業会雑誌』第三号、一〇～一三頁参照。

第13表　入間・高麗郡支会役員（明治22年3月）

氏　　名	住　　所	役　職	備　　考（当時）
伊藤　栄	入間郡川越町	会頭	本会幹事
二味道政	〃	副会頭	本会幹事、入間・高麗郡役所書記
福田久松	豊田新田	常議員	本会常議員、県議（改進党）
田中泰司	富岡村	〃	農業、のちに県議（自由党）
岡田秋業	川越町	〃	
○大沢禎三	東大久保村	〃	県議（中立）
斉藤与惣次	所沢町	〃	米穀・肥料商、元県議（中立）
上田岱辨	南畑村	〃	県議（中立）
○神木三郎兵衛	苗間村	〃	醤油醸造業、県議（改進党）
○田中万次郎	高麗郡鶴ヶ島村	〃	本会常議員、県議（中立）
清水宗徳	上広瀬村	〃	製糸業、元県議（自由党）
○大河原栄五郎	下大谷沢村	〃	農林業、県議（中立）

〔出典〕　前掲『私立埼玉勧業会雑誌』第2号より作成。
（注）　①備考欄は前掲『埼玉県議会百年史』を参照。
　　　　②○印は、埼玉県私立勧業会の設立「主唱者」を示す。

3、支会の開設

同勧業会開設の一ヵ月後（二十二年三月二日）[1]、早くも郡支会を結成しようとする動きが起った。「入間・高麗郡支会」がそれである。この両郡は、県央南部の中間畑作地帯に位置し、農産物・手工業製品の産出も多くみられ、勧業活動にたいする関心も高く、会員数も県内で最多である。加藤が最初に開設を試みた埼玉県私立勧業会は、両郡の郡役所所在地である川越を拠点とした経緯もあり、同地に最初の支会が結成されることになったのであろう。

この両郡における会員数は当時三九五名、そのほぼ全員にあたる三九一名が支会結成に賛同した[2]。そこで、まず同月二十一日に第13表にみられる支会役員一二名を互選する。その構成は、半数を県議が占めており、中には埼玉県私立勧業会の設立「主唱名」四名が含まれている。恐らく同支会結成の動きは、彼らが起こしたものであろう。また、この役員人事も、同勧業会本会にとらわれない両郡の自主性によるものであった。

次いで、同支会では、「入間・高麗郡支会規則(3)」を制定する。九条項から成る条文を挙げれば、

第一条　本会に入間・高麗両郡内ニ住スル私立埼玉勧業会員ヲ以テ組織ス
第二条　本会ノ名称ヲ私立埼玉勧業会入間・高麗支会トシ、事務所ヲ仮ニ川越町二百廿九番地ニ設置ス
第三条　本会ハ左ニ掲タル事項ヲ問題トシ、年々二月四月十月第一日曜日ヲ以テ集談会ヲ開設スルモノトス
　一養蚕製品ノコト　一織物ノコト　一茶業ノコト　一地質分析ノコト　一種苗ノコト　一肥料ノコト　一牧畜ノコト　一山林ノコト　右ノ外農工商一切ノコト
第四条　集談会開設ノ位置ハ川越町トス
　集談会ノ顛末ハ本部ニ報告スルモノトス
第五条　本会ニ左ノ役員ヲ置ク
　一会頭　一名　会員中ヨリ互選ス　但シ当分無給トス
　一副会頭　一名　会員中ヨリ互選ス　但シ当分無給トス
　一常議員　拾名　会員互選　但シ当分無給トス
　一録事　一名　会頭特選　但シ日給金弐拾銭
第六条　会頭ハ本会ヲ総括シ、副会頭ハ会頭ヲ補シ会頭事故アルトキハ之カ代理タルヲ得、録事ハ会頭ノ指揮ヲ受ケ、庶務会計ヲ掌ルモノトス
第七条　常議員ハ会頭ヨリ下付スル問題ヲ審議スルモノトス

第八条　本会ノ経費ハ会員一名ニ付一ヶ年金五銭トス
　　但講士ヲ聘スル費用ハ、会員一名金拾銭以下ヲ以テ常議員会議決ノ上収支スルコトヲ得
第九条　会費ノ徴収ハ毎月二月トス

のとおりである。同支会では、直ちに役員人事および同規則を本会に報告した。

さて、同規則によれば、同支会の運営費は本会と独立しており、会員から徴収する年五銭の会費によって調達する。同支会では、運営費を会員三六〇名として年一八円と見積った[4]。同支会の主要な活動の一つは、両郡に適合した農事改良法の伝習である。これに要する経費は、すべて別途に受講会員から徴収する（第八条）。この他、川越を会場として年三回の支会集談会を開催するが[5]（第三・四条）、後に会場を五ヵ所（所沢・豊岡・飯能・越生・坂戸）増設し、また条件によっては開催費を補助するなど、支会会員の勧業活動の振興を図った。

同支会は、二十二年七月二十一日に川越で第一回集談会を開催し、正式に発足する。当日、講師の一人老農船津伝次平は地質改良論を展開し、具体的に川越周辺の地質改良の効用を説いた。彼はまず、県内の「圃は過半軽鬆土にして、田は冷湿の地多し、入間郡も其僻地の多きを認む、此れ改良に魁すへきは川越地方の地なり」として、具体的に改良地域を設定する。この地域には「西北に入間川あり、東に荒川あり、何れも二里以内に流れ、其川筋には小砂及芥土泥土等の流れ着きたる所多し…之を取って充分に乾燥し以て運搬し、圃及び田に投入して土地を改良せば、其益莫大」であるとする。試算すれば、「芥砂交り土壱斗を六貫目と積り、三十貫目を壱駄とし、壱駄の賃銭六銭とし壱反歩に弐拾五石を容るゝとすれば、其賃金三円」となる。したがって、「従前壱反は玄米壱石弐斗を収穫あるの地、壱石七斗を得る時ハ、五斗の増収となり一ヶ年にして以て費用を補ふに足るへし[6]」と論述し、具体的に例証して会員を啓発するところがあった。同支会の経費、講師料は会員から別途に徴収したにも拘らず、集談会が両郡の農事改良問題

に即応した形で開催されたため、盛況を続けたという(7)。

同勧業会本会では、二十二年十二月に臨時役員会を開催した際、その席上で入間・高麗郡支会の活動状況が幹事長山中福永より紹介された。これをふまえて論議が進められ(8)、

① 本会の活動と並行して郡支会の結成を進め、それぞれの郡部に適合した農事改良問題に取り組む。こうして本会・支会の交流が進めば、同勧業会にたいする関心も高まり、延いては会員・会費問題は解消する。

② 郡支会の結成を推進するため、本会の運営費を節減しておき、各郡支会の形成に際し、「支会創立補助金として一回限り」供与する。

③ 郡支会の創立補助金を捻出するにあたり、中井銀行へ預け入れている寄付金を転用することなく、本会の年予算八〇〇円中、最も出費を要する年四回刊行（一回二〇〇〇部）の会誌を、年二回（一回一一〇〇部）に改め、刊行費一二〇円・送料八円、計一二八円とする。

④ 郡支会数を九ヵ所とし、一支会宛に一〇円の創立補助金を供与する。ただし、入間・高麗郡支会は、既設のものとして取り扱い、これを除外して補助金供与額は八〇円とする。

⑤ 同勧業会費の徴収は、これまで会員が所属する郡役所・町村役場に依頼していたが、徴収率を高めるためそれぞれの郡支会の担当とする。

などが承認された。

それはそれとして、二十三年四月六日に北足立・新座郡役所において同勧業会第二回総会が開催され、農商務省より局長前田正名が出席した。彼は「今日農商務省の方針は決して大臣一人の意見、或は一局長の意見を以て農工商上

第14表　私立埼玉勧業会　明治23年度収支予算計画

収入	会費	493円50銭
	内訳	
	特別会員　162円（162名、1名ニ付1円）	
	通常会員331円50銭（1326名、1名ニ付25銭）	
支出	事務所費・其他諸費	493円50銭
	内訳	
	事務所借家料	30円
	消耗品	12円
	本会雑誌（2回分）	120円
	郵便税	8円
	総会費	50円
	書記給料	60円
	旅費	50円
	予備費	30円
	各郡へ分割金	133円50銭

〔出典〕前掲『私立埼玉勧業会雑誌』第4号より作成。

に関する法律規則を設くるが如きことあらず」[9]として、各地の勧業施策に関する実態調査の必要を述べ、同勧業会総会に出席したこともその一環であると強調した。

この総会においては、前述した臨時役員会での承認事項が報告・了承された。これを受けて、提出された二十三年度収支予算計画は、第14表から明らかなように、前年度と比較して三八・四％の縮小となっている。またこの席上、会頭であった知事吉田清英の更迭が伝えられ、代って後任には新知事小松原英太郎が就任する。小松原は、井上が結成した自治制研究会の有力メンバーであった。したがって政治的立場は加藤と相反していたが、彼を会頭とした理由は、やはり系統的農業団体の組織形成の構想に基づくものであったといえよう。

注

（1）（2）（3）（4）前掲『私立埼玉勧業会雑誌』第一号、四一～四二頁参照。
（5）前掲『私立埼玉勧業会雑誌』第四号、三八～三九頁参照。
（6）前掲『私立埼玉勧業会雑誌』第四号、三三～三八頁参照。
（7）（8）前掲『私立埼玉勧業会雑誌』第四号、三九～四八頁参照。
（9）前掲『私立埼玉勧業会雑誌』第四号、四～六頁参照。

むすびにかえて

私立埼玉勧業会第二回総会の五ヵ月後にあたる二十三年九月二十三日、加藤政之助は改進党より第二回衆議員選挙に立候補するため、県会議長を辞任する。同時に同勧業会理事長も辞任したため、後任の選挙が行われた。その結果、理事として高橋荘右衛門（継続）、福田久松（継続）、根岸武香（新任、中立、県会議長）を選出され、高橋が理事長に就任する。また幹事長として平井光長（新任、常議員）を選出した。常議員・幹事の構成は二五名中ほぼ半数の交代をみたが、県議主導の体制に変化はなかった(1)。

ところが、加藤の辞任後、同勧業会の運営は急速に不調となり、ついに緊急役員会において「二十四年壱ヶ年間休会」とすることを内定した。しかし、二十三年十二月二十日開催の総会ではこれを取消し、代りに

①「経費節減の点より、当分該事務を本県内務部第二課へ委嘱」すること
②「勧業雑誌第六号（二十五年二月刊行）を発行」すること
③会員数を維持するため、会費を「特別会員五十銭、尋常会員十五銭」とすること

を取り決めて(2)、ようやく決着をみるにいたった。

このように同勧業会の運営が急速に不調となった理由は何か。その一つとして、同勧業会の成立が農会再編についての見識と活動力をもった加藤によるものであったことを挙げえよう。すなわち、彼は同勧業会の設立によって、新町村制施行により旧来の町村勧業組織が消滅する時期に、経済生活の安定・向上を求めようとする多数の中小農たちおよび、いまだ未成熟段階にあったブルジョア的発展を実現しようとする老農・篤農たちを広く会員として集め、県全域に渡り系統的農事団体の形成を推進しようとした。その間にあって、彼は改進党所属の県会議長として、また同勧業会の事実上の会頭として、同党の党勢拡大と同勧業会の運営に強力な指導力を発揮したのである。しかし彼の辞

第15表　勧業協議会における各郡農工商務主任の回答

郡名 新	郡名 旧	回答
北足立	北足立・新座	町村農会ヲ設ケルニアラサレハ、郡及県農会ヲ起スモ実効ナキナリ、而シテ設立スルヤ多少ノ費用ヲ要ス、町村ノ勧業費若クハ地方税ノ補助ヲ以テ設立シテハ如何
北埼玉	北埼玉	—
南埼玉	南埼玉	比企・北足立ニ賛成ス、当郡ハ民度ノ勧業上ニ対スル状況ハ進マス……（農会設立）費用ノ点ハ北足立ニ賛成ス
北葛飾	北葛飾・中葛飾	先年私立埼玉勧業会支会ヲ起セシニ大ナル効益アリ、乃チ従来ノ経験ニヨリ確言スル処ナリ、故ニ更ニ町村農会ヲ起ス必要ヲ見ズ
入間	入間・高麗	二十二年度ニ（私立埼玉勧業会）支会ヲ設立シ、当時ハ年三回会集シテ相談セシガ、未タ満足ノ点ナキ……今日ノ状況ハ一地方ニテ会集スルハ不便ニ付、区域ヲ定メ数ヶ処ニ会集スルヨウ致シ呉レ度旨請求スル人民モアリ、……集会員数二百名乃至五百名前後ナリ、故ニ区域ヲ定メ町村農会ヲ起スハ必要ナリ
比企	比企・横見	町村農会設立ニ付、会費ヲ町村税ニ課シテ補助ニ充テルコトニセン、町村農会出来ノ上ハ郡農会ヲ起スコトガ宜シカラン
児玉	児玉・賀美・那珂	郡農会ヲ起シ、順次ニ町村農会ヲ起スハ必要ナリ、当郡ニハ（私立埼玉勧業会）支会ハ起ラザルナリ、就テハ今日ノ（私立）埼玉勧業会ハ廃止サレタシ
大里	大里・幡羅・榛沢・男衾	（私立埼玉）勧業会支会ノ下ニ町村ニ支会ヲ起サハ従来ノ侭ニテ差支ナカラン
秩父	秩父	養蚕業ノ外ハ会合演説ヲ催スモ多人数会合セズ、（私立埼玉）勧業会支会ノ勢力ハ尤モ薄シ、……町村農談会ヲ設立スルハ尤モ必要ナルヲ以テ、（私立埼玉）勧業会ヲ廃止スルヨウ致シタシ、自然町村農談会ヲ盛ニスレハ、郡及県農会ハ従テ起ルハ自然ノ道理ナリ

〔出典〕埼玉県立文書館所蔵「勧業協議会議事録」（明治二十四年三月二十五日）により作成。

任によって、この求心力を失なうことになったといえよう。

いま一つの理由は、ようやく政府としても農政の統一的強化を図るため、地方の農会組織の結成を画策した。その一貫として、二十四年三月二十五日、県では各郡農工商務主任を招集し、「勧業協議会」(3)を開催する。この席上で県側は、各郡において「農業ヲ奨励振興セントスルニハ、既設農談会等ヲ利用スルカ、又ハ郡町村農会ヲ設置スルカ、其得失如何」と諮問した(4)。これについて各郡農工商務主任との間に交された質疑応答を整理すれば第15表のとおりである。

これによれば、北葛飾（・中葛飾）郡および大里（・幡羅・榛沢・男衾）郡が、今後とも農事改良にあたり同勧業会を利用することに賛成している。

前者は県東の米作地帯であり、地主制が進んでいた郡部である。したがって、中小農は支会への入会を通して特有物産である藍・綿作についての技術の向上・生産の増大を図り、その結果、彼らの会費納入にも反映し他郡部に比して最も順調であった。また後者は、県央の中間畑作地帯の北部に位置し、中小農の生計は、もっぱら蚕糸業によって支えられ、会員数第二位の郡部である。

他方、町村農会の新設に賛成する郡部が多数を占める中で、例えば中間畑作地帯南部の農産物・手工業製品の産地である入間（・高麗）郡の場合がある。同郡では最初に支会を開設し、会員数は最多であり、会員の活動が活発であるため、一支会のみでは多数の農事改良にたいする要望に応えることができない。そこで区域を設定して集会を容易にするため、町村農会数ヵ所の設立を必要とする、としている。この他、町村農会の新設に賛成する郡部では、支会が未設か、あるいは設立されていても効益が少ないとして、県郡町村に系統農会設立の必要を挙げている。

以上、いわゆる「農政の空白期」といわれた時期に、埼玉県私立勧業会―私立埼玉勧業会は加藤政之助の強力な実行力によって設立・運営された。しかし彼が退任したことにより求心力が失われ、また各郡支会の活動が、必ずしも中小農会員の効益に結び付かないという不満が出てきたため、不調となっていった。やがて同勧業会は、系統農会に取って替わられることになるが、その間、系統的農事団体の組織として、果した役割は大きかったといわなければならない。

注

（1）（2）　前掲『私立埼玉勧業会雑誌』第五号（明治二十四年七月）三五〜三九頁参照。

（3）　埼玉県立文書館所蔵「勧業協議会演説書（知事小松原英太郎）」（明治二十四年三月二十五日）参照。
彼は、同協議会開設の目的として、県内の農事に「奨励ヲ加ヘ改良増殖ヲ謀ルニ方リテハ、宜ク学理ト経験ト実地ノ情況トニ就テ慎密ノ調査ヲ遂ケ、討論考究ヲ尽シ、実施上ノ効果如何ノ考慮セサルヘカラス、是レ本会ヲ開ク所以ニシテ、又今回諮問ノ第一項ニ在ル如ク、郡町村ニ於テモ普ク農会ヲ要シ、実業家ノ意見ヲ聞クヘキ機関ヲ要スル所以ナリ」としている。つまり同協議会は、農事改良を進めるにあたり、各郡部の担当者から郡町村農会の新設の可否について意見を聴取する機関であったといえよう。

（4）　埼玉県立文書館所蔵「勧業協議会議事録（埼玉県第二課）」（明治二十四年三月）参照。

第五章　産業革命期における鉄道貨物輸送の発展と金融機関

―飯野喜四郎と東京秋葉銀行を中心に―

秋谷　紀男

問題の所在

明治十四年（一八八一）十一月、日本最初の私設鉄道会社である日本鉄道会社[1]が資本金二〇〇〇万円で設立された。これに先立って明治十年二月、第十五銀行が華族の家産保護の目的をもって岩倉具視の指導の下に設立された。同行は政府に外債償還と鉄道建設資金を供給するという目的もあり、日本鉄道会社の設立に際しては最大の株主として資金的に協力した。「日本鉄道会社定款」によれば、同社は「東京ヨリ青森迄鉄道ヲ建築シ運輸ノ業ヲ営ミ漸次政府ノ許可ヲ得テ其他地方ニモ敷及スルヲ目的トス」と述べられ、工事を五区に分けて着手しようとする予定であった。第一区は東京より高崎・前橋、第二区は第一区線中より白河、第三区は白河より仙台、第四区は仙台より盛岡、第五区は盛岡から青森迄というルートであった。政府は日本鉄道会社を保護し、各区間に対して開業までは年八分の利子を下付し、開業後はその収入純益が資本金に対して一カ年八分に満たないときは、一区・二区・三区は一〇年間、四区・五区は一五年間にわたって不足分を補給するとした。このような政府の手厚い保護により、同社は着々と工事を進め、明治十六年七月には上野・熊谷間が開通し、翌八月には貨物輸送も開始された。さらに、明治二十年七月には白河まで、二十三年十一月には盛岡まで、二十四年九月には青森迄の全線が開通した。

日本鉄道会社の経営は当初から順調で、第一回の営業報告では純益が年一割に達した。これにより、民間の鉄道熱は昂揚し、全国各地で鉄道会社が設立された。明治十七年の阪堺鉄道、十九年の伊予鉄道、二十年の両毛鉄道および水戸鉄道に続き、二十一年には山陽、大阪、讃岐、関西、甲武、九州の六大鉄道会社が相次いで設立された。また、日本鉄道会社は明治三十九年（一九〇六）の鉄道国有化まで路線を延ばし、東北本線、山手線、赤羽線、日光線、水戸線、両毛線などを経営していくことになった[2]。

このような鉄道業の発展は貨物輸送の増大をもたらした。明治二十三年の貨物輸送は官設線六七万個、私設線七四万個であったが、二十年代を通して増加しつづけ、明治三十年には官設線一五七万個、私設線七一一万個となった。官設線に比べ私設線が圧倒的に貨物輸送を担っていたが、三十三年には私設線が一一六三万個と一〇〇〇万個をはじめて突破した(3)。

鉄道貨物輸送の増大は、従来の長距離道路輸送から鉄道貨物取扱業へ全面的に転換した。つまり、鉄道の開通普及により、陸運業の主業態が鉄道貨物の集荷、配達、取卸しに変質した。これにより、資力運用や設備がなくても、簡単な事務所と事務机、手車一両、天秤棒一本さえあれば容易に開業できることになり、全国各地に小業者が乱立し、所によっては一駅に五〇—六〇店が店を構えた。明治二十五年には内国通運系業者だけでも全国で五〇七一店に達した(4)。しかし、小業者の乱立は業者間の競争激化に加え、さまざまな不法行為をも生み出した。そのため、全国には同業者の団体が結成され、同業者間の紛擾の仲裁や運賃計算方法の統一などがおこなわれた。とくに運賃計算方法の統一を導入した同業者団体では、会員間の運賃清算が円滑化した。

このため、この時期の輸送同業者組合では運賃清算等で資金不足を来たすところもみられ、また荷為替資金等の需要も増えてきたことから金融機関の必要性も増してきた。同業者組合では、積極的に金融機関の設立を図ったり、組合幹部が金融機関と接触して資金調達を円滑に行おうとすることもみられるようになった。いうまでもなく、この時期は日本資本主義の確立期とも重なっており、鉄道の整備と貨物輸送の増大に加え銀行業の発展が著しかった時期であった。

本稿では、明治三十年代の貨物輸送の活発化にともなって地方の貨物輸送業者は如何なる同業者団体を結成し、また貨物輸送に必要な資金需要を賄うためにどのような金融機関と如何なる関連を結んでいったかについて分析を加える。具体的には、つぎの二点の問題を解明していきたいと考えている。第一に、貨物輸送業者が多数参加した東京秋葉銀行の設立経緯と経営状況を考察し、産業資本の確立期における貨物輸送業と金融機関の関係をみていくことである。第二は、明治二十年代から鉄道貨物輸送団体の中心人物として活躍し、東京秋葉銀行の役員も経験した人物として飯野喜四郎を取り上げ、彼の「重要日誌」から明治三十年代における地方銀行経営および支店経営の様相をみていくことである。

また、飯野は明治期から昭和期にかけて埼玉県会議員として多くの政治活動をした人物である。本稿では飯野の経済活動を中心に取り上げていくが、かかる意味で産業資本の確立期において地方の政治家がどのような経済活動を行ったかという一つの事例を提供してくれるであろう。換言すれば、この時期における地方の政治経済的代表者の政治活動と経済活動の相関関係が解明できると考えている。(5)

注

（1）日本鉄道会社と第十五銀行に関しては、星野誉夫「日本鉄道と第十五銀行（1）（2）（3）」（『武蔵大学論集』第一七巻第二・三・四・五・六号、第一九巻一号、同第五・六号、昭和四十五―四十七年）を参照。また、第十五国立銀行に関するものとして、石川健次郎「明治前期における華族の銀行投資―第十五国立銀行の場合―」（『大阪大学経済学』第二二巻第三号、昭和四十七年）、戸原四郎「第十五国立銀行」（加藤俊彦・大内力『国立銀行の研究』所収、勁草書房、昭和三十三年）がある。

（2）『明治大正史』第三巻（朝日新聞社、昭和五年）、一九〇頁。

（3）土屋喬雄『産業史』（東洋経済新報社、昭和十九年）、二五五―二五六頁。

（4）『日本輸送史』（株式会社日通総合研究所、昭和四十六年）、三五七―三五九頁。

（5）本論文は、拙稿「明治期における地方運送業者と地方銀行―飯野喜四郎と東京秋葉銀行を中心に―」（『政経論叢』第七一巻第五・六号、平成十三年）に加筆して作成した。

一、飯野喜四郎と運送業

1、飯野喜四郎の政治経済的活動

まず、飯野喜四郎[1]の諸活動を、政治経済的側面からみることにしよう。第1表は、飯野の諸活動を公職と実業等の面に分けたものである。飯野は明治元年に埼玉県綾瀬村（現蓮田市）に生まれた。彼は東京法学院（中央大学）で法律学を学んだ後、明治二十三年（一八九〇）に立憲自由党結成に参加し、二十六年の自由党支部結成には支部評議員に推された。二十七年二月には埼玉県会議員に初当選し、途中県会職を離れることがあったが昭和十年まで県会議員を務めた。県会議長は二期、名誉参事会員は五期務め、埼玉政友会の重鎮として有名であった。その他、かれは埼玉地方森林会議員、埼玉県町村吏員懲戒審査委員、埼玉県土地収容審査委員、埼玉教育会評議員、埼玉県農会農事調査委員など多様な公職も務めた。

このように飯野は埼玉政治界の中心的存在であったが、明治三十年代に二回の政治的空白期間がみられる。第一回目は明治三十二年九月の県会議員選挙で落選し三十五年九月の補欠選挙で当選するまで、第二回目は明治三十八年七月に県会議員を辞職してから四十年九月に県会議員に当選するまでである。飯野は、落選と辞任による二回の政治的空白期間には経済的活動を活発に行っており、この期間の貨物輸送業および東京秋葉銀行の経営への取り組みは注目に値する。また、明治三十八年の県会議員辞職は、かれの経済活動上での失敗が原因となっており、その原因等については本稿で明らかにしていきたい。

第1表　飯野喜四郎の諸活動

年月日	公　　職	実業関係・その他
明20. 10. 26		蓮田駅前に飯野運送店を開業
24. 10. 21		北足立南埼玉両郡甘藷商組合組合長(33. 9迄)
27. 2. 10	埼玉県会議員当選	
29. 9. 1	南埼玉郡会議員当選（県議兼任，31. 8迄）	
30. 4. 15	埼玉県会議員当選(32. 8満期退職)	
31. 4. 15		日本鉄道第二区日光両毛線運送業組合理事長（32. 9解散退職）
32. 4. 17		日本鉄道株式会社貨物取扱人組合委員(評議員)，(35. 4解散辞任)
9. 10		東北運送業組合理事長（37. 7解散辞任）
33. 2. 11		株式会社東京秋葉銀行蓮田支店長
12. 1		株式会社東京秋葉銀行監査役
34. 9. 2		株式会社東京秋葉銀行取締役（35.12辞職）
35. 9. 21	埼玉県会議員当選(補欠選挙)	
36. 9. 22	埼玉県会議員当選	
38. 7. 10	埼玉県会議員辞職（実業上の理由より）	
39. 6. 15		蓮田運送店を直営とする
10. 1		公明，飯野両運送会社を合併して大宮運送合資会社を設立，倉庫業を兼ねて社長となる（大正5.10. 1，株式会社に改組し取締役社長）
40. 4.		明治運送会社取引店同盟会第一区監となる
9. 22	埼玉県会議員当選	
41. 4.		明治運送会社取引店同盟会東北部第一区委員
11. 23		日光両毛第二区線内運送業組合組織
42. 4. 3		明治運送，日本通業両社連合東北部第三部委員
5. 15		日本線運送業同盟会会長(大4. 4月より関東運送業同盟会)
43. 1. 14	埼玉県名誉参事会員	
2. 16	埼玉地方森林会議員（農商務省）	

第1表（つづき）

年月日	公　　職	実業関係・その他
4．		明治運送，日本通業両社連合東北部第二区委員
8．7	粕壁税務署管内宅地賃借価格調査委員	
44．4．25		明治運送会社評議員
5．22		氷川銀行，氷川貯蓄銀行監査役
9．22	埼玉県会議員当選	
大2．12．11	埼玉県名誉職参事会員	
	埼玉県町村吏員懲戒審査委員	
12．15	政友会埼玉支部常任幹事	
3．2．11		蓮田運送店を合資会社に改組
4．4．27		社団法人全国運送連合会理事
9．1		蓮田共和銀行代理店披露
22	埼玉県会議員当選	
10．13	埼玉県名誉職参事会員	
	埼玉県土地収容審査委員	
11．24	政友会埼玉支部常任幹事	
5．7．2		鉄道運送協会評議員
10．1		大宮運送合資会社を株式会社に改組
11．21	埼玉県名誉職参事会員	
	埼玉県町村吏員懲戒審査委員（大13．2迄）	
12．23	埼玉地方森林会議員（農商務省）	
6．5．27		中央鉄道株式会社監査役
5．		明治運送，日本運送取引店会評議員（大9．4迄）
7．3．14		埼玉中央銀行（武州銀行）設立発起人
25		埼玉甘藷商同業組合組合長
6．6		鉄道運営協会運営委員
8．6		武州銀行創立委員
11．	財団法人埼玉共済会副会長	
8．4．	財団法人埼玉共済会会長	
6．		上野運輸事務所管内組合組織，創立委員
8．14		上野運輸事務所管内公認運送組合設立，副組長
9．22	埼玉県会議員当選	

第1表（つづき）

年月日	公　　職	実業関係・その他
10.	財団法人埼玉共済会理事	
12. 20	政友会埼玉支部代議員	
9．4．4		埼玉甘薯株式会社創立委員
20		上野運輸事務所管内公認運送組合組長（大 15. 3 迄）
4．		明治運送，日本運送両社取引店会第一部長
5．13		東京鉄道局管内公認運送取扱人組合連合会副会長（大 11．5．9，同組合連合会会長）
10. 11．7	第二十六代県会議長	
11．5	埼玉県社会事業協会副会長	
6	埼玉教育会評議員	
12．6．29	埼玉県農会農事調査会委員	
13．1．25	埼玉県会議員当選	
2．23	埼玉県会名誉職参事会員	
27	政友会埼玉支部幹事長	
14．2．13	政友会埼玉支部常任幹事	
15．8．27		大宮合同運送株式会社設立，社長就任
昭2．1		蓮田合同運送合資会社設立，社長就任
3．1	埼玉県会議員満期退職	
5．18		上野運輸事務所管内指定運送取扱人会創設，会長就任
7．		岩槻合同運送株式会社設立，社長就任
7．1．15	埼玉県会議員当選	
9．5．27		東京鉄道局管内指定運送取扱人会連合会副会長（昭 10. 5 迄）
10．7．26		運送相互保証会社取締役

（注）「飯野喜四郎履歴書」（大正 7 年 5 月，飯野家文書 124，埼玉県立文書館蔵），埼玉県立浦和図書館編『飯野喜四郎伝』（昭和 45 年）により作成。

飯野の経済活動をみてみよう。飯野は、明治二十四年に北足立南埼玉両郡甘藷商組合組合長に就任して三十三年九月まで務めた。この他の甘藷関係では、大正七年（一九一八）三月に埼玉甘藷商同業組合組合長、大正九年四月に埼玉甘藷株式会社創立委員を務めている。運送業関係では三十一年四月、日本鉄道第二区日光両毛線運送業組合理事長に就任したほか、三十二年四月には日本鉄道株式会社貨物取扱人組合委員、同年九月には東北運送業組合理事長に就任した。さらに、明治三十九年には大宮運送合資会社を設立し、四十年四月には明治運送会社取引店同盟会第一区監となり、四十一年四月には明治運送会社取引店同盟会東北部第一区委員に就任するなど、飯野は明治三十年代から鉄道貨物輸送業に力を入れていた。

一方、銀行関係では明治三十一年九月の東京秋葉銀行設立に関係し、三十三年には同銀行蓮田支店長、三十四年九月には同銀行取締役に就任した。明治三十二年に県会議員を落選したという最大の理由があったとはいえ、飯野はこの時期に運送会社経営に取り組んだほか、東京秋葉銀行蓮田支店長として経済活動を活発化させた。また、明治四十四年には氷川銀行、氷川貯蓄銀行の監査役に就任したほか、大正六年三月に埼玉中央銀行（のちの武州銀行）[2]発起人、七年に武州銀行創立委員なども兼務した。

以上、飯野喜四郎の活動をみてきたが、飯野の諸活動の特徴は、政治家としての活動ばかりでなく、経済人としても鉄道貨物輸送業および銀行業の経営に強く関与してきたことであり、この両者は相関関係にあったことが理解できた。しかし、従来の研究では、飯野の活動は政治活動の面から論じられることが多く、経済活動に関しては鉄道貨物輸送業ぐらいしか注目されてこなかった。また、銀行業に関しても、飯野は埼玉県内において埼玉農工銀行、武州銀行の設立に深く関与しているが、政治家として設立に関与してきたという評価が強かったといえる。しかし、後述するように明治三十年代の飯野は経済活動を運送業と銀行業の両面において活発化させており、この時期の彼の経済活動は政治活動に影響を及ぼすほど顕著なものであったといえる。つぎに、飯野の鉄道貨物輸送業と銀行業に関する活動を詳細にみてみよう。

注

（1）飯野喜四郎の伝記としては、埼玉県立浦和図書館編『飯野喜四郎伝』（昭和四十五年）がある。また、飯野喜四郎の政治活動に関しては、小山博也『埼玉県政治史断章』（埼玉新聞社、平成十一年）、運送業および武州鉄道については、野崎雅秀「近代一地方政治家の動向—飯野喜四郎と蓮田運送店・武州鉄道—」（『法政大学大学院紀要』第四二号、平成十一年）を参照されたい。また、飯野喜四郎の明治期から大正期までの日記を纏めたものとして、『飯野喜四郎日記Ⅰ』（蓮田市教育委員会、平成十五年）、『飯野喜四郎日記Ⅱ』（蓮田市教育委員会、平成十六年）が出版されている。なお、飯野の埼玉県内での政治経済活動や経歴等については、『蓮田市史』近代資料編（蓮田市教育委員会、平成十三年）に詳しい。

（2）武州銀行に関しては、拙稿「埼玉銀行合同史料（1）」（『明治大学大学院紀要』第二四集（三）昭和六十二年）、を参照されたい。

2、鉄道輸送の発展と飯野運送店の開業

日本鉄道会社は明治十六年（一八八一）七月に第一区間の上野—熊谷間（約六一km）、さらに十八年七月には第二区間の大宮—宇都宮間を開通させた。これにより大宮町は第一区間と第二区間の分岐駅となり、物資輸送の点でも活況を呈することとなった。また、蓮田町は第二区間に位置しており、鉄道輸送網の整備によって発展の可能性をもった。

こうした中で飯野の父である飯野吉之丞は、明治十八年七月に日本鉄道会社の東北本線の敷設にあたって蓮田停車場設置に成功した。ところが、明治十八年八月には飯野吉之丞が死去したため、喜四郎が急遽家督を相続することとなった。喜四郎は東京法学院を中退し、家業に専念することになった。明治二十年には鉄道貨物取扱業が許可され、

蓮田駅前に飯野運送店を開業した(1)。

明治二十一年（一八八八）に東北本線が福島県郡山まで開通すると、飯野は蓮田近辺の青物商人を勧誘して蓮田地方の甘藷を福島県白河町まで輸送した。飯野が青物商人に対して資金を貸与し、もし失敗した折りには飯野が損失を負担するという意気の入れようだった。埼玉の甘藷が東北方面に販路を開拓したのは、これが最初であったといわれている。しかし、埼玉甘藷の需要が拡大するにしたがって当業者の間に不当競争が発生し、ひいては不良品の出荷が多くなり埼玉甘藷の名声を失墜させることにもなった。そこで、飯野は明治二十四年十月に北足立南埼玉両郡甘藷商組合を埼玉県重要物産組合準則に基づいて結成、自らが組合長に就任して三十三年九月までその職を務めた(2)。

「埼玉県北足立南埼玉郡甘藷商組合規約」(3)によれば、この組合は北足立郡および南埼玉郡の甘藷商四分の三以上の同盟をもって結成された。組合の目的は「甘藷売買上ノ弊害ヲ矯正シ農産家ノ実益ヲ増進スル」ことにおかれ、この目的を達成するために次のような方法がとられた。まず、組合で証票、表牌、荷票を調製して組合員に付与した。甘藷買入の際には現品を調査し、上中下三等に区別し、各等級に応じて荷票に付記し、甘藷輸出時には生産者および販売人の姓名・等級を記した荷票を付さねばならなかった。このように、甘藷生産の品質を統一し、生産者および販売人の責任の所在を明確にした。この上で、生産者・組合員が粗悪の甘藷を販売したときは深く説諭を加え、改良を行わしめるとした。また、「組合ノ内外ヲ問ハズ同業者間ニ於ケル取引上ノ負債ヲ全済セズシテ他組合員ヨリ取引スルモノアル時ハ其旨組長へ申告スヘシ」の一項を設け、組合員の負債についても厳しい姿勢をとった。組合では規約に違反したものに対しては、その情状により五〇銭以上五円以下の違約金を出さしめ、重大な違反に対しては除名措置をとった。また、帳簿を作成して、不正者処分と統計調査等の考証に供し、毎年その事蹟を県庁に報告するものとした。

このような甘藷商組合の活動もあり、その後の甘藷輸送は順調に行われたようである。第2表は明治三十六年（一九〇三）の日本鉄道各駅発着貨物数量を示しているが、発送貨物では甘藷が第一位にランクされている駅が多く見ら

第2表　日本鉄道各駅発着貨物数量（明治36年）　（単位：トン）

			発送貨物						到着貨物					
			第1位	第2位	第3位	第4位	第5位	総　計	第1位	第2位	第3位	第4位	第5位	総　計
第一区線	蕨	品名	綿布	米	木材	炭	肥料各種	316	石炭	炭	石材	薪	綿糸	1,824
		数量	130	27	17	11	5		699	253	211	202	122	
	浦和	品名	甘薯	米	綿布	諸麦	木材	1,050	炭	石材	石炭	和酒	木材	6,271
		数量	335	95	70	64	45		972	909	742	383	360	
	大宮	品名	甘薯	繭	綿布	諸麦	米	13,559	炭	石材	石炭	肥料各種	米	11,130
		数量	9,458	531	408	195	137		1,507	1,444	1,264	1,020	910	
	上尾	品名	甘薯	諸麦	繭	米	綿布	4,896	米	石炭	炭	海産肥料	和酒	4,294
		数量	3,725	297	220	182	127		772	742	468	413	292	
	桶川	品名	甘薯	米	繭	綿布	木材	4,520	豆粕	肥料各種	人造肥料	海産肥料	米	5,565
		数量	3,327	296	172	90	87		878	716	480	349	323	
	鴻巣	品名	米	甘薯	諸麦	綿布	石材	4,216	米	石炭	豆粕	食塩	大豆	10,754
		数量	1,875	554	465	155	151		2,461	867	863	833	635	
	吹上	品名	米	綿布	繭	和酒	諸麦	1,876	米	石材	豆粕	石油	大豆	5,445
		数量	892	265	121	109	104		932	898	419	349	340	
	熊谷	品名	繭	諸麦	米	和酒	肥料各種	5,582	石炭	米	石材	食塩	砂糖	23,900
		数量	954	777	425	244	155		4,664	2,446	1,449	1,175	1,043	
	深谷	品名	煉瓦	繭	木材	陶器・土器類	石油	59,065	石炭	米	石油	砂糖	干塩魚	20,347
		数量	56,021	546	533	338	282		8,551	1,907	1,263	593	538	
	本庄	品名	繭	生皮苧，熨斗糸，屑繭	炭	和酒	諸麦	4,019	米	石炭	食塩	砂糖	石炭	17,550
		数量	1,837	350	345	190	60		4,642	2,178	1,050	917		
	神保原	品名	繭	石炭	馬	諸麦	生糸 3 木材 3	96	石炭	木材	石炭	馬	人造肥料 28 肥料各種 28	543
		数量	7	7	6	4			112	90	83	49		
第二区線	蓮田	品名	甘薯	綿布	繭	木材	米	1,431	石炭	炭	石材	米	肥料各種	2,426
		数量	1,064	49	29	28	23		678	374	247	214	171	
	久喜	品名	諸麦	米	綿布	繭	和酒	2,617	炭	石材	石材	米	石炭	16,287
		数量	798	593	180	97	71		1,167	1,094	965	906	711	
	栗橋	品名	諸麦	綿布	醤油	繭	葉烟草	1,528	石炭	石材	木材	薪	炭	9,766
		数量	273	151	131	112	57		3,645	1,491	1,373	723	396	

（注）老川慶喜『埼玉の鉄道』（埼玉新聞社，昭和57年）50—51頁。

れる。浦和、大宮、上尾、桶川、蓮田である。また、熊谷、本庄、神保原などからは繭が発送され、深谷からは日本煉瓦で製造された煉瓦が発送されている。第二区線の久喜と栗橋では諸麦・綿布・繭、蓮田では甘藷のほか綿布・繭・木材・米が主たる発送品であった。一方、到着貨物では、両区の各駅とも石炭・石灰・石材・米・肥料などが到着していた(4)。

さて、日本鉄道会社は明治二十六年に株式会社形態をとり、日本鉄道株式会社に組織換えした。同社は東北地方に路線拡張していたが、二十年代から三十年代にかけての収益率は路線によって異なっていた。最も高い収益率を上げていたのは第一区で開業後平均一割以上の収益率を達成していた。蓮田駅は第二区に所属していたが、同区は明治二十年下期以降は一割以上の収益率を上げ、第一区を上回る営業期も見られた。第三区も明治二十七年以降は一割以上の収益率を上げていたが、第四区と第五区の収益率は低かった。そのため、第四区は開業後一三年間、第五区は一四年一〇カ月間の利益保証を受けることになった。つまり、日本鉄道の路線でも関東地方は高収益であったが、仙台以北の東北地方では低収益に苦しんでいたことになる(5)。

飯野が開業した蓮田駅と大宮駅は高収益路線であり、営業的な旨みもあったと思われる。大宮町は、明治二十九年に作成された大宮商業銀行設立関係書類の中で、「中仙道ノ一駅ニシテ従前ヨリ重モニ商業ヲ営ミ居リシガ中仙道鉄道ノ貫通ト此所ヨリ分岐シ奥州ニ達スル第二区線ノ布設ハ商況ヲ盛ニシ特ニ運輸ニ関シテハ奥州ノ咽喉トナリ米麦甘藷其他ノ物資一旦茲ニ集積シ而シテ各地へ輸送スルヲ以テ今日ノ状況郡内第一ノ繁盛地トナレリ」(6)と記されているように、鉄道開通による輸送業の発展が著しいところであった。大宮駅の物資の集散数量および価額は第3表のとおりであり、輸出では米が二万石、一九万円、甘藷は二〇万俵、四万五〇〇〇円であった。また、輸入では呉服の七万五〇〇〇円を筆頭に太物、砂糖などが主たるものであった。

第4表は、明治三十六年の日本鉄道株式会社各区の営業収入を示している。最も高収入は海岸線（常磐線等）の二

第3表　大宮駅取扱物資（明治29年）

輸出			輸入		
品目	数量	価額	品目	数量	価額
米	20,000石	190,000円	石油	2,000箱	4,500円
麦	5,000石	15,000円	塩	35,000俵	8,750円
豆	3,000石	18,000円	砂糖	1,500箱	12,000円
甘薯	200,000俵	45,000円	呉服	15,000疋	75,000円
繭	2,500貫	7,500円	太物	50,000反	40,000円
茶	10,000升	5,000円	肥料	30,000貫	6,000円
木綿織物	25,000反	12,500円	炭	80,000貫	5,714円
種油	26石	780円	紙類	20,000帖	320円

（注）「大宮商業銀行設立願ニ対スル調査事項ノ件ニ付具申」（埼玉県行政文書『商工業部・会社（銀行）明3580』明治30年，埼玉県立文書館蔵）により作成。

第4表　各区営業収入内訳（明治36年）

	旅客		貨物		営業収入
	金額	%	金額	%	
	千円		千円		千円
第一区	1,133	53	846	39	2,148
第二区	799	36	1,244	57	2,196
第三区	560	42	623	47	1,320
第四区	420	51	323	39	825
第五区	317	47	231	34	670
山手線	146	51	102	36	285
海岸線	821	31	1,521	57	2,652
日光線	122	60	58	28	204
塩釜線	15	38	9	23	39
八戸線	9	41	3	14	22
両毛線	291	57	162	31	515
秋葉原線	0	0	29	26	110

（注）⑴　星野誉夫「日本鉄道会社と第十五国立銀行」（3）（『武蔵大学論集』第19巻第5・6号，昭和47年）129頁による。
⑵　原史料は日本鉄道『年報』。なお，営業収入には手小荷物収入が含まれている。

六五万二〇〇〇円であり、ついで、二一九万六〇〇〇円の第二区、二一四万八〇〇〇円の第一区という状況であった。旅客収入と貨物収入でみてみると、海岸線は貨物が五七％、旅客が三一％、また第二区も貨物五七％、旅客三六％と貨物収入が旅客収入を上回っていた。第二区では旅客収入が七九万九〇〇〇円、貨物収入が一二四万四〇〇〇円となっており、貨物収入が一〇〇万円を突破していたのは、海岸線と第二区のみであった。一方、第一区は旅客収入一一三万三〇〇〇円、貨物収入八四万六〇〇〇円であり、旅客収入が貨物収入を上回っていた。いずれにしても、第二区は貨物取扱い業には好都合の路線であったことには間違いなく、飯野の貨物運送業も活況を呈することになった。

注

（1）飯野は明治二十年十月に「陸運貨物請負営業願」を埼玉県知事に出し、同月二十六日に許可されている。この営業願の内容は「私儀本県甲第四十七号御布令ヲ遵奉シ明治廿年十月一日付ヲ以テ連合総代人近藤圭三御認可ヲ受候埼玉連合陸運営業規約ニ拠リ貨物請負業相営度御認可之上ハ御成規之通身元保証トシテ金五拾円ニ相当スル不動産相納可申候間御聞済被成下度奉願候也」というものであった（埼玉県行政文書、三八三）。

（2）飯野喜四郎の経歴については、「産業及運輸ニ関スル経歴ノ大要」（「飯野家文書」一二五、埼玉県文書館所蔵）、「事蹟概要」（埼玉県行政文書三八五）に詳しい。

（3）「埼玉県北足立南埼玉郡甘藷商組合規約」（埼玉県行政文書『商工務部・商工業（組合）』明三五九二）、明治三十一年、埼玉県立文書館蔵。

（4）埼玉県の鉄道については、老川慶喜『埼玉の鉄道』（埼玉新聞社、昭和五十七年）が詳しい。

（5）前掲「日本鉄道と第十五銀行」（3）、一二四―一二六頁。

（6）「大宮商業銀行設立願ニ対スル調査事項ノ件ニ付具申」（埼玉県行政文書『商工務部・会社（銀行）』明三五八〇』、明治三十年、埼玉県立文書館蔵）。

3、東北運送業組合の設立

明治二十年代後半から四十年代初頭の時期は、鉄道輸送の発展に伴ない、従来から陸上運送を支配していた内国通運会社の独占状態が破れ、全国各地に運送会社が設立された。天竜運輸株式会社（明治二十五年五月設立）、京三運輸株式会社（明治三十年十一月設立）、日本逓業株式会社（明治三十一年八月）、明治運送株式会社（明治四十年三月設立）などの有力な運送会社が設立されたのもこの時期であった。

また一方では、日本の通運業が長距離道路輸送から鉄道貨物取扱業へ全面的に転換したため、全国各地に小業者が乱立した。前述のように、明治二十五年には内国通運系業者だけでも全国で五〇七一店に達したほどである。このような小業者の乱立は、業者間の競争を激化し、その採算を悪化したばかりでなく、これを埋め合わせるための各種の不法行為を生み出し、業者の信用を低下させることになった。これを改善するために、各地の有志によって同業者の団体が生み出され、業者の乱立と過当競争・不法行為の防止に乗り出すことになった(1)。日本鉄道では田端—高崎間、前橋—小山間、蓮田—豊原間、宇都宮—日光間の同業者による日本鉄道第一運送業同盟会が設立されたほか、関西運輸同盟会、北陸運輸同盟会などが全国各地に結成された。

第5表は明治三十二年二月の日本鉄道株式会社貨物取扱人組合の組合員を示している。これによれば、同組合には一七八人の組合員・組合会社が所属し、地域によって第一部から第十一部に分かれていた。最も組合員・組合会社が多いのが、埼玉県蓮田駅から栃木県日光駅までを包含した第四部である。この地域には三九の組合員が所属しており、蓮田駅には飯野喜四郎が内国通運株式会社取引店を開業していた。ついで多いのが埼玉県大宮駅から群馬県高崎駅までに至る第二部であり、三一人の組合員が所属した。飯野喜四郎は大宮駅でも内国通運株式会社取引店を開業しており、日本鉄道株式会社の貨物取引で賑わう場所に運送店を構えていたことになる。

第5表　日本鉄道株式会社貨物取扱人組合員（明治32年2月調）

区　分	駅　名	会　社　名	氏　名
第一部	秋葉原	三嶙合資会社	田島達策
	同	内国通運株式会社神田支店	小池敬定
	同	金井運送店	金井恒八
	同	上武運送店	前田重助
	同	帝国中牛馬東京合資会社	小山五左衛門
	同	三立社	川島卯一郎
	同	共同中牛馬合名会社	中澤與左衛門
	同	原鐵神田支店	田中徳太郎
	同	北上株式会社東京支店	島谷常助
	同	小林運送店	鈴木五三郎
	同	山田運送店	山田金太郎
	同	福島誠一合名会社神田支店	浅倉忠五郎
	同	水戸運送店	須田古眞
	同	朝松組	藤田虎次郎
	同	日本運輸株式会社秋葉原支店	翠川彌吉
	隅田川		松永平治郎
	同	丸炭運送合資会社	上原伊助
	同	岡田運送店	岡田長一
	同	丸玉合資会社	井筒定吉
	同	米澤陸運株式会社	古藤禮助
第二部	大宮	白田運送店	小林留吉
	同	内国通運株式会社取引店	穂積常八
	同	公明運送店	小嶋寅治郎
	同	飯野運送店	飯野喜四郎
	上尾	内国通運株式会社取引店	田中良三
	同	小川運送店	小川信次郎
	桶川	内国通運株式会社取引店	府川秀之助
	鴻巣	岡部運送店	岡部金之助
	同	新井運送店	新井末吉
	吹上	内国通運株式会社取引店	島村央次郎
	同	丸加運送店	石川治部
	熊谷	内国通運株式会社代理店	小林兵右衛門
	同	金井運送店	関口磯次郎
	同	三立社代理店	新井長右衛門
	同	鯨井運送店	小高増太郎
	同	帝国中牛馬合資会社代理店	石川保太郎

第5表（つづき）

区　分	駅　名	会　社　名	氏　名
	深　谷	内国通運株式会社取引店	春山　長吉
	本　庄	同	森田　千代壽
	同	本庄倉庫運輸部	大竹　理三郎
	新　町	内国通運株式会社取引店	田嶋　達策
	同	千木良運送店	千木良　雅蔵
	高　崎	内国通運株式会社高崎支店	小泉　誠之助
	同	共同中牛馬合名会社高崎支店	中澤　與左衛門
	同	矢島運送店	矢島　八郎
	同	帝国中牛馬合資会社高崎支店	小山　五左衛門
	同	福澤荷物方	福澤　仁太郎
	同	関口運送店	関口　耕三郎
	同	三鱗合資会社	田嶋　達策
	同	鈴木運送店	鈴木　庄衛
	同	水谷運送店	木暮　三代造
	同	森橋運送店	成田　兼之助
第三部	前　橋	内国通運株式会社前橋支店	
	同	松井運送店	山口　和助
	同	前橋運便組運送店	福嶋　彦太郎
	伊勢崎	内国通運株式会社取引店	武　孫平
	桐　生	同　代理店	小泉　武八郎
	同	早川運送店	早川　忠兵衛
	同	新井運送店	新井　文八
	足　利	内国通運株式会社代理店	小泉　武八郎
	同	早川運送店	早川　忠兵衛
	同	正運社	高井　平兵衛
	佐　野	荒居運輸店	荒居　重平
	同	亀田運送店	亀田　利三郎
	栃　木	栃木運送店	石川　主一郎
	同	内国通運株式会社代理店	秋山　孝一郎
	同	大出運送店	大出　定次郎
第四部	蓮　田	内国通運株式会社取引店	飯野　喜四郎
	久　喜	同　代理店	関　清右衛門
	同	吉岡運送店	吉岡　久七
	栗　橋	古川運送店	古川　平兵衛
	小　山	西村運送店	小池　兵二
	同	三井運送店	松本　鐵太郎

第5表（つづき）

区　分	駅　名	会　社　名	氏　名
	同	内国通運株式会社代理店	小泉　武八郎
	石橋	同　取引店	青木　幸蔵
	宇都宮	池田運送店	池田　新八
	同	菊地運送店	坂本　八郎
	同	内国通運株式会社代理店	秋山　孝一郎
	同	坂本運送店	坂本　茂十郎
	氏家	瀧澤運送店	村上　義郎
	同	鈴木運送店	大門　恒作
	矢板	矢板運送店	大嶋　喜四郎
	西那須野	黒羽運送店	植竹　三四郎
	同	内国通運株式会社取引店	杉村　大助
	同	大金運送店	大金　專太郎
	同	川上運送店	川上　直吉
	黒磯	中嶋運送店	中嶋　常吉
	同	黒磯合同運送店	逸見　卯三郎
	同	植竹運送店	植竹　三四郎
	同	運送合資会社	植竹　銓太郎
	黒田原	大平運送店	大平　善一郎
	同	黒田原運送合資会社	藤田　和三郎
	同	丸正運送店	藤田　辰五郎
	同	植竹運送店	植竹　三四郎
	同	金子運送店	金子　新八郎
	白河	内国通運株式会社代理店	常磐　千義
	同	澤野運送店	野澤　萬之助
	同	安田運送店	坂本　清吉
	同	藤田運送店	定田　幸之助
	鹿沼	丸大運送店	松崎　治平
	同	内国通運株式会社取引店	石塚　幸太郎
	今市	加藤運送店	加藤　半治
	同	丸今薪炭合資会社	池田　惣三郎
	同	内国通運株式会社取引店	大橋　覺平
	同	共同運送店	村上　禄郎
	日光	山崎運送店	山崎　恭次
第五部	矢吹	内国通運株式会社取引店	横川　榮二
	須賀川	日本運輸株式会社代理店	大橋　貞吉
	同	内国通運株式会社取引店	竹内　喜平

第5表（つづき）

区　分	駅　名	会　社　名	氏　名
	郡　山	同　郡山支店	
	同	共同中牛馬合名会社郡山支店	中澤　與左衛門
	同	横山運輸店	横　山　熊　吉
	二本松	内国通運株式会社代理店	同
	福　島	同　福島支店	
	同	福島運送店	朝　倉　與四郎
	白　石	山田運送店	山　田　忠治郎
	同	内国通運株式会社取引店	上　西　無二三
	大河原	同	村　上　伊　平
第六部	仙　台	内国通運株式会社仙台支店	小　泉　邦三郎
	同	尾崎運送店	尾　崎　興　利
	同	日本運輸株式会社出張店	木　村　保之助
	同	奥羽水陸運輸株式会社支店	矢　内　信　任
	塩　釜	旭組及川店	及　川　仙兵衛
	同	鹽佐運送店	鹽　佐　半　吉
	同	内国通運株式会社取引店	白　石　廣　一
	同	塩釜海産物組合運送丸一店	浅　野　久太郎
	小牛田	内国通運株式会社取引店	鎌　田　常之助
	同	手島運送店	手　島　雄八郎
	同	武藤運送店	武　藤　文　平
	同		伊　藤　直　治
	石　越		高橋　徳右衛門
第七部	一ノ関	内国通運株式会社取引店	千　葉　喜十郎
	同	北上株式会社聯合店	小山田　文治郎
	黒澤尻	内国通運株式会社取引店	佐　藤　金太郎
	同	斎藤運送店	斎　藤　惣五郎
	同	北上株式会社聯合店	木　村　源　吉
	水　澤	東北運送合資会社	郷　右近清四郎
	花　巻	内国通運株式会社取引店	橋　本　喜　助
	盛　岡	同　盛岡支店	
	同	北上株式会社	大　田　小二郎
	同	成瀬運送店	成　瀬　米　吉
	同	丸榮運送店	佐　川　茂太郎
	川　口	内国通運株式会社取引店	千　葉　幹　枝
第八部	一ノ戸	堀口運送店	堀　口　與三郎
	三ノ戸	内国通運株式会社取引店	鈴　木　太　郎

第5表（つづき）

区　分	駅　名	会　社　名	氏　名
	八ノ戸	同	秋山　孝一郎
	同	北上株式会社聯合店	横澤　新太郎
	湊	同	同
第九部	青森	内国通運株式会社青森支店	宮嶋　六三郎
	同	丸三運送店	三浦　市太郎
	同	三立社支店	田中　林七
	同	陸運合資会社	豊田　太右衛門
	同	海陸運送舎	益城　速雄
第十部	結城	内国通運株式会社取引店	簗島　國三郎
	同		坂本　直諒
	下館	内国通運株式会社取引店	中野　市十郎
	同	下館同盟通運合資会社	和田　兵助
	岩瀬	内国通運株式会社取引店	友常　萬太郎
	笠間	加藤運送店	加藤　唯七
	同	笠間運送安藤店	安藤　金治郎
	同	内国通運株式会社取引店	岩崎　與兵衛
	友部	同	山口　松之助
	内原	同	金澤　直一郎
	水戸	同　　　　　水戸支店	
	同	水戸運送合資会社	吉村　泰
	同	丸三運送店	岡部　亀五郎
	土浦	内国通運株式会社取引店	色川　三郎兵衛
	同	土浦運輸合資会社	斎藤　勝次
	高浜	内国通運株式会社取引店	稲葉　榮次郎
	石岡	石岡運送合資会社	篠目　八郎兵衛
第十一部	川尻	内国通運株式会社取引店	石　平之亟
	高萩	同	同
	同	高萩運送合資会社	今川　浅吉
	関本	内国通運株式会社取引店	菊地　八次郎
	植田	同	鷲　清昇
	平	内国通運株式会社代理店	阿部　乙二郎
	同	平運送合資会社	鈴木　雄次
	長塚	内国通運株式会社取引店	鈴木　市十郎
	原ノ町	同	村井　求己

（注）「日本鉄道株式会社貨物取扱人組合人名（明治32年2月）」（飯野家文書1029，埼玉県立文書館蔵）により作成。

また、明治三十一年二月には東京・横浜・名古屋・京都・大阪・神戸の六大駅有力業者の発起によって、東京市芝区に全国運輸連合会が設立された。これは全国的に組織され、明治三十三年に正会員三〇〇、四十五年には正会員八〇〇、準会員五〇〇を擁する大運輸団体となった。一方、内国通運会社とその取引店は、すでに取引店同盟会を組織して独自の活動を行っており、全国運輸連合会には参加しなかった。したがって、全国運輸連合会は内国通運系に対する業者の結束団体的色彩をおび、役員には日本逓業株式会社や明治運送株式会社のいわゆる日明系の有力者が選任された。全国運輸連合会の目的は鉄道運送取扱業の改善・発達と同業者の信用の向上におかれ、全国同業者の信用度の調査、必要な貨物保管場の設置、官庁または鉄道会社への意見具申、会員間の紛議の仲裁、模範従業者の表彰、機関誌の発行などの事業を掲げていた。その他、会員間の交互計算や同業者の乱立防止にも力を注いだ。同連合会の交互計算は、巡回方式によって明治三十二年（一八九八）七月から開始された。発足当初は運賃取立を依頼するものが全会員の半数にも達せず、毎月の経費を賄うことも困難であったが、数カ月の後に全会員の約八割を確保し、三十三年以後はおおむね順調な発展をたどった(2)。

飯野も鉄道貨物輸送を行うにあたり、遠隔地間の業者に何等連絡網がなかったため運賃計算等について問題も多く、このために運送業組合の設立を行った。まず、明治三十一年二月に第二区（大宮—黒磯間）日光線運送業組合を組織して、当時運送業界で問題となっていた「運賃取立」に関して「巡回計算」を開始した。さらに明治三十二年にはこれを東北運送業組合と改称した上に、機関雑誌『東北』を発行して組合長を務めた(3)。

「東北運送業組合規定」(4)によれば、東北運送業組合は「日本鉄道株式会社ト連絡シテ貨物運送業ヲ営ムモノ」をもって組織され、「同業者相互ノ利便ヲ謀リ運賃貸借ノ同盟計算ヲ処理シ及ヒ貨物取扱ヲ一定スル」ことを目的とした。組合は共同の利害に関する事項や各鉄道会社に対する請願・要求等は総会決議をもって理事長が行うことになっていた。組合員は身元保証金として一店あたり五〇円を差し出し、総会の決議を経た上で入会が承認された。この身元保証金については「確実ナル銀行ニ預ケ置理事長之ヲ取扱フ」ことになっており、東北運送業組合の設立と共に確実なる銀行が必要となったといえよう。飯野が東京秋葉銀行の設立に深く関連していったのもかかる理由があったと考えられる。

東北運送業組合の運賃計算をみてみよう。明治三十二年五月に制定された「東北運送業組合同盟計算規定」によれば、同組合は同盟各店の運賃貸借計算を処理するために計算員を若干名おいた（第一条）。同組合の同盟計算区域は日本鉄道株式会社全線各駅、高崎横川間各駅、新宿八王子各駅、新橋横浜間であり、計算員は毎月一回区域内各駅を巡回した（第二条・第三条）。計算費用を賄うために、同盟店に月額金と請求金の二種の負担金を設けていた（第四条）。月額金は一等二円から五等三〇銭までの五段階に分かれ、請求金額は金額に応じて二〇円未満三〇銭、五〇円未満五〇銭、百円未満一円、一五〇円未満一円三〇銭、二〇〇円未満一円五〇銭となっており、二〇〇円以上は五〇円毎に二五銭を加えた。なお、請求を行わない店は月額金のみが徴収された。運賃の請求方法は、同盟各店は前月中の運賃残高を調査の上、封緘してその金額を表面に記載して、これに報告書を添えて毎月五日までに組合事務所に送付することになっていた（第五条）。荷為替、貸金、立替支払等を請求するものは、前もって支払店にむけて照会を行い、承諾の回答を得た上で請求した（第六条）。計算員は各店の請求書および報告書を調査し、決算書を作成して毎月十日に出発した（第七条）。同盟各店は計算員より決算書を交付されたときには速やかに現金をもって支払うことになっていた（第八条）。決算に対して支払いを行わなかった場合や虚偽の請求を行った事実を発見したときは、計算員は直ちに事務所に通報し、事務所はその旨を各同盟店に速報するとした（第九条）。この通知を受けた各同盟店は本組合より何らかの通報あるまではその店に対して先払荷物の発送を中止しなければならなかった（第十条）。このような運賃精算以外としては、前借制度の存在をみることができる。つまり、同盟各店で毎月の規定の請求に先立って金銭が必要な場合には、各店に対する請求書を添えて前借を申し込むことができた（第二十条）。貸与金額は請求書に対する七割で

第6表　東北運送業組合・組合員一覧

県別	市町村	運送店名	代表者
埼玉県	大宮駅	飯野運送店業務担当	小　森　勝　吉
	大宮駅	公明運送店	小　島　寅次郎
	浦和駅	埼玉用連会支店	名古谷　留之助
	上尾駅	小川運送店	小　川　信次郎
	桶川町	共同運送店	武　藤　重次郎
	鴻巣町	新井運送店	新　井　末　吉
	吹上駅	丸加運送店	石　川　治　部
	栗橋駅	古川運送店	古　川　宇兵衛
	久喜駅	昇運送店	
	蓮田駅	蓮田運送店	飯　野　喜四郎
群馬県	高崎駅	水谷運送店	小　暮　三代蔵
	前橋駅	運使組運送店	福　嶋　彦三良
	伊勢崎駅前	柿沼運送店	柿　沼　儀十郎
茨城県	水戸市上市棚町	小木谷運輸店	小木谷　弥　介
	結城町	築峰運送店	築　峰　圭　三
	結城町	坂本運送店	坂　本　直　諒
	川島駅	川島運漕店	池　羽　雄　吾
	岩瀬駅	川井運送店	川　井　芳太郎
	福原駅	西山内運送店	森　田　清　吾
	友部駅	友部運送店	友　部　作之助
	赤塚駅	赤塚運送合資会社	平　戸　喜代春
	水戸駅	丸三運送店	岡　部　亀五郎
	水戸駅	水戸運送合資会社	吉　村　　泰
	高浜駅	篠月運送店	大　島　良　蔵
	石岡駅	石岡運送合資会社	高　久　松次郎
	岩間駅（土浦線）	町田運送店	町　田　作　造
	笠間駅	笠間運送安藤店	安　藤　重次郎
	笠間駅	加藤運送店	加　藤　賑　七
	下館駅	下館同盟運送合資会社	
	土浦駅	和泉運輸店	和　泉　栄　助
	土浦駅	土浦運輸合資会社	
	藤代駅	宮嶋運送店	宮　嶋　為　吉
	友部駅（土浦線）	丸友運送店	友　部　庄　介
	稲田駅（水戸線）	稲川運送店	長　嶺　正　吉
	古河駅	斉藤運送店	斉　藤　啓太郎
	磯原駅	野口運送店	志　賀　文　吉
	高萩駅	高萩運送合資会社	宇　川　政　吉
	川尻駅	海陸運送合資会社	樫　村　幸太郎
	関本停車場前	関本運送店	菊　池　八次郎
東京府	北千住駅	飯塚運送店	飯　塚　与　助
	新宿駅前停車場前	旭屋運送店	市嶋　小右衛門
	板橋駅	高木運送店	高　木　武兵衛

第6表（つづき）

県別	市町村	運送店名	代表者
	王子駅停車場前	日本運輸同盟店	宇田川倉吉
	八王子町	山本中牛馬合名会社	山本清吉
	神田区	合名会社水戸運送店	岡山覚次郎
千葉県	松戸駅	陸浜運送店	本橋平三郎
栃木県	岩船駅前	大山運送店	大山三郎右衛門
	石橋駅前	野尻運送店	野尻甚作
	日光町	共同運送店	近藤栄七
	日光町停車場前		近藤栄七
	栃木駅	小山三井支店	松本鉄太郎
	栃木町	栃木運送店	石川圭一郎
	氏家駅	鈴木運送店	
	氏家町	橋本運送店	橋本源次郎
	氏家町	滝沢運送店	村上義郎
	岡本駅	黒崎運送店	黒崎豊一郎
	西那須町停車場前	川上運送店	川上直吉
	小山駅	西村運送店	小池兵二
	小山駅	三井運送店	松本鉄太郎
	佐野駅（両毛線）	佐野運送店	飯島新三郎
	小俣駅		須藤愛三
	黒磯駅	逸見運送店	
	宇都宮市	池田運送店	
	宇都宮市	坂本運送店	
福島県	福島町停車場前	使送組早坂運送店	早坂庄七
	木戸駅停車場前	永山運送店	永山健吉
	須賀川停車場前	丸万運送合資会社	二瓶元吉
	瓦崎停車場前	丸七運送店	渡邊 吾左衛門
	中村停車場前	今野運送店	今野大治
	中村駅		館岡庯三
	長塚駅	大立運送店	立野義長
	浪江駅	大運送店	百足万吉
	広野駅	広野運送店	鈴木幸蔵
	平駅	平運送合資会社	鈴木雄次
	植田駅	中根運送合資会社	古川徳三郎
	郡山町	横山運輸店	横山熊吉
	郡山町	共同中牛馬合名会社支店	坂本浅太郎
宮城県	仙台市	日本運輸株式会社仙台支店	木村保之助
県不明		下孫運送合資会社	長家左卜
		大□運送店	沢畑庯之介
		石川運送店	石川要之介

（注）「東北運送業組合規約」（飯野家文書 345，埼玉県立文書館蔵）により作成。

あり、日歩四銭であった（第二十一条）。

つぎに組合員についてみることにしよう（第6表）。組合員は埼玉県、茨城県、栃木県、福島県、宮城県、東京市の範囲から構成されており、八〇業者が参加していた。最も組合員が多いのが茨城県の二五業者であった。これらの業者の中には、茨城県古河町の斉藤運送店（斉藤啓太郎）、栃木県小山市の西村運送店（小池兵二）など、飯野喜四郎と特に深い関連があった業者も含まれていた。

注

（1）埼玉県では、明治二十二年に「埼玉県陸運聯合営業者規約」が陸運営業人のうち特に同盟した者及び埼玉県用達社本分社支店が中心となって作成し、同業組合を組織している。これによれば、この同業組合は陸運貨物受負及び人馬継立から構成され、「同業者間ノ宿弊即徒ニ運賃低落ノ競争ヲナシ為メニ反テ運送ノ遅滞ヲ来タシ貨主ヲシテ商業上ノ機会ヲ失ハシメ又或ハ目前ノ小利ニ眩惑シ彼我相聯絡共同相扶助シ以テ始テ斯業ヲ為スヲ得ルノ深意ヲ知ラス軽率無計猥リニ業ヲ開キ竟ニ産業ヲ傾ケ信ヲ失シ其害延テ一般ノ面目ヲ汚ス如キ其他従来社会ニ賤業視セラル、弊害ヲ矯メ正実業務ニ従事シ以テ信用ヲ堅フシ地位ヲ尚フシ以テ一般同業者ノ龜鑑トナリ以テ真ニ開明ノ媒助者タル営業ニ耻ツル所ナキヲ目的トス」とした。この同業組合では、運賃の動向に注目し、同盟者間の紛議を仲裁した。また、荷為替金が必要な者に対しては貨物の出所、品質原価等を取調べ保証人を立てた上で原価の五割を超えない範囲で貸与した（埼玉県行政文書『勧業部』、明一五一八―四、明治二十二年）。

（2）『日本輸送史』（株式会社日通総合研究所、昭和四十六年）、三五三―三五九頁。

（3）前掲『飯野喜四郎伝』、一三〇頁。

（4）「東北運送業組合規定」（飯野家文書三四五、埼玉県立文書館所蔵）。

二、飯野喜四郎と銀行業

1、蓮田地方の銀行設立状況

明治三十四年（一九〇一）までの埼玉県内の銀行設立状況は第7表のとおりである。これによると、県内で最も金融機関の設立が活発であったのは入間郡であり、三十四年末までに県内の銀行および銀行類似会社の約三割にあたる六〇行が設立されている。ついで、児玉郡の二二行、北足立郡の二一行、比企郡の一九行とつづいている。一方、飯野喜四郎が運送業を営む蓮田町は粕壁、久喜などと共に南埼玉郡に属していたが、同郡の銀行および銀行類似会社の設立は七行であり、県内で最も銀行設立の低調な郡であった。しかし、南埼玉郡は地理的に見て、大宮、浦和を含む北足立郡、さらには北葛飾郡、北埼玉郡とも近い距離にあり、飯野喜四郎も蓮田町周辺の金融機関と取引関係があった。

つぎに、蓮田町周辺の主な銀行設立状況（第8表）をみると、明治二十八年十二月に粕壁銀行が資本金一〇万円で設立されている。二十年代には粕壁銀行と明治貯蓄銀行の二行だけであったが、三十年代に入ると銀行設立が活発となった。三十年には加須銀行、三十一年には久喜銀行、粟橋銀行、大宮商業銀行、菖蒲銀行、越谷貯蓄銀行の五行が設立された。さらに、三十三年には桶川銀行、栗橋商業銀行、杉戸銀行が設立され、蓮田町周辺には銀行設立がほぼ完了した情勢となった。しかし、東京秋葉銀行蓮田支店設置以前には蓮田町に本店を置く銀行は設立されることはなかった。

こうしたところから、飯野喜四郎は資金調達を行うにあたって明治三十一年設立された大宮商業銀行[1]を利用していた。飯野は大宮にも運送店を開業しており、同店とは密接な関係にあったと思われる。第9表は飯野と大宮商業銀行との当座貸越状況を示している。飯野は明治三十二年六月に大宮商業銀行との間に「当座預金貸越約定書」を締結し、七〇〇円までの貸越契約（担保畑一町四反二畝五歩）を結んだ。ちなみに、利率は日歩三銭三厘で、毎年四回（三月、六月、九月、十二月）貸越金利息を支払うこととした。明治三十二年十二月から三十六年六月までの貸越金額は約六八〇円程度に上っており、これに対する利息が二〇円前後に及んでいる。ただし、利息支払いは停滞していたようであり、大宮商業銀行からの督促状がしばしばみられる。当座貸越金積数は毎期とも約六万円であり、最も多かったのは明治三十五年十二月三十一日の六万八一五四円であった。また、飯野は明治三十九年十二月十四日に九〇〇円（日歩二銭五厘）、同年十二月十九日に二〇〇〇円（日歩二銭五厘）を借り入れている（第10表）。こうした金額からも、

第7表　明治34年末までの銀行ならびに類似会社設立分布

郡名	行数
入間郡	60
児玉郡	22
北足立郡	21
比企郡	19
大里郡	13
秩父郡	14
北埼玉郡	12
北葛飾郡	8
南埼玉郡	7
合計	176

（注）『埼玉銀行史』（昭和43年），22頁。

第8表　蓮田町周辺の主な銀行設立

銀行名	設立年月	資本金
粕壁銀行	明治28年12月	10万円
明治貯蓄銀行	29年5月	3万円
加須銀行	30年3月	6万円
久喜銀行	31年3月	10万円
栗橋銀行	31年7月	5万円
大宮商業銀行	31年7月	5万円
菖蒲銀行	31年8月	5万円
越谷貯蓄銀行	31年11月	3万円
桶川銀行	33年5月	8万円
栗橋商業銀行	33年8月	3万円
杉戸銀行	33年10月	10万円
浦和商業銀行	34年5月	15万円

（注）『埼玉銀行史』（昭和43年）により作成。

第9表　飯野喜四郎と大宮商業銀行（1）（当座預金貸越）

利息支払期日	貸越金額	利　　息	当座貸越金積数
明治32年12月31日	602円	17円25銭	
33年4月10日	687円62銭	17円40銭	5万7,953円
6月30日	686円56銭	18円97銭	5万9,199円
10月6日	686円56銭	21円67銭	6万3,112円
12月30日	681円56銭		
34年4月5日	681円56銭	21円59銭	6万1,668円
6月30日	681円56銭	21円75銭	6万2,125円
12月31日	681円56銭	22円7銭	6万3,048円
35年4月10日	681円56銭	21円46銭	6万1,290円
10月10日	680円	21円98銭	
12月31日	680円	22円	6万8,154円
36年6月30日	680円53銭	21円67銭	6万1,901円

（注）（1）「銀行会社来翰状」（飯野家文書361，埼玉県立文書館蔵）により作成。
（2）明治43年1月28日に700円が返済されている。

飯野は大宮商業銀行から資金調達を受けて貨物輸送業を経営していたことがわかる。

飯野は大宮商業銀行以外の銀行とも取引を行っていたが、久喜銀行[2]とは明治三十五年六月十一日を支払期限とする借入金があり、利息は三五円七六銭に及んだ。また、明治三十六年五月十二日には二〇〇円を借入している（三十六年七月三十日期限）。さらに、後述する東京秋葉銀行とは明治三十四年ころから二五〇円程度を貸越限度とする当座貸越を結んでいたようであり、三十四年十月十日には一〇円四〇銭（二万六〇〇一円の当座貸越金積金）、三十五年四月五日には九円七銭の利息支払要求がきている。この他に、栃木県の小山銀行、佐野銀行、東京府の日出銀行などとも取引関係があった[3]。

以上のように、蓮田町には銀行が設立されなかったが、飯野は県内、県外の銀行を利用して貨物輸送業の資金調達を行っていた。こうした中で、明治三十四年九月には東京秋葉銀行蓮田支店が設置されることになった。

注

（1）大宮商業銀行の設立書類によれば、「投資ノ主ナル目的ハ米、

第10表　飯野喜四郎と大宮商業銀行（2）（貸付金）

貸出日	返済日	金　額	利　息	担　保
明治39年12月14日	明治41年12月20日	900日	日歩2銭5厘	宅地8畝，家屋5棟
明治39年12月19日	明治39年12月30日	2,000円	日歩2銭5厘	栗橋商業銀行仮株券10株券2枚，東京秋葉銀行株券30枚
明治43年6月28日	明治43年12月30日	50円	日歩2銭8厘	第2回国庫債券額面50円券1枚

（注）「銀行会社来翰状」（飯野家文書363，埼玉県文書館蔵）により作成。

甘藷、織物、ニ対シ貸出シ又ハ為替ヲ取組ムニアリ」と述べられており、同銀行が運送業関係に対する貸し出しを主目的にしていたことが明らかである（「大宮商業銀行設立願ニ対スル調査事項調ノ件ニ付具申」、埼玉県行政文書『商工務部・会社（銀行）』、明三五八〇、明治三十年）。

（2）久喜銀行設立の目的には「米麦繭糸白木綿々糸等重要物件ノ取引ニ対シ証券ノ割引及代金取立、為替及荷為替ヲ為スト共ニ此等営業者及其以外ニ向テ買付金ヲ唯一ノ目的トス」と述べられている。なお、久喜町の明治二十九年四月以降三十年三月までの主要商品の取引概算は次の通りである。米（二万八七〇〇俵余）、麦（一万四六二〇余）、白木綿（八三万七五〇〇反余）、繭（六七八石余）、清酒（八八五〇樽余）、肥料（四三二五駄余）、薪（五七七五駄余）、炭（三八二五駄余）、木材（一万五〇〇駄余）（埼玉県行政文書『商工務部・会社（銀行）』、明三五八〇、明治三十年）。

（3）「銀行会社惣会議案其他書類」（飯野家文書二九五、埼玉県立文書館蔵）。

2、東京秋葉銀行の設立と蓮田支店の設置

東京秋葉銀行は、明治三十一年（一八九八）九月に資本金一〇万円で設立され[1]、同年十二月十八日から開業した。「銀行通信録」は、東京秋葉銀行の開業について「日本鉄道諸貨物に対し荷為替を為す目的にて設立せられたる東京秋葉銀行は設立認可を得横尾勝右衛門氏を頭取に山崎肇氏を専務取締役に推薦し昨十二月十八日開業したり」[2]と伝えている。明治三十一年には新立銀行が一七一行、一行あたり公称資本金は六万二〇〇〇円であった（第11表）から、東京秋葉銀行は公称資本金からみれば平均以上の銀行であった。設立時の役員および株主については不明であるが、日本鉄道諸貨物に対して荷為替を行

第11表　新立銀行数と資本金　（単位：千円）

年	行数	公称資本金	一行当り平均資本金
明治29	331	60,102	181
30	232	44,266	191
31	171	10,626	62
32	184	14,086	76
33	293	38,306	130

（注）竹沢正武『日本金融百年史』（東洋経済新報社，昭和43年）196頁。

う目的からみても、日本鉄道株式会社、貨物運送業者などが多数参加したものと考えられる。(3)

この当時、鉄道貨物に対して金融の便を与えようとする動きは活発だったようである。「銀行通信録」にも「鉄道貨物と金融」(4)と題して、つぎのような記述がみられる。

総武鉄道会社は三万円の資本にて江東保倉会社を設立し委託販売と荷為替の便益を開きしに房総地方よりの米穀其他の貨物非常に増加せしが尚ほ倉庫を設立し金融の便を開かんとし東京銀行は該会社に三十万円の融通を為すの約束を為したる由なるが追ては房総地方の地廻米の取引の如きは同停車場附近に於て行はゝるに至るならんと云ふ、又川崎銀行は千葉停車場内に出張所を設けて貨主の便益を開く由なるが同所は是迄、成東、旭、銚子附近より横浜へ廻送する落花生の集散地なるも金融の便なきため相場の如何に係はらず同処より直に横浜へ海送せられしも右の如く金融の便開くるに至らば海路を経ずして陸路に依るに至るべく又房総鉄道に於ても今回延長線の開業と共に九十九浦一帯の鮮魚が是迄海路を迂回して東京に入込みたるものを吸収して鉄道便に依らしめんとし五万円の資金にて夷隅運送会社なるものを大原停車場附近に設立せる由

尚日本鉄道隅田川構内にも倉庫設立の計画あれば其設立を見るに至らば同鉄道に於ける貨物の増加は勿論なるべし

このように、鉄道貨物の増加に伴って倉庫会社の設立がみられ、さらに倉庫会社に金融の便を与える銀行の必要性も増してきたのである。東京秋葉銀行もかかる目的から設立されたと考えられる。

さて、東京秋葉銀行の経営状況についてみると、明治三十三年上半期には一割の配当があり、株主にはつぎのような通知が配布されている。(5)

拝啓益御多祥奉慶賀候扨テ当行爾来各位ノ御引立ニ依リ本期利益幸ニ年一割ノ配当ヲ致ス事ト相成候ニ就テハ別紙領収書ニ御記名御調印ノ上臨時御受取被成度此段御通知申上候成

明治三十三年七月十五日

株式会社　東京秋葉銀行

株主各位　御中

東京秋葉銀行は設立当初、利益も上がり順調な経営とみられた。こうした中で、飯野が積極的に推進した蓮田支店設置も実現をみることになった。蓮田町最初の普通銀行支店である東京秋葉銀行蓮田支店は明治三十三年九月に設置され、飯野が支店長に就任した。蓮田支店設置に際しては、飯野が奔走して株主一〇〇名、株数三〇〇株を集めて実現した。当時、普通銀行は本店数をのばしていたが、支店・出張所の伸びも著しかった。普通銀行の支店・出張所数は三十年に六五一であったが、三十二年に一〇六七、三十四年には一四五七に増加した（第12表）。地方から預金を吸収しようという普通銀行の意図もあったが、地方における資金需要の高揚、また蓮田町には普通銀行が設立されてい

第12表　全国銀行と普通銀行の本支店数推移

年次	全国銀行		普通銀行	
	本店数	支店・出張所数	本店数	支店・出張所数
明治26年	703	339	545	165
27年	865	414	700	196
28年	1,013	577	792	277
29年	1,277	832	1,005	428
30年	1,505	1,004	1,223	651
31年	1,752	1,383	1,444	912
32年	1,943	1,730	1,561	1,069
33年	2,272	2,220	1,802	1,374
34年	2,359	2,032	1,867	1,457
35年	2,324	2,040	1,841	1,470
36年	2,275	2,062	1,752	1,441
37年	2,227	2,026	1,708	1,404
38年	2,230	2,097	1,697	1,415
39年	2,210	2,198	1,670	1,476
40年	2,194	2,375	1,658	1,611
41年	2,172	2,447	1,635	1,648
42年	2,152	2,476	1,617	1,645
43年	2,144	2,541	1,618	1,700
44年	2,143	2,680	1,613	1,784

（注）（1）『明治大正国勢総覧』（東洋経済新報社，昭和４年）８—10頁により作成。
（2）各年次とも年末現在の数値。

なかったことも支店設置が強力に推進された理由の一つであったと思われる。

しかしながら、東京秋葉銀行の経営は悪化をおびることになった。明治三十四年十月、蓮田地方の株主に対してつぎのような欠損説明会の開催通知が出された[6]。

拝啓　天高気朗之候各位参御多祥奉
賀候陳者当行本年上半期決算シ御報
告申上候通リ不幸欠損之場合ト相成
是ニ□□経済界ノ逆境重ナル原因ニ
候得共又自分共当局者行務処理不行
届モ可有之旁株主諸君ニ対シ御気之
毒ニ存候右ニ付通常惣会ニハ其事情
及将来ノ違策等御話仕候得共御当地
株主諸君ニハ御出席ノ方少ナク為メ
ニ其間之事情御了解之程モ難斗依テ
来月一日諸君ニ御出席ヲ乞事情万端
御話申上度候間御多忙中恐入候得共

当日正午ヲ期シ蓮田長松寺ヘ御集会被下度万一御差支之諸君ハ代人ニテモ不苦候間是非共御光顕被下候程願上度
此段取急ギ得貴意候　　匆々敬具

明治三十四年十月

株式会社東京秋葉銀行
同　　頭取　　山崎　　肇
専務　　中島　彦太郎
同蓮田支店主任　飯野　喜四郎

株主　飯野　浩次　殿

この史料に見るように、東京秋葉銀行では明治三十四年上半期の決算を通常総会で発表し、今後の銀行経営の方向性を示したと思われる。しかし、蓮田地方の株主の出席者が少なかったため、蓮田地方の株主を対象とした経営事情の説明会を十一月一日に長松寺で行うことになったのである。この時期は、明治三十四年恐慌の影響を受けて経営が悪化し欠損を生じたが、これに加え銀行役員の銀行事務処理において不行届もあった。銀行側としては飯野が率先して蓮田地方の株主獲得を行ったこともあり、飯野の立場を考慮して地方説明会の開催をおこなったものと考えられる。もし、株主本人が参加不可能であれば、代理人でも参加してほしいとの依頼には、この欠損説明会の重大性を伺うこともできよう。

では、この説明会および通常総会にて発表された銀行経営の将来展望とはどんなものであったのか。つぎの二通の決議書(7)は、明治三十四年末頃に書かれたものと思われるが、これには東京秋葉銀行の経営状態と将来の決意が表明されている。

決議書

一本行重役ハ共同一致業務ニ当リ本行目下ノ衰勢挽回ヲ期スルコト
一本店及各支店ノ改革ヲ施シ経費ノ節減ヲ謀リ営業隆盛ノ方法ヲ講スルコト
一隅田川支店ハ収支償ハサルニ於テハ支店ヲ廃シ出張所トナシ毎日本店ヨリ行員派出セシムルヘシ
一金銭ノ出納ハ凡テ支配人ノ監督ニ帰セシメ支配人ノ同意ナキモノハ重役ト雖モ請求支出スルコトヲ得ス
一金百円以下ノ貸付金及手形ノ割引ハ支配人ノ権限内ニ属スト雖モ其以上ニ渉ルモノハ重役ノ同意ヲ得決行スヘシ
一但壱人数人ニテ金百円以上ニ属スル時モ亦同シ
一銀行ノ□□、文書、手形及印章等ハ重役ト雖モ協議ノ上ニアラサレハ濫リニ持出スコトヲ得ス
一金庫ノ鍵ハ□ニ於テ預カルヘシ
一銀行ニ属スル器具等重役協議ノ上ニアラサレハ売却又ハ新調セサルヘシ

決議書

株式会社東京秋葉銀行借入金責任分担額及償却方法ニ付決議スルコト左ノ如

第一　今回株式会社拾五銀行借入金償却ノ為メ金参万円也野村鉄三郎ヨリ借入タルニ付同人ニ対シ払フ者株式会社
東京秋葉銀行責任分担額ヲ定ムルコト左ノ如シ
一金壱万弐千円也　頭取　山崎　肇

一金八千円也　専務取締役　中島　彦太郎
一金四千円　取締役兼支配人　那須　均
一弐千円　監査役　金井　恒八
一弐千円　〃　加藤　安治郎
一弐千円　〃　飯野　喜四郎

第二　前記責任分担額ニ対スル抵当物件ハ各々ヨリ野村鉄三郎へ差入ルコト
　但シ抵当物件ハ　日迄ニ履行スヘシ
第三　各々ノ引受ケタル分担額ニ対シ株式会社東京秋葉銀行ハ預リ証差出置クコト
第四　前記野村鉄三郎ヨリ借入金八年四分ノ利子ヲ付シ五カ年賦ヲ以テ即チ毎月元利金割賦ヲ以テ株式会社東京秋葉銀行ヨリ銷却スルコト
第五　株式会社東京秋葉銀行ノ債権ニ属スル抵当物件証書ハ頭取山崎肇ヲシテ保管セシメ野村鉄三郎へ毎月償却金支払□ヌル時ハ債務者ニ請求シ該金額ヲ以テ野村鉄三郎へ償却ノ方法ヲ尽クスヘキコト
第六　我々共ヨリ差入アル抵当物件ハ野村鉄三郎ヨリ毎下期償却金高ニ従シ返戻セラルヘキモ一時株式会社東京秋葉銀行ニ於テ預リ置キ壱人毎ニ返戻セス同時ニ証書返戻スヘキコト
　但シ監査役ヲ先キニシ取締役ヨリ差入アル抵当物件ハ全部野村鉄三郎へ償却ノ上返戻スヘキコト
第七　以上ノ野村鉄三郎ニ対スル事項ハ公正証書ヲ作成シ抵当物件ノ登記ヲ経ヘキモノハ別ニ証書ヲ作成シ登記ヲ請求スルコト

この決議書にみるように、東京秋葉銀行の経営状態は良好とはいえず、重役連中は協同一致して経営建て直しに取り組むことになった。まず、本店および支店の改革を断行し、経費節減を図ることにした。支店の見直しも行い、隅田川支店は支店から出張所に格下げし、本店から行員を派遣して運営することとした。また、支配人の権限を重んじ、金銭出納、百円以下の貸付金および手形割引については支配人の権限内とした。また、重役といえども銀行の文書、手形、印章等を勝手に持ち出さないなどという決定事項も含まれた。このことは、東京秋葉銀行では開業以来、銀行役員の勝手な行動から多大の問題が生じていたという事を意味している。

一方、十五銀行からの借入金償却のために野村鉄三郎から三万円を借入れ、これを役員間で責任分担した。頭取の山崎肇が一万二〇〇〇円で最も高額であり、専務取締役の中島彦太郎が八〇〇〇円、取締役兼支配人の那須均が四〇〇〇円であった。監査役はそれぞれ二〇〇〇円を負担し、飯野喜四郎もこの金額を負担した。なお、役員は責任分担額に応じて野村鉄三郎に対して抵当物件を差し入れることとなった。

このように明治三十四年頃の東京秋葉銀行は経営が悪化し、役員の責任で借入金の返済を行っていた。つぎに、明治三十五年下半期の東京秋葉銀行損益計算書をみてみよう（第13表）。まず、利益のうちでは利息が二九〇一円一銭八厘で最も多く、割引料（八五四四円六二銭）、雑金（二〇二円三三銭五厘）、株券配当金（二〇〇円）の順となっていた。一方、損失では利息が五五二〇円九〇銭一厘であり、利息利益の約一・九倍まで膨れ上がっていた。ついで、諸株式時価損益金が二四五二円に上っており、明治三十四年恐慌の株式相場の下落がかなりの打撃になっている。また、雑費、給料なども一〇〇〇円以上となっており、銀行経費の大きさが経営を圧迫している姿を読みとることができる。結局、明治三十五年下半期は損失金が一万七八四〇円四一銭四厘に達した。同年上半期は三五一円二九四銭の繰越益金が出ていたことからも、下半期に至って急激に経営が悪化したといえよう。

その後の経営状況はさらに悪化をたどったと考えられる。明治三十六年の同行の営業状況（第14表）によれば、預金は上半期で一六二二円、下半期で二三一一円、貸出金は上半期が八万九一九六円、下半期が八万五七五二円であっ

第13表　明治35年下半期東京秋葉銀行損益計算書　（単位：円）

利　益		損　失	
利　息	2,901.018	利　息	5,520.901
割引料	854.620	手数料	18.200
手数料	72.830	雑益組戻	12.380
公債利息	147.000	再割引料	7.990
株券配当金	200.000	給　料	1,144.530
公債売買益金	30.000	旅　費	156.025
雑　金	202.335	雑　費	207.890
旅費組戻	30.000	営繕費	55.600
雑費戻入	14.470	雑　費	1,505.113
諸公債時価較差益金	17.000	諸株式時価差損金	2,452.000
		諸　損	11,229.058
計（A）	4,469.273	計（B）	22,309.687
当期損失金（B－A）	17,840.414	（C）	
前期繰越益金	351.294	（D）	
当期純損金（C－D）	17,489.120		
損失金後期繰越	17,489.120		

（注）「東京秋葉銀行定時・臨時総会通知」（「銀行会社惣会議案其他書類」，飯野家文書295，埼玉県立文書館蔵）により作成。

第14表　東京秋葉銀行営業状況　（単位：円）

年度	払込資本金	積立金	預金	貸出金
明治36年上半期	100,000	1,490	1,622	89,196
下半期	100,000	1,490	2,311	85,752

（注）(1)「銀行通信録」第38巻226号（明治37年８月）第39巻232号（明治38年２月）により作成。
(2) 明治36年度以外の営業状況については，現在のところ不明。

第15表　明治42年上半期報徳銀行損益計算書　（単位：円）

利益		損益	
利　息	15.800	利　息	45.415
		給　料	179.000
		旅　費	2.000
		雑　税	359.300
		雑　費	328.855
計（A）	15.800	計（B）	914.570
当期損失金（B－A）	898.770（C）		
前期繰越損失金	35,015.920（D）		
(損失金後期繰越（C＋D）	35,914.690		

（注）「報徳銀行定時株主惣会通知」(「銀行会社惣会議案其他書類」，飯野家文書295，埼玉県立文書館蔵）により作成。

た。預金は極めて少なく、貸出金が預金を大幅に上回るという極度のオーバー・ローンの状態に陥っている。明治三十六年の普通銀行の一行当たり預金は三二万二〇〇〇円、貸出金は四一万三〇〇〇円であり、東京秋葉銀行は全国の普通銀行と比較して預金・貸出金ともに少なく、とくに預金は著しく少なかったといえよう。

経営が悪化していた東京秋葉銀行は、明治四十二年四月の臨時株主総会で名称を株式会社報徳銀行に改め、本店を東京市京橋区三十間堀に移すこととなった。旧東京秋葉銀行の株式は旧株二株（一〇〇円）を新株一株として処理されることになり、各株主につぎのような通知[8]が出された。

拝啓益々御多祥奉敬賀候陳は本年四月五日当行株主臨時惣会に於て決議致候趣旨に依り当行名称を株式会社報徳銀行と改むる事本店を東京市京橋区三十間堀三丁目三番地に設くる事及び整理の為め資本金を半減して五万円と為し更に資本金五万円を増加して優先株式壱千株（壱株五拾円）を発行する事に付予て其筋へ御認可申請中に有之候処綿密なる御調査も無滞相済み本日を以て全顕申請事項の全部大蔵大臣の認可を蒙り候に付此段御報告申上候依而直に資本金半減の手続を実行し旧二株を合したるもの即ち百円払込済新壱株（五拾円払込済）として処理可致候従て假令は旧秋葉銀行株五十株御所持の方は結局新報徳銀行株二十五株御所持之事に相成べく他は之に準ずる次第に御座候但端数株御所持の方は別に取締役より御照会致候方法により至急御処置相成度

尚ほ優先株式募集も前て夫々手配罷在候為め一両日中に満株と可相成筈に付是亦御承知相成度候敬具

明治四十二年七月　日

旧株式会社東京秋葉銀行取締役

伴　　小四郎　㊞

右　整理担任者

木　村　授弥太　㊞

河　野　光　次　㊞

このように東京秋葉銀行は報徳銀行に改称したが、経営状態は改善されることはなかった。明治四十二年上半期の損益計算書（第15表）によれば、利益は利息の一五円八〇銭だけであり、損失は九一四円五七銭にのぼった。したがって、この期の損失金は八九八円七七銭となり、前期の繰越損失金三万五〇一五円九二銭を加えると、後期繰越損失金は三万五九一四円六九銭に増加した。

結局、報徳銀行は大正十三年三月に解散した。(9)

注

（1）『銀行大鑑』（昭和八年、日本金融通信社）。

（2）「銀行通信録」第一五八号（明治三十二年一月）。

（3）明治三十三年一月に支払停止に陥った横浜蚕糸銀行の頭取は久保勇（松方正義の甥）であった。同行の支払停止原因のひとつは、久保が多くの事業に関係し、これらの関係事業に対して横浜蚕糸銀行から資金を融資していたためであった。久保は、富多山商会頭取、東洋貯金銀行頭取、堅鉄鋼鉄製造所支配人、東京秋葉銀行監査役などの役職を兼務していたほか、北海道に硫黄山を所有し、その他の製造事業にも関係していた（「横浜蚕糸銀行の支払停止」、『銀行通信録』第三一巻第一八一号、明治三十三年十二月十五日、一〇八頁）。

（4）「鉄道貨物と金融」（『銀行通信録』第一六九号、明治三十二年十二月）。

（5）前掲「銀行会社惣会議案其他書類」（飯野家文書二九五、埼玉県立文書館蔵）。

（6）（「銀行会社来翰状」（飯野家文書、埼玉県立文書館蔵）。

（7）同右。

（8）前掲「銀行会社惣会議案其他書類」（飯野家文書二九五、埼玉県立文書館蔵）。

（9）報徳銀行は大正十一年頃に経営問題が表面化した。この状況について、次のような記載がある。「報徳銀行はその欠損総額八百八十四万円の巨額に達し、しかも斯かる巨額の欠損を生じたのは、貸出総額二千六百余万円の中に、不健全な貸出が六百二十三万五千円からあり、それに死債七百六十九万円からあつた。しかもこれは必ずしも増田ビルブローカー銀行のやうに、重役が投機資金に濫用したといふのではなく、殆んど大部分貸付方法に不確実な点があつた為である。その後預金者中より整理委員を選任し、整理案の作成をなしたが、その結果欠損の大部分を預金者に於いて負担する事とし、神戸土地の株時及び東京土地等の処分及び日銀からの援助で漸やく解決の曙光現はれ、且つ行名を東明銀行と改称してその後の整理に着手してゐる。」（越山堂編輯部『銀行会社破綻史』、越山堂、大正十五年）。

3、飯野喜四郎と東京秋葉銀行

東京秋葉銀行は「日本鉄道諸貨物に対し荷為替貸を為す」ことを目的として設立されたが、経営状態はけっして良好とはいえず、飯野が必至に集めた蓮田地方の株主にも少なからぬ迷惑をかけたと考えられる。東京秋葉銀行の経営実態については史料散逸のために現在のところ分析が限られる。しかし、飯野喜四郎が書き残した「重要日誌」[1]によって東京秋葉銀行の経営の実態、役員間の問題、東北運送業組合などについて部分的に追うことができる。飯野の「重要日誌」は明治三十五年から書き始められており、飯野と東京秋葉銀行の関連についてもこの年から判明する。まず、第一に注目できることは、この年頃までに銀行役員間のトラブルや帳簿等の不正などがあったことで、経営的にもかなり厳しい状況下におかれていたことである。以下、これらの観点から東京秋葉銀行と飯野との関連をみていくことにしよう。

東京秋葉銀行では明治三十五年（一九〇二）一月十三日から十六日までの四日間、重役会議が開かれた。まず、十三日には配当について役員間に見解の相違を生じ、「午后三時ヨリ本店ニ於テ山崎・那須・中島・飯野・金井ノ諸氏参集会議ヲ開ク配当ノ三分説ト二分説三分説ハ飯野主張山崎ハ二分説ヲ議論譲ラス小生ノ意見ニヨリ不在者ノ着京ヲ待チ決定スルコトトシ参会ス」ることになった。この配当については十六日の重役会議によって飯野の三分説が承認された。この会議では山崎・飯野と石山弥平との確執が窺え、「山崎ヨリ石山弥平氏相談役ヲ辞退シ明日ノ惣会ニ大ニ質問スル所アル様子且ツ先刻帳簿ノ閲覧ヲ求メ来ラル是レ惣会ヲ攪乱セントスルノ心組ナラン依テ当方モ相応ナル弁護士数名ヲ雇ヒ株主トナシ大ニ準備セントス如何ト相談セラル依テ小生ハ大ニ反対シテ其無謀ヲ攻メ且ツ本行ノ破滅ノ原因ナリトシ質問ハ如何アルモ小生ハ之カ答弁セン決シテ弁護士ヲ雇フニ及ハス殊ニ石山氏ハ何ソ去ル不心得ノ人物ナランヤト山崎氏ニ弁難スル所アリ衆議余ノ説ヲ賛成ス」と記されている。この頃には経営不安も上っており、役員間で責任の所在をめぐって不和も生じていたようだ。結局、「中島氏ノ意見ニヨリ石山氏ヲ本行ノ法律顧問トシ半期報酬五十円ヲ贈ルコト衆議ニヨリ決ス」ことになり、石山氏には有利な結果となった。一月十七日には神田淡路町万世倶楽部で定時総会が開催され、明治三十四年度下半期事業報告および決算報告が承認された。配当金は飯野の見解通り、「配当金壱株ニ付七十五銭年三分」となった。

一月二十五日の重役会議では東京秋葉銀行の建て直しについて十五銀行支配人伴野乙弥に相談しており、飯野はこの状況を「十五銀行ヨリ監督者御派出ノ請ヒ当行ノ営業監督ヲ願ヒ充分将来ノ隆盛ヲ希図セントスルニアリ一同々意ヲ以テ伴野氏ニ談判シ同氏モ重役等誠心誠意本行ノ為メ尽力セントナラハ其請ニ尽セント依テ重役等決議書ヲ伴野氏ニ渡シ監督者トシテ十五銀行日本橋支店松山某ナルモノヲ派出スヘシト承認ヲナス」と述べている。このように、東京秋葉銀行と十五銀行の関係は深かった。日本鉄道株式会社は十五銀行との関連で設立、運営されており、日本鉄道株式会社の荷為替業務を目的として設立された東京秋葉銀行は当初から十五銀行への依存度が高かったといえよう。こうして、東京秋葉銀行は十五銀行の支援によって再建を図ろうとし、二月一日には十五銀行から松山可澄氏が来店することになり、飯野も上京して業務上の相談を行った。

東京秋葉銀行の経営状態は良好ではなかったため、毎月の重役会では資金借入の件などが熱心に論議されている。明治三十五年四月の重役会は、二十三日から二十六日までの四日間にわたって開催され、十五銀行からの三万円の振替金について議論が交わされている。振替金については、山崎頭取と他の重役達との見解に相当の開きがあった。十五銀行からの借入金の振替金は二万五〇〇〇円で五〇〇〇円は三十四年八月からの契約利子だと主張する山崎頭取に対して、他の重役達は三万円を振返すべきだと主張した。飯野の日記には、この問題は「山崎ノ不法ヨリ出ツ然レトモ山崎ハ賛成者一人モナキ故多数ヲ攻撃セルモノナリト感情アラン相互ノ感情悪シキニ銀行将来ノ方法ヲ誤ルモノ故ニ十五銀行行員ノ立会ヲ求メ協議セン」とし、翌日に再び重役会を開催した。飯野は四月二十四日に十五銀行の成瀬支配人を訪問して山崎の不法を訴えたが、同氏は山崎に談判するとの承諾を得た。この際、成瀬氏からは「重役方ノ負債金ハ契約通リ月賦金ノ入金ヲ怠ル勿レ」と指摘されており、十五銀行から東京秋葉銀行への借入金は重役個人が担保を差入れた上で個人の責任で借り入れを行っていた。結局、山崎の件もあり、飯野は重役会への十五銀行行員の立会いを要請して重役会に臨んだ。この日は「金三万円ハ契約通リ必ス振替セシムルコト（若シ振替セサレハ十五銀行ヨリ該金斗テ特ニ借入ルコト）、十五銀行ヨリ営業資金壱万円位ヲ借受ケ度事、銀行内部ノ改革ヲナシ山崎ノ提携ヲ制スルコト」の三点を十五銀行に請求することに決定した。四月二十五日には、要請どおり十五銀行から松山可澄氏が来会して再び重役会が開かれたが、山崎頭取は欠席したため、三万円借用の件について松山氏に説明するにとどまった。四月二十九日の重役会には山崎頭取も出席し、山崎は十五銀行の五〇〇〇円の振替は近日中に実行すべきと述べ、重役間では月賦金償還について話し合っている。

五月七日の飯野の日記には「秋葉銀行対十五銀行」と題して、秋葉銀行の十五銀行より負債内容と返済方法が記載されている。これによれば、負債金は当座貸越が三万九五四四円三六銭、その他が三八〇〇円で合計四万二三四四円三六銭に及んだ。このうちの四六円三六銭を現金で返済し、残り三万円を十五銀行から重役個人の責任で借入しようという計画であった。これでも一万三二九八円の負債が残っており、これに対しては日本鉄道株八〇株（一株七五円として六〇〇〇円）と公債四〇〇〇円（三五六〇円）を売却して補填し、なお足らない分については帳消しにしてもらいたいと成瀬支配人に要請した。しかし、成瀬支配人は「夫ハ以テノ外ナリ此差三千六七百円アリ此ノ處分ハ銀行トシテ欠損トセサルヲ得ス斯ノ如キハ殆ト出来難キ所然レトモ秋葉銀行ノ負債全部ノ償却ナラハ或ハ多少ノ相談ヲ致サレモ今日ニテ覚束ナシ」と返答している。これに対して重役達は「自分達ハ株主ニ対スル申訳ケ及銀行今日ノ事情ヨリ斯ク無理ナル申請ヲナシタルモ其話ハ御尤千万ナリ依テハ本年一月ヨリ今日迄ノ利子ハ年四歩ノ割合トシ御減額ヲ乞ヒ残額ハ無利足年賦ニテ御聞済アリタシト請求」した。五月十二日、飯野は役員達と十五銀行へ行き現金五〇〇〇円、手形金一五〇〇円、手形割引料を成瀬支配人に渡した。役員達は「小生共ハ斯ノ如ク違約セス実行ヲナシタリ願クハ五千円ノ振替ハ山崎ヲシテ責任ヲ以テ実行ヲ願ヒタシ」と、成瀬支配人に要望し、同氏も了承した。

五月十八日と十九日の両日、二十六日にも重役会が開催されたが、何ら実りの無いものであった。こうしたなかで、六月二日に飯野は二〇株以上の株主集会の開催通知をうけて上京したが、一人の出席者もなく帰宅している。その通知には「貯蓄部廃止ノ件」、「支店廃存ノ件」、「本店移転ノ件」の議案が提案されており、飯野は「之レ小生ノ知ラサル所何ノ必要アリテ集会スルヤ之レ又知ルニ苦シム山崎一己ノ意見ナリト」、「之レ重役会ニ於テ決議シ臨時会ニ提出スヘキモノ然ルニ其手続ヲ了せす山崎一己ノ存意ニテ株主ノ招集スルハ不法モ甚し」と憤慨し、「小生ハ右ニ反対ノ意見ヲ述へ取締役辞職届ヲ差出ス」と、日誌に書いた。六月十四日には銀行重役会のために上京したが、重役達の欠席のために中島彦三郎に面会して帰宅した。六月二十七日には重役協議会が開催され、山崎頭取、中島、那須、飯野の四人で「蓮田支店廃止ノ件」と「定款改正ノ件」が協議された。山崎頭取は銀行縮小の方針により蓮田支店の廃止を打ち出した。これに対して、飯野は「余ハ一身ノ利害関係ノ事ノ為メ意見ヲ曲ケス蓮田支店廃止ニシテ余ヲ服セシムル明案アラハ賛成モ表スヘシ併シナカラ銀行縮小ハ何ノ為メゾ縮小モ可ナリ只為スナク縮小シテ銀行休業ノ体ヲナス反対ヲ唱ヘサルヲ得ストテ本店ノ行動ニ付大ニ傍観スル所アリ」という態度を取った。中島は「蓮田支店ハ濫リニ重役ニ於テノミ決スヘキ問題ニアラス地方ノ諸氏ト協議シテ后決スヘシ」と述べた。また、那須は「支店廃止モ可ナリ本店ハ如何ニスヘキヤ無方針ニテ支店ヲ廃止センヨリモ本店ノ方法ヲ定メ然ル后決すへし」と本店の支店政策や経営方針の方向性を示すよう訴えた。このように、蓮田支店の廃止については、山崎頭取以外から大反論が大いに湧き上がり、「山崎ハ大ニ究シ終ニ他ノ問題ニテ飯野ト衝突シ終ニ中途立チ去ル」ことになった。ところが、飯野は六月三十日に蓮田支店廃止についての臨時株主総会通知を受け取った。これは山崎頭取が独断の判断で通知を発送したもので、中島は山崎頭取と談判して臨時総会を中止とし、飯野は中島と協議の上で地方株主に臨時総会は無根であることを通知した。飯野は「臨時総会ヲ招集スルニ独断ヲ以テスルトハ実ニ無謀ノ甚シキモノナリ此事惣会ノ一問題タラントス」と憤慨している。

七月一日には東京秋葉銀行より正式の臨時総会取り消しの通知が配布されたが、蓮田支店が廃止されるのではないかという恐れから、預金者のなかには取付けに走ったものも出た。七月は十一日、二十五日、二十六日、二十七日の四日間重役会が開催された。そして、二十八日には通常総会が神田仲町富岡亭で開会された。この席上、飯野は取締役辞任の理由について「小生ハ取締役就任ノ際前重役ニ向ヒ本店従来ノ責任ハ諸氏ニ於テ負担シ且充分ナル整理ヲナスヘシ蓮田支店ハ飯野担任シ新宿支店田辺担当本店ハ山崎中島那須ノ三氏ニ於テ担当シ各自責任ヲ分チ充分営業上ノ発達ヲ図ルヘシト協議シ各承諾セルモ爾来本店ノ有様ヲ見レハ少シモ整理ノ道立タス十五銀行負債ノ如キモ以今決定セス是レ□□重役間一致セサルニ出ツ已ニ先般臨時惣会（蓮田支店廃止）ヲ招集スルノ通知ハ中島及小生等少シモ知ラス或ル一人ニテ発送ノ事実アリ実ニ斯ノ如キ不仕（始）末ニテハ小生モ重役トシテ潔カラス且当初ノ約束ニ背キ株主諸氏ニ対シテハ実ニ面目ヲ失ス依テ茲ニ改メテ辞表ヲ提出ス」と述べ、辞職の承諾を図った。このように、東京秋葉銀行本店の建て直しは一向に進展しないばかりか、蓮田支店廃止に関する臨時総会を独自の判断で発送した山崎頭取の行動に飯野は我慢ならなかったようである。他の重役達も山崎頭取の独断専行には批判が集中したが、山崎自身は「曖昧ニ答辞シ重役会ヲ開キタルモ不参又ハ意見一致セス依テ不得止通知書ヲ発シタルモ其不穏当ヲ認メタルニヨリ直チニ取消シタリ」と述べた。山崎は議長を中島に譲り、自己の弁護に終始して明治三十五年度上半期事蹟および収支決算書の採決に移ろうとしたが、他の重役達は反対した。結局、取締役一同は辞表を提出し、後日の臨時総会にて選出された新重役が銀行の将来等について検討することにし、まずは事蹟と収支決算書の承認をうることとし、承認の上総会は閉会された。

翌二十九日、銀行重役協議和睦会が開催され、山崎頭取と他の重役達との間で銀行負債および将来の経営方針等について協議した。問題になったのは重役達の借入金の日歩についてである。山崎以外の重役達は二五〇〇円までが一銭五厘、二五〇〇円以上五〇〇〇円未満が二銭五厘、五〇〇〇円以上が三銭を主張したが、山崎頭取は承認しなかった。結局、この件については、八月二十五日に多くの重役達の主張どおりとなった。飯野は「小生分ハ前ノ金千円外当座貸越手形ヲ合セ金七百円蓮田分ヲ千円ト見積リ千七百円トシ二通ヲ公正証書トス日歩ハ弐銭五厘トセシモ小生分ハ弐千五百円ニ近キヲ以テ壱銭五厘ト勘定スヘキ口約ヲ山崎トノ間ニ古川立会ヲ以テ相結フ」と記しており、飯野の負債分は二七〇〇円、日歩一銭五厘となった。

ところで、臨時株主総会は八月十五日、九月八日の両日にわたって招集されたが、両日とも定数不足で延会された。飯野は九月二十四日に蓮田地方の東京秋葉銀行株主集会を開催し、蓮田地方の主たる株主一七、一八人を集めて、秋葉銀行の近来の状況について語り、さらに臨時総会に対する意見を協議した。臨時株主総会が延会され、蓮田支店の廃止などにも気がかりな蓮田地方の株主に、誠意を持って接している飯野の姿勢が見られるであろう。

さて、東京秋葉銀行の臨時総会は十月三日に神田富岡亭で開催された。出席者一一八人（含委任状）、権利数は一五〇〇有余に達し「未曾有ノ盛会」であった。臨時総会では前の定時総会をうけて重役の辞職を承認することになっていたが、これは見送られた。このかわりに、調査委員を選出し、諸帳簿の検査を行う。報告書を作成したうえで、重役の辞職について議論することとなった。投票の結果、川上安之助、大平善一郎、村上六郎、田中林七、神山太一郎の五人が調査委員に選出された。このうえで、株主一同と重役とで契約書が締結されたが、その内容は帳簿検査の際は充分の便宜を与えるなどであった。また、この総会で本店移転が採決された。

十月九日には調査委員が蓮田支店に来行し、調査を行った。十月十一日には重役会が開催され、調査委員の結果が発表決議された。それは「貸出ハ一切セサルコト」という厳しいものであった。また、十一月上旬に臨時総会を開催すること、銀行手形貸金証は銀行内金庫に備え置くことを山崎頭取に請求することを決定した。

さらに、十月二十六日に重役会が開催されたが、案件の主たるものは高崎市から公金取扱いを東京秋葉銀行に委任したいと申込があったことである。この件に対して、重役たちからの意見を纏め上げ、「高崎市公金取扱ニ就テハ十五銀行アリ書記一人当行ノ為メ派出セラレ度事」、「預金ハ凡テ十五銀行ニ預ケ入ル、ニ付先方ノ利子ヨリモ幾分高利ニ預カラレ度事」、「営業万般凡テ十五銀行ノ指揮ニ従フコト」、「営業上ニ付資金ヲ要スル場合ハ貸与アリ度事」の四点を決議し、これを十五銀行に交渉することにした。しかし、二十八日の重役会議では十五銀行より資金貸与の件については同意できないとの挨拶があり、高崎市の公金取扱いは見送ることになった。飯野は、「十五銀行ニ於テ資金貸与ナキ上ハ遺憾ナカラ契約見合ハシ《ママ》へシ目下当銀行ノ有様ハ実ニ悲況ヲ極ム本店ノ整理ヲナサヽル内斯ノ如キコトハ断シテナスヘカラスト終ニ之レニ決シ解散ス」と日誌に記した。東京秋葉銀行の経営状態の悪化ぶりが窺えるとともに、同行が十五銀行への依存なくしては存立不可能であることがわかる。

東京秋葉銀行の調査委員より「貸出ハ一切セサルコト」という決定がなされた後、飯野は東北運送業組合の活動を活発にしていく。まず、十月十六日には小池兵二氏と上京し、金井、中島氏と協議した。その内容は、東北運送業組合の事務所を東京に移し、東西銀行株一五〇株を引受け、同銀行より五〇〇〇円を借り入れ、計算部の前貸し資金に流用するというものであった。飯野は二十日に東北運送業組合計算部の理事会と有志会を大宮公園に開会したほか、二十二日と二十三日は計算部の件で上京している。このように、飯野は東京秋葉銀行からの資金融資が不可能となった直後から、他の銀行との取引関係を締結するべく行動を開始した。おそらく、飯野は経営が悪化し役員間の軋轢も多かった東京秋葉銀行に見切りをつけ、他の金融機関との関係を濃厚にして資金調達を円滑にしたいという意向に変化していったのではないかと思われる。こうしたなかで、飯野は東京秋葉銀行から財産の差し押さえと訴訟を起こされることになった。

注

（1）「重要日誌」（飯野家文書、埼玉県立文書館蔵）。

4、東京秋葉銀行訴訟事件

明治三十六年一月二十七日の飯野の日記には「佐川重作氏ノ件」と題して、「同氏蓮田支店ヨリ借入シタル手形金ノ件ニ付督促厳重同氏モ殆ト困難ノ模様ニ付友人ヨリ一時借入弁済セシトシ本日高橋荘之丞氏ヲ訪問事情ヲ述ヘ金五十円借用ス翌二十八日新井啓一郎氏ヲ訪ヒ同氏ノ承諾ヲ得タルモ金ハ受取ラス夫レヨリ斎藤徳三郎ヲ訪問同氏ヨリ金五十円ヲ借入ル依テ廿八日廿九日ノ両日秋葉銀行蓮田支店へ金五十円ツヽ二回佐川氏手形金内入レシテ入金ヲ終了ス」と記されている。飯野は佐川の借入金返済のために友人から一〇〇円を借入れて返済していた。蓮田支店は飯野の責任で経営を行わねばならなかったためか、同支店の焦げ付きについては飯野個人が奔走している様子がわかる。

同年三月三日、突然飯野の財産が差し抑えられる事件が起きた。飯野は「本日郡役所選挙場ニ居リタルニ宅ヨリ便アリ本日秋葉銀行ノ代理人トシテ弁護士書生執達吏等数人宅ニ来ラレ財産ノ差押ヲウケタリト一驚ヲ喫セリ之レ蓋シ秋葉銀行山崎頭取等ト蓮田各支店閉鎖ニ関シ当地方反対セル為メ小生ノ名声ヲ傷ケン為メ債務ノ為メ（小生ノ債務ニアラズ）重役保証上ノ責任ヲ負ハシムル為メ小生一人ノミ差押ヲナシタリ突然ノ差押実ニ驚キナリ」と述べている。蓮田支店の責任は飯野にあったとはいえ、秋葉銀行の突然の財産差押えに飯野は驚きを隠し切れない様子が日誌からにじみ出ている。

そもそも、この事件の原因は明治三十二年三月に遡ることが出来る。当時、飯野の友人である古河町の斎藤運送店主斎藤啓太郎は東京秋葉銀行頭取山崎肇と交渉し、手形担保で一二〇〇円を借り入れることにした。この時、飯野外一人が手形の裏書を依頼され、友人の関係でやむなく裏書を行った。これと同時に、委任状の請求があり、飯野外一人は斎藤の請求のまま交付した。この委任状は当時の高利貸しの手段である公正証書を作成するために必要で、斎藤は手形のほかに公正証書を作成し土地家屋を抵当とし、手形に対する抵当物を差入れた。このとき、飯野外一人は連帯保証人として委任状に記載されることになったのである。なお、山崎は東京秋葉銀行頭取でありながら、高利貸しを営んでおり、貸主名義は山崎肇個人となっていた。明治三十四年十一月、斎藤は債権者と協議の上で抵当物件の土地家屋を山崎に引渡し、この債務の弁済は終了した。しかしながら、山崎は突如としてこの公正証書の件を持ち出して飯野の財産を差し押さえるという手段を講じた。

飯野はこの日以来、毎日上京して重役達と交渉を行うとともに、財産保全の観点から地所の売り渡し抵当権の設定を行っている。飯野は詐欺取債の告訴を浦和地方裁判所に起こし、三月十四日には保証金五〇〇円を上納した。これに対して、山崎は驚愕して告訴の取下げを嘆願してきた。結局、四月十六日には秋葉銀行との示談が成立したが、飯野は「小生銀行間ノ事件中島重役ノ奔走ニヨリ山崎肇ト示談ナリ即チ小生ヨリ蓮田支店ニ属スル佐川外三氏ノ債権ニ対シ保証ノ意味ニテ金千三百円ノ証書ヲ公正証書ニテ銀行ニ差入レ銀行ハ差押ノ解除ヲナスコト公正証書ハ飯田公証人役場ニテ本日作成セリ、尤モ右ハ保証確認ノ証書ニテ貸借関係ニアラサルヲ以テ佐川氏等ノ債務弁済ノ上ハ当然消滅スヘキコトナリ」と記した上で、「本事件ハ素ト山崎肇等ノ悪意ニ基クモノナルヲ以テ小生ノ代理人志賀弁護士ハ山崎ニ対シ告訴ヲ提起シタルヲ以テ山崎ハ驚テ中島ノ言ヲ容シ示談行届キタルナリ」と山崎肇等の秋葉銀行役員の仕組んだものであることを指摘している。

同年七月二十七日、東京秋葉銀行定時株主総会が開催され、蓮田方面からは飯野を含め六人が参加した。これらの株主は先の事件に関連して質問を行い、議論は白熱した。結局、定時株主総会は翌二十八日まで延長され、定時総会の後に開催された臨時総会では調査委員による調査実施と取締役改革に関して臨時総会の開催請求が決定された。さらに、二十九日には飯野・西村・太平の三人が近藤孝行を訪問したうえで、重役一同が会して重役一同の辞職と近藤の頭取就任を決した。また、取締役には中島・那須の二氏、監査役に金井・太平の二氏、法律顧問に石山、計算部主任に飯野が当たることも決定した。なお、飯野は計算部資金の増加を図るため、近藤と数回会見協議していたが、同氏が銀行に入って計算部の事務を銀行において取り扱うことに内定した。さらに、八月二日からは計算部事務出張所が東京におかれ事務が開始された。なお、同月には四日に臨時株主総会が開催され、調査委員の報告会が行われる予定であったが、調査未了のため具体的な報告は先送りとなった。翌五日には東京秋葉銀行の蓮田地方株主集会が近藤孝行を迎えて行われた。

九月の日誌には東京秋葉銀行の記述は無い。十月に入り、十一日に東京秋葉銀行調査委員として秋山・西村・大平・斎藤・飯野の五人で調査が着手され、十一月七日には調査委員会が開催されている。また、十一月十四日には株主総会を控えて、蓮田地方の株主総会が開催され、さらに十六日には飯野・山崎・中島の三人で小山に行き、西村氏とともに協議している。二十日には株主総会が開催されたが、「新宿黒磯東京ノ炭屋連中原案ニ反対ノ為メ本日ハ延期ヲナシ来ル二十八日再会ノ事ニ決ス」ことになった。

明治三十七年には再び飯野が動産を差し押さえられる事態が発生した。二月十八日、飯野は「閏戸斎藤米吉ヨリ高野安蔵債務保証ノ為メ突然差押執行サラル小生不在中何等ノ通告モナク保証債務者タル小生ニ対シ日頃懇意ノ間柄ニモ拘ラス突然差押ノ執行其冷酷無情言語ニ絶ス」と記しており、その驚愕振りが伝わってくる。この件については、二月二十七日に花井菊五郎の仲裁で債務保証金一五〇円を弁済して解決した。

明治三十七年は飯野の表現ではいわゆる「秋葉銀行事件」が発生し、飯野はこの事件の収拾のために多忙な日々を送っていたようである。四月十三日には大蔵省検査官が来行して検査を行っている。飯野はこの善後策と整理上に関して毎日上京し、重役達と協議したほか、十五銀行の成瀬氏を訪問して協力を仰いだ。四月から七月まで飯野はこの問題に没頭していたようであり、四月二十八日には「本月ハ秋葉銀行問題ニ付殆ント忙殺セラレ毎日ノ如ク上京」、七月には「本月モ秋葉銀行ノ件ニ関シ度々上京忙殺セラル」と多忙振りを日記に記している。結局、この問題は八月七日に解決した。

この問題に加え、七月には新たな問題が生じた。七月二十五日、東京秋葉銀行では臨時株主総会が開催され、取締役補欠選挙が実施された。頭取近藤孝行は五月に雇用した腹心の伴小四郎を取締役に当選すべく、銀行が資本償却のために買い入れた株式を同人に譲渡し、これを伴に書き換えて五〇株の取締役資格を取らさせた。この上で票固めの運動を実施したが、過半数の支持を受けて取締役に当選したのは飯野であった。この選挙に先立ち、株主の川上安之助は伴小四郎が五〇株を取得した事実関係と銀行業務に関して近藤頭取を非難攻撃したが、近藤はこうした行為は飯野の指示を受けて行ったものと邪推した。また、近藤頭取は飯野が八月六日をもって取締役に当選したにもかかわらず、第三位の伴小四郎を当選人と定めて同日に淀橋登記所に登記を行った。飯野は監査役として質問状を銀行に提出したが、近藤頭取は飯野をはじめとして取締役補欠選挙で飯野に投票した株主に対して理由もなく強制執行を行った。飯野も八月二十二日に東京秋葉銀行から斎藤啓太郎の債務保証のために所有地を差し押さえらる強制執行にあってい る。前述のように、斎藤啓太郎の債務保証は解決済であり、強制執行は不当なものであった。飯野は日誌の中で、「要ハ秋葉銀行ニ対シ臨時株主総会請求ヲナシタル為メ其復仇ナランカ」と述べており、東京秋葉銀行の頭取と飯野の関係は依然悪かったようである。飯野は八月二十六日に所有地売却の準備のために関係者を上尾登記所に遣わしている。東京秋葉銀行は飯野をはじめ、小池兵二などに対して悉く訴訟を起こし、九月には訴訟事件の口頭弁論が裁判所で行われた。東京秋葉銀行の飯野らに対する嫌がらせは続いた。十一月六日には新宿で銀行総会が開催され、飯野らが少し後れて出席したところ、すでに形式上の総会が開催され書記に議事録を作成させて閉会していた。飯野は「其不当只卒然タルノミ」と記している。

　結局、明治三十七年は秋葉銀行事件の収拾や東京秋葉銀行からの土地差押さえなど激動の年であった。飯野は自身の一年を振り返って「一身上ニ於テハ斎藤末吉ヨリ高野安蔵債務保証ノ為メ動産差押ヲ執行セラレ秋葉銀行ノ改革漸クシテ其目的ヲ達シタルニ后任頭取近藤孝行ヨリハ土地ノ差押競売ノ申立ヲ前ニセラレ（競売ハセザルモ）身心ノ辛苦酸□□加ヘ家名ヲ傷ケタル実ニ遺憾トスル所ナリ併シ正道勝ツカ邪道勝ツカ天ハ公明ニ他日裁断ヲ下サル可シ」と締めくくっている。

　明治三十八年に入っても、飯野と東京秋葉銀行との訴訟は続いている。七月二十二日の日誌には「秋葉銀行ハ小生ヲ強迫シ金円ヲ貪ラントセシメ為メ告訴云々ノ口実ヲ以テ常ニ請求シタリシモ小生ノ応セサルヨリ弥々頭取近藤孝行ノ代理人宇野弁護士ハ複代理人ヲ青羽弁護士ニ託シ浦和地方裁判所検事局ニ財産蔵匿ノ告訴ヲナシタルヨリ検事廷ノ召喚ニヨリ本日出廷セリ」と記されている。この日の尋問の結果、「告訴ニ不実ノ廉アリ殊ニ銀行員古川阿久理ノ答弁ハ大ニ検事ノ取調ヘタル所ト符合シ検事ハ忽チ告訴ハ強迫ノ手段タルヲ看破セラレ来ル二十九日近藤孝行ニ出頭スヘキコトヲ命」じた。七月二十九日、近藤は出廷しなかったため、銀行員古川は大いに叱責を受け三十一日に延期を請願した。三十一日には宇野弁護士を伴い近藤孝行が出頭したが、「大ニ検事ノ叱責説諭ヲ受ケ近藤ハ恐怖シタリ」という状況になった。しかも、これに先立って宇野弁護士は告訴を取り下げ、飯野の事実上の勝利となったのである。飯野は「嗚呼悪徳ナル銀行ハ公明正大ナル小生ヲ陥シ入レン為メ且ツ訴訟ヲ民事ニ於テハ勝訴ノ見込ナキヨリ告訴ヲナシ小生ノ驚愕ニ乗シ不当ノ利得ヲ貪ラン計画ナリシニ小生ハ敢テ意ニ介セス彼等ノ為スニ放任セルニ慧眼ナル検事ハ忽チ其真相ヲ看破セラレ且ツ小生ノ正直ナルヲ認メ反テ告訴人ノ奸策ヲ叱責セルニ至リタルハ近来ノ快事ナリ然ルニテモ人ハ高潔廉直ナラサル可ラス小生ノ性行ハ終ニ今日此ノ冤罪ヲ免シタルナリ」と記した。飯野をして「悪徳なる銀行」と呼ばしめた東京秋葉銀行の頭取による訴訟事件はついに終止符が打たれようとしており、この日の日誌には飯野の喜びが満面に書き綴られたといえよう。

ところで、東京秋葉銀行頭取の近藤孝行は明治三十九年四月二十二日に死去した。これにより、飯野と東京秋葉銀行との貸借関係をめぐる争いは解決を迎えた。五月十五日、飯野は百円および銀行株四五株を提供した結果、飯野と東京秋葉銀行との貸借関係はまったく無くなった。明治三十六年三月から三年余にわたって飯野は東京秋葉銀行から絶え間ざる訴訟を受けたが、これで決着がつくこととなったのである。

明治三十九年五月十五日の日誌を最後にして、飯野は東京秋葉銀行について何も記載することは無かった。この後は、運送業の改善に尽力することとなり、明治三十九年九月二十九日には公明運送店と飯野運送会社を合併して大宮運送合資会社を設立し、同日創立総会が開催されている。この運送店の開業は十月一日で公明運送店の店舗を使用して営業を行った。社長には飯野が就任し、十月三日には披露を兼ねて荷主、駅長などが招待された。飯野は銀行経営からは退き、運送業に打ち込むことになったのである。

注

（1）東京秋葉銀行訴訟事件については、「明治三十七年秋葉銀行訴訟事件」（飯野家文書一〇三六、埼玉県立文書館蔵）を参照した。

むすびにかえて

東京秋葉銀行は明治三十一年に運送業者が設立した関係上、飯野喜四郎は設立当初から深く関与し、蓮田地方の株主も集めて蓮田支店設置にも成功した。貨物輸送が増加する中で、飯野が金融機関の必要性を痛切に感じたことも深く関与した理由の一つであろう。しかし、銀行経営は困難が多く、蓮田支店の存続も危ぶまれる状態となった。東京秋葉銀行の経営は悪化するばかりであり、彼の「重要日誌」に記載されているように重役間の軋轢も相当なものであった。この当時の私立銀行には様々な人々が設立にかかわり、個々の銀行に対するスタンスも多岐に及んでいたためである。さらに、頭取によき人物を得られなかったこと、すなわち頭取の銀行経営に対する取り組み方に大いに問題があったため、飯野を常時悩ますことになった。

たとえば、近藤孝行について飯野は「明治三十七年秋葉銀行訴訟事件」[1]のなかで「秋葉銀行頭取ト秋葉銀行ノ関係」と題して次のように記している。

近藤孝行ナルモノハ有名ノ詐欺的紳士ニシテ入行出シ時約束シタル資金ヲ注入セサルノミナラス着々銀行荒シノ本体ヲ現ハセリ

彼レカ第一着手トシテ株券買入ヲナシ銀行ヲ占領セントシ多数ノ同士ヲ株主トシ（銀行ニ現存セル同銀行ノ株ヲ自分ノ同士に配チ株主トシ）惣会ノ決議ヲ以テ現五十円払込ノ株券ヲ一時金三円ノ割合ヲ以テ買入ノ事ヲ決済ナサシメタリ

而シテ一方ニテハ凡テノ預金支払ヲナサス銀行ノ株主ニシテ有力ナルモノ銀行ニ負債ノ存スルモノアラハ直チニ差押ヲナシ其示談ノ方法トシテ無理ニ所有ノ株ヲ巻上ケ株主名簿ヲ削除セリ斯クシテ一方ニハ株主中ノ有力者ヲ苦シメ一方ニハ株券ヲ巻上ケ以テ多数ノ株ヲ掌握シ無重役ハ不残自分味方ノ同士ヲ以テ重役ヲ独占セリ

銀行今日ノ資産ハ損金ヲ除キ尚且七万有余円ノ存在スルアリ然ルニ一株金三円ニテ買入ヲナサハ惣株ニ千株此金六千円ニテ銀行ヲ占領スルニ至リ利金ノ莫大ナルヤ知ルヘシ。蓮田地方ハ小生ノ奔走ニテ株主百名株数三百株ヲ有ス預金モ殆ント未タ千円位アルヘシ然ルニ此ノ支払ヲナサス株ニハ一文モ配当ナク実ニ迷惑ヲ感シ居レリ

聞ク所ニヨレハ近藤孝行ナルモノハ東京ニ於テ已ニ二三ノ銀行ヲ此ノ手段ヲ以テ踏ミ潰シ大ニ利益を得タルヤノ風説アリ目下秋葉銀行ハ己ノ子分ニ任シ自分ハ中央商業銀行（資本金三十万円）ノ頭取トナリ秋葉銀行ニ於ケル手段ヲ講シ居レリ

彼レハ法律ヲク、リ悪事ヲ遂行セル所謂詐欺的紳士ナリ

このように、近藤孝行頭取は銀行経営に熱心というよりは、銀行の乗っ取りに巧みな人物であったようである。近藤頭取は同士以外の株主には負債があれば強制執行を行い、示談方法として株式取得を行った。飯野は近藤頭取の反

対勢力に位置していたようであり、このために飯野や飯野の同士は強制執行を頻繁に起こされていた。飯野の訴訟事件も当然に増えるわけであり、これに忙殺される日々を送ることになったのである。

ところで、飯野は前述の「秋葉銀行訴訟事件」のなかで、「小生ハ銀行ニ対シ千二百円ノ保証債務ノ外自分ノ金弐十四万円ノ負債アリ」と記している。保証債務の一二〇〇円に関しては訴訟を起こしたが、これ以外に東京秋葉銀行に対して二四万円の負債があったことも事実である。飯野自身も自己の運送業経営と同業組合運営において、東京秋葉銀行に依存するところが大きかったことをしめしている。彼も他の役員同様に、銀行役員の立場を利用してこのような多額の資金を借入していったと考えられる。そういう意味では、東京秋葉銀行の頭取に限らず、この銀行役員達の経営は健全経営とはいい難いものであった。飯野はこの負債のために、明治三十八年七月に埼玉県会議員を辞職し家業の建て直しに取り組むこととなった。飯野が再び県会議員に当選するのは明治四十年九月であり、約二年二カ月の政治活動空白期間を生むことにもなったのである。貨物輸送の増加とともに金融機関との関連を一層強め経済活動を活発化させた飯野であったが、銀行経営という経済活動のつけが政治活動まで影響したといっても過言ではないであろう。

ところで、政治家に復帰した後、飯野は明治四十四年に氷川銀行、氷川貯蓄銀行の監査役を務めた。さらに、大正七年には埼玉中央銀行（武州銀行）設立発起人、武州銀行創立委員に就任するなど埼玉県の銀行設立にも中心人物として関係することになった。これらの金融機関と飯野との関連については、今後の課題としたい。

注

（1）　前掲「明治三十七年秋葉銀行訴訟事件」。

第六章　明治三十四年恐慌期における地方銀行経営と経営破綻

――経済雑誌にみる銀行経営者の資質問題を中心に――

秋谷　紀男

はじめに

日清戦争の日本経済に及ぼした影響は甚大であった。大蔵省銀行局の「第二十次銀行営業報告」は、明治二十八年の経済界および銀行界について「本年ニ於ケル我経済界ハ戦争ノ余勢ヲ承ケ上半期ニ在テハ事業ノ計画将ニ多カラントセシモ一時偶々三国干渉事件等ニヨリ多少人心不安ノ念ヲ生シ社会一般ノ警戒トナリ金融機関モ亦放資ヲ渋リシカ故ニ諸般ノ起業心ハ多少抑制セラレタリシモ下半期ニ至リ俄ニ局面ヲ一新シ鬱勃タル諸般ノ事業ハ一時ニ勃興シ外国貿易ハ好景気トナリ漸次信用ノ回復スルニ従ヒ金融機関ハ拡張増資ノ必要ヲ感シ頗ル盛況ヲ呈スルニ至レリ」(1)と報告している。

このように、日本の経済界は日清戦争による好景気を享受した。会社の新設、増資は活発化し、株式市場は未曾有の値上がりを示した。会社数（株式・合名・合資）は、明治二十九年末の四五四九社から三十三年末には八五八八社に増加し、公称資本金は二十九年末の六億一九二二万円余から三十三年度末には一一億二七八二万円余に増加した。会社数、公称資本金は、この時期に約二倍に達した(2)。金融機関の発達も著しく、全国銀行数は本店数で明治二十六年七六三行、明治二十七年八九六行、明治二十八年一〇四三行と増加を続け、さらに三十年代前半にかけて増加の一途を辿った(3)。とくに、明治三十三年中に新設された銀行は四〇〇行、資本金額五二四八万七五九〇円に上った。また、増資した銀行は二一九行、この資本金額は二八二五万六二七〇円に上った。明治三十三年は一般経済界の不振が大きかったにもかかわらず、銀行に投下された資本額は大きく銀行熱の流行が甚だ活発だったのである(4)。

しかし、明治三十四年春に起こった金融恐慌は、明治二十年代後半から三十年代前半の金融機関拡大期を終焉させた。銀行の破綻は全国各地に拡大し、銀行の解散・破産・廃業が相次いだ。明治三十一年から大正二年の全国銀行の消滅数は六二三行であり、解散・破産・廃業によるものは五一一行、合同によるものは一一二行であった(5)。銀行数も明治三十四年をピークとして減少に向かい、銀行合同も若干進展したため、銀行の分散的傾向は一気に集中的傾向に転ずることになった。明治三十五年以降の銀行破産・解散の原因としては、『我国に於ける銀行合同の大勢』はつぎの三点を提起している(6)。

一、日露戦争直後の僅少期間を除いて財界が不況不振に悩み、銀行も其の打撃を被った。
二、日清戦争後の好景気時代に乱設された多数の小銀行は其基礎が極めて薄弱で、その後の不況に対抗する抵抗力をもたなかったこと。
三、政府の勧奨にもかかわらず、合同・集中に対する一般の理解がなお幼稚であり、進んで合同・集中に参加する機運が未だ顕れなかったこと。

すなわち、明治三十四年恐慌は日本経済に大打撃を与え、日清戦争後に乱立された弱小銀行は政府の銀行合同には応ぜず、しかも経営基盤の薄弱であったがゆえに破綻をきたしたと指摘されているのである。なかでも弱小銀行が経営基盤が薄弱であったことは、銀行の破綻に拍車をかけたといってもいいだろう。

ところで、筆者は日露戦後恐慌期の金融機関について、埼玉県を事例として取付騒動や支払停止に分析を加えた際、経営基盤の薄弱と銀行経営者の経営理念の欠如が銀行破綻に大きな影響を与えたことを指摘した(7)。本稿では、日本の産業革命期に起った明治三十四年恐慌(8)について、地方銀行の破綻や支払停止などからみていく。さらに、その原因を類型化するとともに、この当時の経済雑誌等の論調、記事などから、明治期の金融恐慌の原因がどのように報じられていたかについて考察する。とくに、経済雑誌では銀行経営者の資質等についてどのように報じられていたかを中心にみることにより、地方金融機関の破綻と銀行役員との関連について注目していきたい。

注

（1）大蔵省銀行局「第二十次銀行営業報告（明治二十八年下半期）」（『日本金融史資料』明治大正編、第七巻上、七二一頁）。
（2）『明治大正国勢総覧』（東洋経済新報社、昭和四年）、一九八頁。
（3）前掲「第二十次銀行営業報告（明治二十八年下半期）」（『日本金融史資料』明治大正編、第七巻上、七六三頁）。
（4）「明治三十三年中に於ける銀行増加の趨勢」（『銀行通信録』第三一巻第一八三号、明治三十四年二月十五日）、三一―三三頁。
（5）財団法人金融研究会『我国に於ける銀行合同の大勢』（昭和九年五月）、一八―一九頁。
（6）前掲『我国に於ける銀行合同の大勢』、一九頁。
（7）拙稿「明治期の銀行取付騒動にみる銀行経営理念」（『長岡短期大学研究紀要』第三〇号、平成九年）。この論文では、銀行破綻や預金取付騒動は次のようなパターンで生じるのではないかと類型化を試みた。

①地方産業の打撃により商人が破綻をきたし、それが関係金融機関の不信感を増徴させ、取付騒動等が起こったケース。
②株式投資に走った商人あるいは銀行家が株式の暴落によって大打撃をうけて関係金融機関に打撃を与え、これを契機として取付騒動が起こったケース。
③商家破綻の噂が風説として各方面に流布し、このために金融機関の取付騒動が起こったケース。
④一金融機関の取付騒動が、全く関係ない周辺の金融機関に飛び火したケース。

（8）明治三十四年恐慌に関する研究としては、後藤新一『銀行破綻史』（日本金融通信社、昭和五十八年）がある。

一、明治三十四年恐慌と地方銀行への影響

1、明治三十四年恐慌の開始

株式市場は明治三十一年を境として上昇に転じた。株価は、明治三十二年三月から四月にかけてピークとなった。たとえば、東京株式取引所株は明治三十二年四月に二五五円二〇銭に、鐘淵紡績株は同年三月に四八円五〇銭となり、明治三十一年以来の最高値を示した。また、日本郵船株は明治三十一年に四七円三〇銭まで落ち込んでいたが、翌三十二年十一月には七三円九〇銭まで上昇した。

国内の株式市場別売買高は、第1表のとおりである。明治三十年に国内の株式取引所は四六カ所存在したが、株式専門の取引所は東京、大阪、名古屋、博多、広島、長崎の六カ所であり、その他は米穀・商品等の取引を兼業していた。明治三十年代初頭の国内株式取引所のなかでは、東京と大阪が三百万から五百万株台の取引を行い、二大取引所

単位：株（枚）

長　岡	博　多	桑　名	和歌山	広　島	長　崎	合　計
	6,914	55,602	44,067	15,794		10,035,700
		123,923	141,334	7,701		11,611,066
6,340		24,426	83,040	5,858		9,178,789
3,429		3,248	61,474	1,439		12,426,810
110,818		19,945	45,195		280	11,549,864
46,518		165	31,635			6,050,240
9,103		116	11,150			5,479,194
200			9,825			3,360,357
4,013						4,782,655
138			19,130			10,462,723
2,464			151,634			21,263,579
26,157			105,560			21,224,580
6,418			22,930			19,036,877
875			19,650			24,961,404
230			4,785			24,071,976
1,620			23,170			23,075,894

であった。東京株式取引所は明治三十二年に五二一万三三〇株、大阪株式取引所は翌三十三年に五〇九万七二八八株に達して、株式取引が活発化していた。とくに、大阪は三十年と三十三年に東京の売買高を上回っていた。これは、三十四年前後に大阪の株式取引が活発であったためであり、結果として、三十四年恐慌の大阪地方の被害を甚大なものにすることとなった。

明治三十年代初頭の株式取引の好調は長続きしなかった。明治三十三年に株価下落が開始すると、日本郵船株は同年三月に六一円八〇銭に、東京株式取引所株も同年五月に一一二円四〇銭と最低を記録した[1]。これにともない、売買高は一転して減少に転じ、三十四年、三十五年に東京、大阪ともに売買高は急激に減少して、東京は二〇〇万株台、大阪は百万株台まで落ち込んだ。

一方、貿易の状況をみてみると、明治三十二年には商品輸出が二億一四九二万円、商品輸入が二億二〇四一万円で約五四七万円の入超であった。この入超は翌三十三年には四五一八万円まで増加し、これに伴って正貨流出も著しくなり、三十三年には四五一八万円の正貨が流出した。正貨

第1表　国内株式取引所別株式売買高

年　次	東　京	大　阪	横　浜	神　戸	京　都	名古屋	新　潟
明治29年	3,795,411	3,725,038	114,162	17,404	1,257,898	949,455	53,955
30年	3,565,997	4,717,337	5,943	226,960	1,660,199	635,097	45,270
31年	3,674,074	2,704,466	7,151	120,546	1,380,128	331,974	114,145
32年	5,213,330	4,363,238	58,204	61,259	1,903,829	231,163	44,400
33年	3,899,505	5,097,288	16,236	89,047	1,694,565	209,184	978
34年	2,548,245	2,996,934	2,115	48,135	756,074	97,100	758
35年	2,951,641	1,918,541	3,245	19,552	372,512	109,566	253
36年	1,944,450	1,284,135	2,990	4,061	115,144	60,146	2,880
37年	3,157,858	1,373,622	10	2,113	126,122	89,521	10
38年	6,652,922	3,387,078	7,003	19,800	193,746	164,303	
39年	13,409,625	6,340,595	115,518	122,312	527,926	577,274	3,845
40年	11,897,322	6,008,080	356,541	245,824	1,129,768	1,329,442	19,701
41年	9,596,310	5,870,916	23,428	148,338	1,296,529	1,979,442	1,185
42年	11,363,910	9,472,373	25,438	193,932	1,846,820	1,964,350	310
43年	10,891,210	9,085,260	187,430	366,807	2,046,550	1,531,450	6,315
44年	10,834,630	8,591,170	58,647	270,795	1,665,850	1,284,330	2,570

（注）　1）『明治大正国勢総覧』（東洋経済新報社、昭和4年）、264－265ページにより作成。
　　　2）単位は明治29年から31年まで株、32年以降は枚。合計には、その他の株式取引所の売買高を含む

閉店年月	再開店年月	摘　　　要
4月16日		4月20日破産決定
同		4月24日破産決定（抗告中）
4月17日		5月29日破産決定（抗告中）
4月18日	5月2日	
同	同	
4月27日		整理中（休業満期7月25日）
5月20日	5月28日	
同	同	6月28日解散（大阪貯蓄銀行へ合併）
4月23日	5月15日	5月10日（一ヵ年支払猶予許可）
同	同	同
3月28日		7月11日（一ヵ年支払猶予許可）、7月15日廃業
4月18日		整理中
4月19日	5月3日	
	4月26日	
	4月25日	
	5月13日	
	同	
4月20日		5月5日解散
4月19日		4月24日解散
5月27日	6月24日	
5月6日		10カ月間支払猶予仮許可
5月7日	5月21日	
同	5月14日	
4月19日		整理中（休業満期7月17日）
7月9日		休業満期（7月29日）
5月16日		5月16日解散
5月2日		
5月3日		
4月22日		整理中（一ヵ年支払猶予許可）
4月18日		
4月22日		5月14日（一ヵ年支払猶予許可）
4月24日		同
同		同

第２表　明治34年恐慌による支払停止銀行（明治34年７月現在）

地　名	組　織	銀　行　名	設立年月	資本金	払込資本金
大阪市	株式	七十九銀行	明治11年10月	1,000,000	600,000
同	同	難波銀行	明治27年10月	300,000	225,000
同	合名	福永銀行（支店）	明治30年７月	70,000	70,000
同	株式	天王寺銀行	明治28年５月	50,000	30,000
同	同	第百五十二銀行	明治12年12月	50,000	50,000
同	個人	前島銀行	明治33年７月	50,000	50,000
同	合資	逸見銀行	明治13年３月	100,000	100,000
同	株式	貯金銀行	明治26年６月	50,000	50,000
同	同	九州商業銀行(支店)	明治12年４月	2,000,000	1,650,000
同	同	九州貯蓄銀行(支店)	明治29年３月	70,000	35,000
堺市	個人	北村銀行	明治28年４月	50,000	50,000
同	同	指吸銀行	明治26年６月	30,000	30,000
同	株式	堺指吸貯蓄銀行	明治32年７月	30,000	7,500
同	合資	大西銀行	明治14年５月	30,000	30,000
同	株式	堺貯蓄銀行	明治26年６月	50,000	12,500
平野	同	平野銀行	明治27年７月	50,000	20,000
同	同	平野貯蓄銀行	明治27年11月	30,000	7,500
奈良市	同	奈良商業銀行	明治32年３月	100,000	25,000
高松市	同	讃岐銀行	明治33年７月	150,000	35,000
紀州	同	北山銀行	明治27年７月	200,000	150,000
京都市	同	鴨東銀行	明治28年６月	500,000	200,000
同	同	川東貯金銀行	明治29年６月	100,000	50,000
同	同	京都農業銀行	明治30年２月	200,000	50,000
京都府	個人	川越銀行	明治29年12月	30,000	30,000
同	株式	綾部銀行	明治16年３月	50,000	50,000
江州	合名	松井銀行	明治31年10月	30,000	30,000
勢州	株式	山田銀行	明治27年５月	500,000	175,000
同	同	度会商工銀行	明治29年11月	150,000	75,000
参州	同	豊橋銀行	明治26年11月	300,000	200,000
長崎県	個人	諫早銀行	明治17年７月	120,000	120,000
熊本市	合名	福永銀行		－	－
同	株式	百五十一銀行	明治12年10月	600,000	600,000
同	同	九州商業銀行		－	－
同	同	九州貯蓄銀行		－	－

（注）「各地金融界動揺始末」（『銀行通信録』第32巻第189号、明治34年７月25日）44－45頁による。

流出は日本銀行の正貨準備を減少させることになり、三十二年八月末に一億三六九万七五二八円あった日銀正貨準備は、三十三年末には六五二四万九二〇二円と約六割減少し、兌換券発行高の三分の一まで落ち込んだ。日銀は金利引き上げを断行し、三十二年七月に一銭八厘であった貸付金利は、同年十一月に一銭九厘に引き上げられた後、徐々に上昇し三十三年七月には二銭七厘となった。また、全国各地の物価も下落した。さらに、三十三年六月に北清事変が勃発して日本の対支貿易が断絶されると、清国向け輸出製造業は大打撃を被り、とくに中国を最大の販売市場としていた紡績業の打撃は甚大であった(2)。

こうした経済状況のなかで、明治三十三年秋頃から銀行取付騒動や支払停止などが各地で見られるようになった。さらに、同年十二月から翌年にかけて九州地方を中心とした金融恐慌が起こった。まず、十二月二十五日に熊本第九銀行が同行の所有株式の下落に起因して突然支払を停止した。また、熊本貯蓄銀行も同日に支払いを停止すると、九州各地の銀行にも波及した。熊本第九銀行と取引関係にあった百五十一銀行も取付けに遭遇し、さらに久留米の六十一銀行が危機に瀕しているとの風説が流れると、福岡の十七銀行でも預金の取付騒動が起こった。同行では三十四年二月四日に一四万円、五日に二四万円の預金が引き出される結果となった。

銀行の取付騒動は三十四年には横浜、東京および関東の金融機関にも波及した。同年一月には横浜蚕糸銀行が、頭取の株式投資失敗による破綻から支払いを停止し、第二銀行、七十四銀行、東京貯蔵銀行横浜市支店なども預金の取り付けに遭遇した。ついで、東京においては明治銀行の支払停止、埼玉県においては粕壁銀行の支払停止をみた。さらに、三月二十八日に北村銀行（堺市）、四月十六日に七十九銀行（大阪市）が破綻に陥ると、大阪市や堺市を中心に大規模な取付休業騒動が起こった(3)。

三十四年四月から五月にかけての関西の恐慌によって支払停止した銀行は、本店銀行三一行、支店銀行三行であった。府県別に見ると、大阪一〇行、京都五行、堺五行、熊本四行、平野二行、奈良・高松・近江・伊勢・参河などが各一行ずつであった。これらの銀行を払込資本金別に見ると、五〇万円以上は僅か四行に過ぎず、二〇万円以下は二八行、内五万円以下は一八行にも達した（第2表）。全体的には小資本の銀行が支払停止に陥ったということが言えるだろう。

では、明治三十三年秋ごろから三十四年にかけての、銀行取付騒動、銀行休業はどのような理由によって引き起こされたのであろうか。銀行の破綻や休業を、いくつかの類型に分けて考察してみよう。

2、地方銀行の休業・破綻の類型化

(i) 低資本金と過剰融資による休業・破綻

銀行の取り付け騒動や休業、破綻に至った地方銀行のなかには、資本金額が少なく、さらに払込資本金額の割合が低く、払込資本金と預金のほとんどを融資していたところも多かった。こうした地方銀行は、大口の預金の払い出し請求を受けると支払いに窮することになり、こうした要因が破綻につながる場合も少なくなかった。

東京商事銀行の事例　同行は資本金二〇万円のうち払込資本金が五万円であったが、払込資本金のうち半額の二万五〇〇〇円は発起人の引き受けであり、実際には払い込まれていなかった。したがって、実質的には発起人以外から払い込まれた二万五〇〇〇円で営業を開始していた。預金額は八〇〇〇円であり、払込資本金と合わせた三万三〇〇〇円を手数料前引きで無産者に貸し付けていた。こうした中で、斉藤某が預金一二〇円の支払いを請求した。同行では五日間の猶予を与えたが、支払うことはできず、支払請求の毎に一円ずつの車代を支払ってその場を繕ったが、結局は全面的な支払停止に陥った(4)。

(ⅱ)　株式投資・商品相場投資の失敗による休業・破綻

明治三十四年恐慌前後の時期には、銀行経営者が過剰な株式投資を行ない、株価の暴落によって破綻をきたした。同時に、銀行経営者が関係企業に多額の資金を融資して、最終的に返済できない事例も多く見られる。全体的には銀行経営者が株式投資・商品投資に失敗するとともに、関係企業にも多額の融資を行い、これが固定貸に陥るケースが最も多かった。いくつかの事例をみてみることにしよう。

横浜蚕糸銀行の事例　横浜蚕糸銀行は、明治二十九年二月に横浜五品取引所の機関として資本金百万円（払込五〇万円）で創立された。役員は、頭取が久保勇、取締役は若尾幾造、安部幸兵衛、平沼専蔵、浅川廣湖の四名、監査役は安西徳兵衛、竹岡善七であった。

同行は三十三年十一月に支払停止に陥ったが、その原因のひとつは久保勇頭取の関係企業にあった。久保頭取は、富多山商会頭取、東洋貯金銀行頭取、堅鉄鋼製造所支配人、東京秋葉銀行監査役などに就いていたほか、北海道硫黄山などの個人企業の経営も行っていた。久保頭取はこうした関係企業に横浜蚕糸銀行の資金を融資していたが、株式の売買も行って多額の損失を被っていた。こうした折に、東京火災保険会社が横浜蚕糸銀行東京支店に一六万円の預金取り付けを行うと、同行は支払停止に陥った(5)。

粕壁銀行の事例　明治二十九年一月、埼玉県南埼玉郡粕壁町に設立された粕壁銀行（資本金二〇万円）では、取締役兼支配人の練木市左衛門が行金を利用して米相場に投資し、この失敗で銀行に七、八万円の損失を与えた。明治三十三年十二月、大蔵省検査があった際、同氏は実弟の名義で約束手形を作成して一時的に秘匿したが、その後発覚した。頭取田村新蔵は三十四年一月に同氏を退職させ、田村が支配人の事務を行った。しかし、練木が退職後、銀行の不始末を四方に吹聴したため、一月十二日から俄かに預金の取付けが開始した。

田村頭取は同地の鈴木兵右衛門から一万五〇〇〇円を借受け、さらに一月十四日には帝国商業銀行から七万五〇〇〇円、十六日には中井銀行から五万円、さらに十七日には同行から三万二〇〇〇円を借入れて預金の取付けに対応した。このため支払停止は免れることが出来た。(6)

桑名百二十二銀行・桑名貯蓄銀行の事例　桑名百二十二銀行は明治十二年五月に国立銀行として設立された。この銀行の取締役平野美純および木村熊五郎、監査役水谷政兵衛は桑名米穀取引所の重役を兼ねていた。このため投機商に対する貸付が多く、同地屈指の投機商たる岩田彦五郎をはじめ伊藤紀三郎、監査役水谷政兵衛などに対して信用貸しを行っていた。しかし、これらは投機に失敗して返済が出来なくなった。百二十二銀行も資金が欠乏して明治三十四年一月二十三日に帳簿整理を名目として二十九日まで一週間の臨時休業を行ない、さらに一月三十日からも二週間の休業を行った。同行では正確な貸借対照表を作成し、日本銀行名古屋支店ならびに明治銀行に援助を求めた。さらに、桑名および三重郡長等を介して三重県書記官に請い、三重県同盟銀行に救済のことを懇請するために旧重役五名が二月二十一日に名古屋に出かけた。ここでは中山日本銀行支店長および兵頭明治銀行支配人等に依頼し、整理を進めようとしたが結果は捗々しいものではなかった。このため、同行は二月十三日から二十六日まで二週間の休業を継続したが、それでも開業することは出来なかった。

一方、同銀行富田支店では同地方漁業者より二二万円ないし二三万円の預金があったため、一月三十一日には預金者一六〇余名が群れをなして同支店に迫り警官の説諭によって引き取るという事件がおきた。

また、同行の重役達は明治二十九年に資本金六万円の桑名貯蓄銀行を設立したが、百二十二銀行と同様に一月二十四日から支払いを停止して臨時休業に入った。しかし、桑名貯蓄銀行は百二十二銀行とは異なり、整理方法が早急にまとまり二月二十五から開業した。

同行では百二十二銀行に貸し付けていた六万二五〇〇円について、二月十二日の株主総会にて一株につき五円の払込を行うことに決定し、一万五〇〇〇円を調達した。これに重役梶島茂吉が三万二五〇〇円を出金し、さらに払込済資本金一万五〇〇〇円を加えた合計六万五〇〇〇円で営業を開始したのである(7)。

桑名百二十二銀行の支払停止はこの地方の銀行にも動揺を与えた。桑名商業銀行（明治二十九年三月設立、資本金六〇万円、払込一五万円）では、二度にわたって激烈な取り付けに遭い、四五～四六万円の預金中三五～三六万円が引き出された。さらに、大阪市内に取付騒動が起こるや同行でも取り付けが起こり、名古屋組合銀行に救済を求め、明治、愛知、名古屋商業、伊藤などの銀行の援助を得て切り抜けている。また、山田銀行（明治二十七年五月設立、資本金五〇万円、払込資本金一五万円、預金六〇万円）では四月末に一種の風説が伝えられたために四月三十日に急激な取り付けを受け、五月二日から三週間の臨時休業をした。さらに、度会商工銀行（明治二十九年十二月設立、資本金一五万円、払込資本金七万五〇〇〇円）でも五月三日から三週間の臨時休業に入った(8)。

七十九銀行・難波銀行の事例　七十九銀行は松江第七十九国立銀行を買い受けて大阪銀行と合併したものであり、本店は大阪市東区におかれていた。明治三十一年の営業満期により私立銀行となり、資本金を百万円とした。

七十九銀行の評判は以前より巷間伝えられていたが、明治三十四年三月に同行監査役が退職して同行の内部事情を新聞紙上に明らかにした。また、商業興信所報告も同行の内部を暴露した。このため明治三十三年から三十四年にかけて同行の預金は四〇万円も引き出されることになり、三十四年四月十六日に同行は支払いを停止して二週間の臨時休業に入った。

同行の頭取は大阪府参事会員の古畑寅造であったが、古畑は同行の株を買い占めて大株主となっていたばかりでなく他の会社株も所有し、大阪第五位の株券所有者と称されていた。彼は伊予鉄道株式会社株式の半数以上を所有し、明教保険株式会社、大阪火災保険株式会社及び大阪運河会社等についても大多数の株式を所有していた。また、彼は伊予鉄道株式会社、明教保険株式会社、大阪火災保険株式会社の社長でもあった。古畑はこれらの株式取得に際して七十九銀行の資金を利用しており、これらの株式相場の下落は古畑の損失を莫大にしたばかりでなく、七十九銀行にも多くの損失を与えることになった。古畑の七十九銀行への負債は約七〇万円にも達しており、そのほとんどは支払い不可能という状態となった。このため、古畑は三十四年四月二十四日に詐欺取財で古畑の妻の兄弟とともに拘引され、古畑と銀行は家宅捜索を受けた。さらに、同日のうちに大阪地方裁判所は七十九銀行の破産を宣告した。

七十九銀行の取付休業騒動は、同行と最も関係の深かった難波銀行に波及した。難波銀行では七十九銀行と同様に四月十六日から二十二日までの一週間臨時休業としたが、十六日の支払い高は約五万円に達した。

難波銀行は明治二十七年十月に設立された。同行の頭取は七十九銀行頭取古畑寅造の実弟であり、大坂市参事会員の西川市造であった。この関係から難波銀行の預金から七十九銀行に預け入れられていものも多かった。

難波銀行の貯蓄預高は二五万円あり、預け入れ人員は七〇〇〇人以上に達していたから、支払停止による預金者の動揺は大きかった。この状況について、「銀行通信録」は「支払を停止するや是等の預人は四方より雲集し同行に肉薄して非常の喧囂を極め警官の制止に依りて漸く退散せしに夕景に至りて再び押寄せ来り午後九時頃一先引揚げしに拘らず翌十七日に至り猶押寄するものあり、中には同行の預金利子割高なるを聞き他人より預りたる金二百円を一時同行に預入れたる山崎某（米商）が預入の後四日目に至り支払停止に遭ひ預主より催促の厳なるに堪へ兼ね妻子の衣服を典して終に預主に返金したるが如き又車夫吉野某の妻某が夫の掛溜の内より窃に五厘或は一銭を取置きて預入れし高十五円に及びしに此度の支払停止より事発覚して夫婦喧嘩となりしが如き奇談もありしといふ、思ふに此他惨話笑柄猶少なからざるべし」[9]と述べている。このように、難波銀行は他の銀行より預金金利が高く、このために七〇〇〇人にも及ぶ小額預金者が多かったのである。

四月二十一日の株主協議会の調査によれば、同行の預金高は七二万円、払込株金は二二万五〇〇〇円であった。これに対して、貸出金は西川市造に一六万円、七十九銀行に六万円、古畑寅造に二万五〇〇〇円、重役に一六万円、不動産抵当貸が八万円、預け金及び現在金が一三万円であった。このうち、西川、古畑、七十九銀行の三件に関しては回収不可能であり、銀行としては三七万円の不足を生じることになった。こうしたうちに、難波銀行は七十九銀行と同じ四月二十四日に破産決定の宣言を受けるに至った。

（iii）　預金者の心理的不安（風説・デマ）による休業・破綻

取付騒動の原因は、経営悪化等によるものばかりでなく取付騒動が預金者の不安を呼び、自己の預金銀行に押しかけるという状況も生んだ。大阪を中心とした取付騒動や休業騒ぎについても「大阪の恐慌は其影響忽ち四方に及び之が為め直接の影響を受けて恐慌の厄に罹りし地方少なからざるのみならず又直接の関係なきに似たるも之に尋で恐慌の厄に罹りたる地方少なからず、即ち今回の恐慌は大阪を中心として近畿の各地、四国並九州の一部及び我経済史上稀有の現象を呈せり」[10]と述べられているように、一部の銀行には恐慌の余波、あるいは風説やデマによって取付騒動に巻き込まれる銀行も見受けられたのである。

七十九銀行と難波銀行の取付騒動の事例　七十九銀行と難波銀行の取付騒動は大阪全市の恐慌[11]に発展した。とくに、両銀行の支店に隣接した銀行では、両銀行の取付騒動の余波は甚大であった。

まず、難波銀行南支店に隣接した福永銀行大阪支店では預金の取り付けに遭遇し、四月十七日をもって支払いを停止した。福永銀行は明治三十年に資本金七万円で設立された合資会社であり、本店は熊本にあった。同行は明治三十三年十二月の熊本第九銀行の支払停止時には、本店に巨額の資金を回して本店を助けた。このため、大阪支店は手元資金が不足するようになっていた。これに、七十九・難波銀行の取付騒動が追い討ちし、福永銀行大阪支店は三〇万円の預金中、十六日から十七日の二日間にかけて約一〇万円が引き出された。同行では十七日午後から三十日までの二週間を休業し、さらに五月一日から十四日までの二週間にわたって休業を継続した。

天王寺銀行（明治二十八年設立、資本金五万円）では、七十九銀行天王寺支店の近辺にあるため四月十六日以降に取り付けに遭い、十六日から十七日にかけて約一四万円の預金のうち約六万円が引き出され、十七日から五月一日まで臨時休業した。同行は五月二日には開店したが、七十九銀行の取り付けの影響を受けた銀行の一つであった。

第百五十二銀行は資本金五万円で、預金も五万円に満たず営業状況は芳しいものではなかったが、七十九銀行および他銀行の取付騒動が起こると同行でも四月十七日に約一万円の預金が引き出された。このため、同日午後四時から支払いを停止し、四月三十日まで休業したのち、五月一日から営業を再開した。

このように、七十九銀行と難波銀行の取付休業騒動は、大阪全市に波及して支払停止銀行が続出した。前島銀行、逸身銀行、第五十八銀行、大阪貯蓄銀行、大阪実業銀行、西六銀行などでは取付騒動が起こった。前島銀行では三月の北村銀行破綻の影響で当時一八万円あった預金は四月五日には九万六〇〇〇円まで減少した。さらに、頭取前島勘造が三十三年六月まで難波銀行の取締役を兼務していたことから、難波銀行の取り付けが起こると前島銀行にも波及して四月十六日から十七日までに三万円の取り付けが起こった。二十六日に前島の財産が差し押さえられると、翌二十七日から二週間の休業に入った。

第五十八銀行では四月十八日の取り付けが甚だしく、三〇万円の預金取付が発生した。同行は支払いに窮したため、組合銀行に救済を求め、十九日に日本銀行大阪支店より二〇万円の貸出を得て支払停止を免れることが出来た。

一方、大阪貯蓄銀行は貯蓄預金六〇〇万円に及び、全国第一位の貯蓄預金高を誇っていた。同貯蓄銀行でも難波銀行の余波を受けて十七日には出張所に取り付けが起こり、これは各支店および本店まで拡大した。同行では十七日に二〇一〇口、二四万六一三六円が引き出され、翌十八日には口数、金額ともに増加して二九四七口、四四万四五六六円が引き出されるに至った。結局、十七日から十九日の三日間で七二五九口、九五万九一九七円が取り付けの被害となった。ただし、この三日間で五四一四口、一一万二二一円が預金されており、一方的な引出しという状況にはならなかった。これは「急激なる引出に遭ふも無智の細民多きことゝて素より怪むに足らす中には支店より引出して本店に預けたるものあり引出を請求して鴻池家の無限責任を負ふことを聞き引出を見合すものありしといふ」[12]と『銀行通信録』に述べられているように、取付騒動が風説や噂といったものに先導されたものであり、不安要素が取り払われると庶民の取付行動は和らげられるということを示している。

一方、大阪屈指の貯蓄銀行の日本貯金銀行でも四月十七日から十九日の三日間で六四五八口、三七万六一八六円が引き出された。ピークは十八日であり、三一三七口、二〇万四六一三円であった。預金は三日間で一一七六口、二万九〇一七円であり、前述の大阪貯蓄銀行と同様な傾向を示した。また、中立貯蓄銀行では十七日からの三日間で一二万円、大阪実業銀行南支店でも二〇万円が引き出された。

以上のように、七十九銀行と難波銀行の取付休業騒動は、大阪市全体の銀行に飛び火した。零細な預金者は、自己の預金を保全しようと銀行に殺到したのである。これらの銀行から引出された預金は、郵便貯金に転換していったと思われる。大阪市郵便本支局取扱所の郵便貯金高は、四月十五日には一四七二円に過ぎなかったが、取付騒動が本格化した十七日以降に増加し、十七日四一六六円、十八日一万一三二六円、十九日一万四四三一円、二十日・二十一日一万六四五三円と徐々に増加した[13]。銀行に対する信頼が崩壊して、郵便局に向かう預金者の姿をみることができるだろう。

注

（1）『日本市場史―米・商品・証券の歩み―』（山種グループ記念出版会、平成元年）、五七六頁。
（2）野村順之助『日本金融資本発達史』（共生閣、昭和六年）、二一九―二二五頁。
（3）明治三十四年恐慌による各地金融界の動揺については「各地金融界動揺始末」（『銀行通信録』第三二巻第一八九号臨時増刊、明治三十四年七月二十五日）、一―四四頁。
（4）「東京商事銀行の支払停止」（『東京経済雑誌』第一〇五三号、明治三十三年十月二十七日）、三九頁。
（5）「横浜蚕糸銀行の支払停止」（『東京経済雑誌』第一〇五五号、明治三十三年十一月十日）、一―二頁。
（6）「粕壁銀行の破綻」（『銀行通信録』第三一巻第一八三号、明治三十四年二月十五日）、一四二―一四三頁。
（7）「桑名百二十二銀行及桑名貯蓄銀行の支払停止」（『銀行通信録』第三一巻第一八三号、明治三十四年二月十五日）、一四二頁。
（8）「桑名百二十二銀行及桑名貯蓄銀行支払停止後報」（『銀行通信録』第三一巻第一八四号、明治三十四年三月十五日）、一二四―一二五頁。
（9）「大阪貨幣市場の恐慌」（『銀行通信録』第三一巻第一八六号、明治三十四年五月十五日）九三―九四頁。
（10）「大阪貨幣市場の恐慌」（『銀行通信録』第三一巻第一八六号）、九一―九九頁。
（11）「各地貨幣市場の恐慌」（『銀行通信録』第三一巻第一八六号）、九九頁。
（12）「大阪貨幣市場の恐慌」（『銀行通信録』第三一巻第一八六号）、九六―九七頁。
（13）「大阪貨幣市場の恐慌」（『銀行通信録』第三一巻第一八六号）、九八頁。

二、全国銀行界の対応と恐慌の本質

1、各地方銀行界の対応

明治三十三年頃から全国で起こっていた銀行の支払停止や休業に対して、安田善次郎のとった対応は迅速であった。安田は、銀行および会社の破綻が増加している原因は不況によるところも大きいが、社員間における奢侈贅沢の悪風によるところも少なくないと考えた。そこで、安田関係の銀行会社である安田・第三・明治の三銀行、東京火災、帝国海上、共済生命の三保険会社、ならびに東京建物会社、安田製釘所等の支配人以上を第三銀行に集めて悪風矯正のため風紀振粛の申し合わせを行った。安田は「元来余が微賤の身を以て今日の位地を保ち得るに至りし所以のものは、多少世の所謂好運なるものも伴ひしに相違なからんも、要するに余が幼少より確守し来れる勤勉、節倹、信実、親切等の主義ありしが為に外ならず然るに近来一般社会の風習を見るに日一日奢侈に流れ、実業界の如きも多数の集会は勿論数名の会合と雖も、必ず宴席には山海の珍味を列べて賤妓を侍せしめ動もすれば見聞に堪へざるの醜態を現はすも恬として恥づることを知らざるのみか、却て之を以て紳士の常態と心得るものなきに非ず、為に其弊の及ぶところ漸く大にして種々の悪果を招致するに至る、然れども翻て社会風潮の趨くところを洞見するときは、斯る陋態を寛恕せざるの傾きは年を追うて益々熾ならんとするに加えて年来実行し来れる余が主義に顧みるときは、此等奢侈遊惰の風は暫くも両立を許すべきに非ず」と、実業界の奢侈等について批判を加えた。この上で、今後は営業上已むを得ざる場合の外は、なるべく無用の宴会等を全廃するは勿論、簡単清楚な西洋風の宴会に改め、賤妓等の出入りしない清

浄な会場を選び、できうる限り各自会社銀行の一室に於いて会食を行って過分の消費を防ぐべきだと述べている。(1)

また、大阪でも明治三十三年頃には銀行会社員間の風儀が大いに頽廃し、「辺幅を飾り酒色に耽けるもの滔々俗をなし僅々十四五円位の月給を取るか取らざるものにして二三十円の洋服を着くるほど」で、これより上級な銀行員は物見、遊山、観劇、芸妓買等に月日を費やして真面目に業務を見るものは甚だ稀という状態となっていた。大阪組合銀行ではこれを憂い、同年秋には銀行員を戒飭して奢侈の風を止め、勤倹貯蓄の美風を起こすための方法を研究している。(2)このように、安田善次郎は銀行経営の原点に戻って安定堅実な経営を目指して奢侈等の一掃を試み、大阪組合銀行でも奢侈の一掃と勤倹貯蓄思想の涵養について検討しだしていた。

ところで、明治三十四年恐慌の影響を最初に受けた九州地方では、同年二月九日に九州商業会議所が熊本市で連合会を開催した。この連合会では「九州商業会議所総会協議事項」として「九州金融界一般の現状は世人の想像するが如き危険のものにあらずと認むるにより九州各県知事に対し経済界のために浮説流言を排斥し人心を鎮定し併せて貯蓄を奨励せられんことを要求すること」を発表した。この発表は、この時期の取り付け休業騒動が「浮説流言」によるところも大きかった一面も指し示している。この上で、決議事項として次の四点を発表した。(3)

決議事項

一各銀行会社監査役の選挙法及其職責に関する法律改正の件

右は各商業会議所に於て調査の上十五議会開会中総理大蔵農商務の三大臣、法制局長官、貴衆両院、法典調査会等に向つて運動する事

一九州地方の各銀行は自己の信用を増進すると同時に同業者の信用を重んじ共存の主義を取り相互の関係を親密にし金融の疎通を図ることを各銀行に勧告する事

一九州各銀行の監査役に対し十分の職責を尽さるゝことを勧告する事
一日本銀行、正金銀行及三井銀行は従来より一層九州各銀行の内情を審査して之と密接し十分の資金融通を与へられたきことを請求する事

この決議事項によれば、九州商業会議所では銀行の休業や取付騒動が頻繁となった原因として、各銀行の監査役に問題があると判断したようである。そのため、銀行の監査役について選挙法を改正し、監査役の職責を重くするべく国会に運動を展開すると共に、監査役には十分の職責を果たすよう勧告する事を決定した。この決定事項は監査役の職責を明確にし、これにより銀行経営の健全化を図ろうとする考えがみえる。しかし、九州に限らず、全国の銀行では銀行役員の不祥事、あるいは役員としての職責を果たさない者も多かった。

伊勢地方では三重県下全体に恐慌の兆候がでてきたため、四日市商業会議所は明治三十四年五月三日に役員会を開催し、恐慌の鎮撫の方法を協議した。その結果、県下各商業会議所と連合して運動を展開することになり、四日市、津、桑名の三商業会議所の各会頭もしくは代理者は四日に県庁に出頭して以下の覚書を書記官に提出した。

県下三商業会議所より県知事に具申し此際一般民心の沈静を謀り濫に預金の取付を為し終には各銀行をして玉石共に砕くるが如き悲運に遭遇せしむることなき様県下各地方に対し夫々適良の方法を施されんことを要望する事
試に其方法の一二を挙ぐれば左の如し
一知事より県下一般に諭告を発する事
二知事より郡市長へ内訓を発して民心を鎮撫し或は風説流言に惑はされ若くは中傷擠排を逞くする等の事なからしむる様各地方夫々適応の手段方法を執る事

さらに、県庁ではこの希望を取り入れ、五月五日に三重県知事古荘嘉門が公報号外をもって以下の諭告を発した。

近来他府県庁及本県下に於て銀行中急激なる預金引出に会し臨時休業をなすもの間々之を見るに至れり蓋し預金取付の原因たるや種々あるへしと雖も要するに預金者一般の疑惧心に出つるもの其多きを占むるは疑ふべからざるの事実とす而して斯る場合に当ては平生相当の準備金を置き確実に営業せる銀行と雖一時其引出に応すること能はさるものあり而るに一度此事あらんか其影響は忽ち乍ち多数銀行に波及し流言浮説切りに行はれ経済界に大なる関係を与ふるのみならす預ケ主自身の損害も亦決して少なからさるものあらん故に此際銀行に預金を為せるもの叨に浮説流言に惑はされ平素信用せる銀行に対し急激の取付を為し他日の悔を貽さざる様厚く心掛くべし

以上の諭告発表と共に三商業会議所は各郡市長へも鎮撫方を依頼し、かつ各銀行に対して勧告をなし、三重県銀行同盟会のうち三井銀行四日市支店、第一銀行四日市支店、百五銀行松坂支店、伊勢銀行松坂支店、小津銀行松坂支店、愛知銀行津支店、明治銀行山田支店は協議の末、百五、伊勢、愛知三行を代表者として日本銀行名古屋支店の後援を請い、連帯責任をもって共同救済を行うことになった(4)。

また、大阪(5)では大阪銀行集会所の委員銀行（浪速、三十四、百三十、山口、住友、鴻池、北浜、三菱支店、三井支店、帝国商業支店）が四月十八日に集会を開き、他の有力銀行と協同して救済を行うことを決議した。差し当たり、逸身銀行を救済することになり、浪速、三十四、百三十、山口、住友、鴻池、北浜、帝国商業支店の八銀行の連帯責任で日本銀行大阪支店より五〇万円の貸出を請うことになった。日本銀行大阪支店では十六日から二十日までに七〇六万五〇〇〇円を貸出した。このような救済により各銀行は営業を再開するとともに、大阪全市における取付休業騒動はひとまず収束した。しかし、「爾後各銀行は夫々自衛の策に汲々たる有様にて新規取引は無論拒絶し尚旧来の華主と雖も極めて確実なる担保のあるにあらざれば融通を為さゞるより従来の信用取引は一切地を払ひ金融は不円滑と云ふの外なく日歩も区々に一定せず、又貯蓄銀行にありても二十日以後漸次預金回復の模様なるが其回復は甚だ遅々たる」(6)という情況を呈した。これらから、恐慌以前の銀行が巨額の信用貸出を行っていた事実と、その後の反省から確実な担保がなければ貸出しを行わなくなったという銀行の方針転換をみることができよう。このため商人の中には資金不足に陥って破産に追い込まれるものも現れてきた。大阪商業会議所理財部では「真正なる商業者に対しては銀行に於ても可成丈寛裕の方針に出で貸渋又は割引拒絶等に依り此上商人をして一層の困難に沈淪せしむること無様運動する」(7)という行動をとった。

このように、各地方で金融界の救済方法が検討されたが、大蔵省は明治三十四年八月三十一日に次のような通牒を発した(8)。

貴管下に於て今後銀行営業認可申請を為すものあるときは左記の事項に基き新設銀行営業地域内に於ける経済事情及び発起人の身元資産を調査し新設所要の有無に関する御意見詳細御副申相成度此段及御通牒候也

明治三十四年八月三十一日

理　財　局　長

銀行設立地方の経済事情

一、農工商業等の産業状況

二、設立地方と他地方との運輸交通

三、設立地方の物資集散の概数及び金融状況
四、既設銀行本支店及び各資本金額
五、新設銀行と設立地方又は他地方の既設銀行との関係
六、設立地方に於ける他業会社の業務資本金額及び重役の姓名
七、産業上銀行設立を要する理由及新設銀行放資の目的

発起人の資産身上に関する事項

一、身分能力職業
二、資産負債の情況及び国税納額
三、公私の経歴
四、平素の行状
五、犯罪及び家資分散の有無

新設必要有無に関する意見

一、放資の目的の適否
二、営業に対し資本の多寡
三、銀行として金融機関の職業を尽し得るや将た貸金業を営むものに非ざるや
四、一、二会社の融通機関たる事を目的とせざるや
五、重役等の私利を営む機関たる事を目的とせざるや

六、銀行設立が重役等の党派関係又は政略上の理由に出づることなきや

追て前掲各項中既に屡報告を為したるもの若くは殊更に調査せざるも明瞭なる如きもの有之候はゞ調査報告に不及候儀と御心得相成度又小銀行の儀は将来可成合併せしめ度希望に付新設のものは会社組織のものにありては資本金五十万円以上個人銀行は二十五万円以上として申請せしめらるゝ様致度此段申添候也

この通牒では、新設銀行の設立目的と産業上の必要性を明確にすると共に新設銀行および銀行役員が特定企業に関係することを極力避けようとする意図が表れているといえよう。「一、二会社の融通機関たる事を目的とせざるや」、「重役等の私利を営む機関たる事を目的とせざるや」の事項は、明治三十四年恐慌の反省点を大いに盛り込んでいるといえる。また、「銀行設立が重役等の党派関係又は政略上の理由に出づることなきや」という事項からは、従来の銀行経営において銀行役員間の政治的対立という問題を抱える銀行も見られたことを示している。さらに、新設銀行の経済基盤強固の観点から、最低資本金額を上昇させ、会社組織では五〇万円以上、個人銀行では二五万円以上（明治三十四年九月三十日から五〇万円以上）となった。

このように、明治三十四年八月の通牒は、三十四年恐慌を教訓として銀行経営の健全化を図り、同時に小銀行の設立を抑え、銀行合同を推し進めるという意味をもっていた。さらに、明治三十四年九月には曽根荒助蔵相が内訓のなかで「其設立者は予め地方長官が其人物及地方経済の状態に徴し、相当と認むるものに限りて大蔵大臣之を許可することゝなせり、又資本金に就ては成るべく小銀行の簇生を防止する筈なるも地方の状況に依りては強ち小資本なればとて排斥するの趣旨にあらず……要するに資本金額の多少はさまで重きを置かず、其事業の著実にして基礎の強固なるを期するに外ならず(9)」と述べた。大蔵省でも資本金の問題以上に、銀行経営者自身の問題を重視していたことを伺

うことができよう。

以上のように、明治二十年代後半から三十年前半にかけて設立された銀行は、銀行と特定企業・特定個人との癒着や銀行経営の不健全性を内在したまま営業を継続していたところが多かった。こうした銀行経営の不健全性等については、経済評論家を中心として、警鐘を鳴らして警告を発していた。つぎに、この当時の経済評論家がどのような趣旨の警告を発していたかについて『東京経済雑誌』および『銀行通信録』からみてみよう。

2、経済雑誌等に見る銀行経営および銀行家に対する批判

明治三十四年恐慌前後には、日本の銀行の脆弱性や銀行家の資質といった点について多くの批判が出てきた時期でもあった。安田善次郎のように銀行会社等における過度な消費の自重を促して、健全な銀行及び会社経営を行うべきという意見も明治三十三年秋には出てきていた。しかし、多くの銀行では奢侈の風潮や過度の融資が行われており、経済雑誌などでは三十三年末から三十四年にかけてに発生した恐慌についても銀行家の責任を追及する声が相次いだ。

まず、横浜蚕糸銀行の支払停止について、『東京経済雑誌』は「銀行の破綻を生ずるは資本の多少に由らずして、資本運転の如何に在り、而して資本運転の宜しきを得ると否とは、当局重役に其の人を得ると否とに在るを知るべし」(10)と、銀行の破綻は重役の資質に問題があるからだと強調している。『東京経済雑誌』の論調は、資本金の多寡も破綻の一原因となっているが、これ以上に重役の資質が問題だということで一貫している。したがって、資本金を制限すべきだという意見に対しては反対の意を示している(11)。

このように、『東京経済雑誌』では明治三十三年秋頃から銀行破綻の原因を小資本金だけでなく、銀行設立者自身の問題に求める論調が強い。まず、龍窟は「小銀行に対する取締」(12)のなかで、「其新設銀行に大資本を抱有するもの尠く、

孰れも五万十万の小資本に拠りて営業を為さんとする泡沫銀行の興起に過ぎざれば豈に此多数の一時に設立さらるゝに至らんや。蓋し斯の如きは企業家に些細の資金なく、唯自己収入の途を得る為に発起せられ、或は小資本家が重役の名目を得て自己を社会に広告するの便に供し、或は専ら自己の営業に利用する処あらんとする。小名利を主とするが為めならずとせず。奚んぞ、其業務に忠実ならざるを怪しまん。之を要するに、新設銀行の多くが資本に薄く基礎の強固ならざるは、殆んど已むを得ざる事なり。管理者に誠確なるもの乏しきは、当然の事のみ。之を以て、動もすれば預金の遣込みとなり、支払の停止を行ふに至るは、初めより無資本者の喰物さにせんが為に起り、投機業者の機関たらしめんが為に設けらる、事ある今日に於いては、決して驚くべからざるなり」と述べている。さらに、銀行制度の不備、儀式的な大蔵省検査を批判し、こうした状況下では、銀行業者との取引には十分な注意が必要だと強調している。さらに、龍窟は「金融界の弊竇を如何」(13)という記事の中で、支払停止や預金取付に陥った銀行について、「事実此不景気の為に傷痍を負はさるゝ場合少からざるなり。然れども単に是れのみを以て其原因を尽せりと称すべからざらん。何となれば是等の銀行は必ずしも金融界の変状を呈せる時に於てのみ危険なるにあらずして、日常行ふ処の事既に頗る冒険的なればなり。請ふ見よ、横浜蚕糸、東京明治等の諸銀行が支払停止の余儀なきに至りし事情を。亦現在兎角の風評あるものに就き裡面の秘密を点検する時は、何れも周囲の事情に強圧せられたる結果なりと云はんよりも、寧ろ其の重役等が諸般の営利事業に関係し、銀行資金を融通して固定せしめたると、株券売買の如き投機事業に手を出して損失を招き、其跡始末の着かざるより結局取引主の信用を失ひ、株主の疑惑を蒙りし結果ならざるはなし」と述べている。つまり、銀行の破綻は経済不況の結果というよりは、むしろ銀行重役等の営利事業、あるいは株式売買の投機的事業に手を出しているからであり、「今日の急務は、先づ彼等銀行業者をして其本分に帰り誠実に職務を奉ぜしむより必要はなし。即ち言換ゆれは、銀行者らしき銀行者たらしむるにあり」と主張しているのである。その上で、銀行家が銀行以外の利益事業に関係することを断絶し、監査役のほかに監査専門の機関として英国の如き監査専門の団体（Chartered accountant）のような機関を設置することが必要だと提言している。

『東京経済雑誌』は、さらに「銀行事務の誤謬」[14]という記事を掲載し、「余輩熟々我が邦銀行の現状を観察するに所謂大銀行なるものも其業務を行ふに当りて根本的の誤謬に陥れることを知るなり何ぞや、他の事業に関係する事是なり」と、銀行業者が様々な事業に関係していることを問題にしている。さらに、「余輩は三井三菱の大銀行が其資本を種々の事業に注入することを以て、近来続々創立する所の小銀行が凡て此誤謬を模倣して危険を冒すに至れることを信ずるなり、故に余輩は先づ此二銀行が明に其経済を分離し、直に鉱山製造業を売却せんことを望まざるべからず、然らざれば其事業を独立のものとなし、之に対する関係をして、他の製造業者に対する関係を同一ならしめべからざるなり、蓋銀行は商業製造等に対して洽ぬく援助を与ふることを避けざるべからざるなり、何となれば商業製造等は時として非常の利益あるものなりと雖も、又時としては非常の損失あるものなればなり、銀行者たるものは如何に利益あればとて決して其資本を固定すべからざるなり、資本を固定するは商人若くは製造人等の事なり」と述べ、銀行は商業・製造業と一線を画して経営を行うべきであり、三井・三菱の大銀行がその範を示すべきであると主張した。

徳富猪一郎[15]は九州地方に発生した銀行破綻の原因について、「銀行が破綻の災に逢ふは銀行に其人を得ず且つ銀行家自から其職務に不忠実且つ不親切なるの結果に過ぎずと謂ふべし」と述べ、銀行家の責任を指摘した。徳富は当時の銀行家を「銀行業に不注意なるもの」、「自己の為めに銀行を利用せんと欲するもの」、「銀行を以て投機の資となすもの」と規定し、銀行業務の知識に疎く、職務に不忠実にして自己の利益のために銀行を利用しているものが多いと述べている。さらに、「既に其職務に不忠実にして且つ不親切なる重役をその頭上に戴ける以上、銀行全体の業務が刻々不取締、無責任に流れ又銀行員一般の風紀が日々に頽敗（廃）に走り不知不識の間に不測の災害を招くもの固に其の所なり、抑も銀行の破綻は銀行夫れ自身の災害のみに止らず延ては社会一般の財産の安固を動揺し其の貯蓄心を滅却し以て国家の資本を大に減殺せしむるに至らんとす」と述べている。銀行の社会に及ぼす影響は甚大であり、銀行の破綻を回避するためにも銀行役員の自覚が必要なことを強調しているのである。

土方久徴は「倫敦銀行事情と我国銀行事情（二）」[16]のなかで、「今日銀行家の執る所の態度方法に至ては頗る注意を要するものあるが如し、蓋し今日は平素に於ては同業者融通の戸円滑に行はるゝが如しと雖も、一朝金融逼迫の場合に際すれば急遽回収を厳にするを以て借方銀行は資金の払出に窮し貸方銀行は其の回収に苦しみ相互狼狽して益す騒擾を大ならしむるの弊あり、思ふに此の如き不始末を演出する所以のものは貸借両方の銀行家に於て当初既に慎重遠慮の態度を欠き滑稽自在を要する資金の性質に反して用途を究むるなく軽忽に融通をなし而して予じめ非常の場合に処するの覚悟なきに職由せずんばあらず、抑も融通の事たる善し、只無策なる同業者間の融通に至りては之に伴ふ弊害甚だ大なりとす是れ我銀行家の戒慎を要すべき所なり」と述べた。土方も日本の銀行家の貸借関係における慎重な姿勢の欠如を大きく注意していた。さらに、土方は「倫敦銀行事情と我国銀行事情（三）」[17]でも、「吾人は我国各地の銀行者が先づ各自の信用を鞏固にすると共に進んで同業者間の共同働作に務むるに至らんことを希望して止まざらんとす、若夫れ実行に至りて素より一朝の能くすべき所に非らずと雖先づ須らく今日の如き依頼の観念を脱却して自営自主の見地を建立するに務めざるべからず、而して其法たる他なし、一般預金の吸収に務め以て其の運転資本の増殖を計るにあり、顧るに都鄙を論せず我国には今尚資金の死蔵せらるゝもの必らず尠少にあらざるべし、是れ主として我国経済思想の幼稚なるに因るべしと雖も抑も其保護機関の未だ完備せざること焉んば関係なしと謂ふべけんや」と述べ、日本の経済思想の未成熟とこのための保護機関の設立を主張した。

一方、加賀覺次郎は「信用調査制度の必要を論ず」[18]のなかで、銀行業を社会的事業として強調し、「銀行業は公衆より預金を依托（委託）され他方に於て之を公衆に貸出し以て社会協力（Co-operation）の媒介をなす一の機関なり即ち銀行業は社会的事業にして決して個人的営業にあらず従て之を営む者の責任も亦實に重且大なりと云ふ可し。然るに今日我国銀行業の現況を見るに如此観念を以て業務を営むもの少なく利己情実等の為め貸出をなし相手方の信用如何の如き第二段に置くもの多きが如し見よ今日の如き商界偶々銷沈に陥りし時に際し日々銀行破綻の報絶へざるものあるは何が故ぞ蓋し其原因種々ありと雖も之れが局に当るもの、脳裏に銀行業の社会的事業なる事の観念薄きの致す所なり如此にして我国銀行業の発達得て望む可らず若し之れが発達を計らんと欲せば銀行業者たるもの預金運用に於て慎重に慎重を加へ以て之に当らずんばある可らず」と述べている。さらに、信用調査についても「今日我国銀行内部の組織を見るに未だ嘗て信用調査係の如きものを置き積極的に得意先の信用程度を調査するものあるを聞かず偶々之れありとするも甚不完全たるを免れず唯支配人の脳裡に於ける空漠なる記憶を以て取引先の信用程度を定むるが如し否な寧ろ推察するが如し因是観之今日我国銀行業者の大部分に所謂イーダロー主義を以て営業すと云ふも敢て過言にあらざるなり」と批判している。信用調査の方法についても、「我国銀行者は自ら進んで得意先の信用を調査せんとするが如き少しも念頭に置かず、唯だ興信所の報答を之れ金科玉条として満足するが如し」とし、信用調査制度の早急な整備の必要性を打ち出しているのである。

また、内田定槌は「身元保証会社設立の必要」(19)のなかで、「我国の会社、銀行員中には不正を働くもの決して少なしと謂ふ可からず又彼等が其取扱金を遣い込み又は持逃げして雇主に迷惑を蒙らしめたること決して珍しからざればなり、此の如き弊害は固より我社会に於ける徳義の発達幼稚なるによるものならんも畢竟、銀行が其使用人の選択に充分の注意を用ゐざるのみならず我国に於ては米国に於ける如く之を選用するの機関備はらざるによるが如し、左れば我会社銀行界の内部を整理し其使用人間の風紀を刷振するには米国の如き身元保証制度を我国に創設せば頗る有益ならんかと思考す」と述べ、身元保証会社の設置によって銀行員の資質向上を目指す意見も出ていた。(20)

支店制度から銀行経営の問題点を指摘する声もあがった。井上準之助は「銀行支店制度の利害得失」(20)のなかで、支店制度の有利な点と不利な点を六点ずつ指摘した。

（有利な点）
一、支店制度は各地間の金融を円滑にし、全国の金利を平均化する。
二、支店制度は経済思想の幼稚なる場所に必要である。こうした場所に信用ある銀行の支店を設け、銀行業に熟練した支配人および書記を配置して管理すれば、不当な貸付を行うようなことはなくなり、銀行の効用を発揮して地方人士に経済思想を鼓舞するとともに、この地に利益をもたらす。
三、支店は信用の程度が比較的大きい。本支店は法律上その義務を共通すれば、本支店既に信用多ければその支店が影響をうけることは当然である。ゆえに、地方における薄資なる独立銀行に対して支店の世間に信用を買うものが多くなる。
四、支店制度は為替上に便利である。独立銀行が遠隔の地方における送金または手形取立のために「コルレス」を取り組み、手数料を支払いまたは為替上の借残に対して利子を要する等の不便は、支店本店間または各支店間においてこれを省略することができる。
五、支店では比較的簡単な組織と少数の人員を配置するだけで足りるため、経費を省略することができる。
六、支店制度が発達すれば、内部組織、得意先に対する態度を一様にすることが可能であり、これによって銀行各自の卑劣なる競争を防ぎ、得意先に対する信用の程度を一定にして金融の基礎を堅固にできる。

（不利な点）
一、支店においては支配人以下が支店所在地より遠隔な地から来るため、その土地、商業の習慣に熟達しないため、得意先に充分の便利を与え、銀行完全の働きを為すことができない。
二、支店員はその土地に深い関係があるわけではないため、その土地の利害に冷淡なこともある。このため、支店銀行が往々地方人士の非難を買うことがある。

三、銀行が多くの支店を有する場合、一支店の不信用が本支店全体に影響を及ぼすことがある。

四、支店監督は銀行業務中で最も困難な事業に属する。数多くの支店を同一の方法によって進ませ、各支店が権限の範囲において敏活の働きをなさしめることは容易ではない。

五、各支店は性質上、本店同様の権限を与えることは不可能である。ゆえに、重大な事件については、事件毎に本店の許可を待つという煩雑さがあり、往々時機を逸する弊なきにあらずといえる。

六、支店を設置し支配人に一任するときは、各支店長に浮誇心が増長してその支店の利益を多くして自己の手腕を示さんとすることがある。このために、支店間の競争が起こり、土地不相当に無理な貸付をなし、本店の命令にしたがって資金の回収を行うことができない弊害を生ずる恐れがある。

井上は支店制度の弊害のほとんどは支店監督不行き届きのために起こるものであり、支店監督の方法を完全の域に進ませれば支店制度の弊害は消滅できる、と述べている。しかし、日本の銀行事情をみると、銀行各自の連絡が欠如して金融の疎通はうまく行かず、為替制度も普及していない。さらに、銀行間の競争は甚だしく、金融の基礎において強固ならざるものがある。銀行数も多すぎて大銀行の支店を増設する余地が少なく、小銀行を合同させて支店制度を発達させるにも合同はなかなか困難である、と述べている。井上は合同が困難な原因として、地方銀行は地方資産家が銀行重役につき、銀行重役の機関銀行とするために設立されたことにあり、地方権勢家の競争も激しいという点をあげている。

井上はこうした地方銀行の特質が明治三十四年前後の銀行破綻、銀行休業、支払停止などの不祥事を生み、支店制度の整備を阻害している原因であると強く主張している。まず、地方銀行の重役については「多くは皆な土地の権勢家にして其土地に於ける各種の事業に密接の関係を有せざるは稀なり、故に其土地の公共事業に関して放資する場合には己の権勢を扶植するの必要上銀行家として公平の判断を妨げらるゝことあり、且つ又自己の関係する事業に関して自己の利益の為めに銀行資金の放資の方法を誤ることあり、是れ我国銀行の通弊にして昨年末に於ける銀行の破綻の如き亦多くは之れに原因したるを知る」と、重役たちの問題点を指摘した。さらに、一銀行の破綻や休業の他銀行への影響については、「偶々一支店に不始末を演じ世人の疑惑を惹起する様のことあれば其本支店たるものは亦直に其影響を蒙りて一時に預金の取付けを招く虞あり、之が為めに或は遂に破綻の悲境に陥ゐるに至るなきを保せす、現に昨年末九州金融界に動揺あるに当つてや某銀行の如きは数多の支店を有したるが為め取付一時に起り其の救済に非常の困難を感したることあり、又或る銀行の如きは恐慌ありし地方に支店を有したるが為めに急激なる預金の取付に逢ひ遂に破綻の止むを得さるに至りたることあり、是の故に数多の支店を有する銀行にありては、平常より充分の覚悟を要すべきことゝ考ふ」と述べ、不十分な支店制度が破綻を全国的に拡大する虞を警告している。また、本店と支店との関係についても「目下我銀行の本支店の関係に至ては放漫寧ろ驚くべきものあり、蓋し其の監督には一定の標準なく、一に支店の為すか儘に放任して顧みざるが故に支店の働きは全く其の支店支配人の人を得ると否とに由りて決し其の支店の取引先の如何、担保品の良否、得意先に対する支店の態度等は本店に於ては全く之れを知らざるを通例とするが如し」と、本店と支店との関係が全く機能していない状態を危惧していたのである。

日本銀行京都出張所の綿貫吉秋は、「京都金融界動揺の真相」[21]のなかで、大阪その他に発生した金融界の混乱と京都のそれとは、戦後経済界の膨張の後退から発生したことは同様だが、両者の銀行界混乱の性格は異なると論じた。大阪、九州、桑名などで発生した金融界の混乱は、一般の銀行家と商工業者が日清戦争後に親密の関係を結んで、銀行が無謀な事業計画に貸し出しを行ったためである。このため、事業の失敗とともに機関銀行、一般銀行に関らず、資金は固定して回収できず、銀行の所有株式は非常に低落したため営業は困難を極めたためである。しかし、京都の金融界混乱の原因は、大阪のように銀行の不始末に起因したものでなく、明治三十三年来の輸入超過に原因するものであり、京都に突発的に発生したものであるとしている。このために、大阪では不始末な下流銀行から取付騒動が起り、しばらくして上流の銀行に影響を及ぼしたのに対し、京都では一流の銀行から取付騒動が開始し、次第に下流銀行へ及んだと論じている。

このように、『東京経済雑誌』や『銀行通信録』の記事によれば、明治三十四年恐慌の時期におこった銀行取付騒動、支払停止、銀行休業は単に日清戦争後の経済的要因によって拡大したのではなく、明治初頭以来の銀行業経営に内在していた様々な問題に起因するというのが一致した見解であった。その問題とは、第一に低資本金、過度の融資、関係企業との機関銀行的関係、支店の放漫経営など経営の不健全性であり、第二に銀行経営者達の銀行経営理念の欠如であった。

注

(1)「安田氏関係銀行会社の風紀粛清」(『銀行通信録』第一八〇号、明治三十三年十一月十五日)、一〇四頁、『東京経済雑誌』第一〇五三号、明治三三年十月二十七日。
(2)「銀行員の矯風方法に就て」『銀行通信録』第一八〇号、明治三十三年十一月十五日)、一〇六―一〇七頁。
(3)「九州地方の恐慌」(『銀行通信録』第一八四号、明治三十四年三月十五日)、一二三―一二四頁。
(4)「各地金融界動揺始末」(『銀行通信録』第三二巻第一八九号臨時増刊、明治三十四年七月二十五日)、三八―三九頁。
(5)「大阪貨幣市場の恐慌」(『銀行通信録』第一八六号、明治三十四年五月十五日)、九一―九九頁。
(6)同右、七六九頁。
(7)同右、七六九頁。
(8)前掲『我国に於ける銀行合同の大勢』、付録四九―五一頁。
(9)『明治財政史』第一二巻、七〇〇頁。

(10) 前掲『東京経済雑誌』第一〇五五号、二頁。
(11) 『東京経済雑誌』では、銀行破綻の原因は資本金の寡少にあるのではなく、資金の運用や重役などに問題があるとする有楽会の特別委員の見解を掲載している。とくに、銀行破綻を防ぐためには、次の三点が重要だとしている（「銀行資本制限の可否」、『東京経済雑誌』第一〇五五号、明治三十三年十一月十日、一一頁）。
一、銀行重役、特に専務の地位にある者が他会社の重役を兼務することの弊害を矯正すること。
二、公私監督の実を挙げること。
三、大銀行が小銀行に対する取引を開く上で慎重の態度を取ること。
(12) 龍窟「小銀行に対する取締」（『東京経済雑誌』第一〇四六号、明治三十三年九月八日）、一九―二一頁。
(13) 龍窟「金融界の弊竇を如何」（『東京経済雑誌』第一〇六一号、明治三十三年十二月二十二日）二〇―二一頁。
(14) 「銀行事務の誤謬」（『東京経済雑誌』第一〇六四号、明治三十四年一月十九日）、九―一〇頁。
(15) 徳富猪一郎「銀行の破綻に就て」（『銀行通信録』第三一巻第一八六号、明治三十四年五月十五日）、七三―七四頁。
(16) 土方久徴「倫敦銀行事情と我国銀行事情（二）」（『銀行通信録』第三二巻第一八八号、明治三十四年七月十五日）。
(17) 土方久徴「倫敦銀行事情と我国銀行事情（三）」（『銀行通信録』第三二巻第一九〇号、三三一―三三三頁、明治三十四年八月十五日）。
(18) 加賀覺次郎「信用調査制度の必要を論ず」（『東京経済雑誌』第一〇七五号、第一〇七六号）二四―二六頁。同（『銀行通信録』第三一巻第一八六号、明治三十四年五月十五日）。
(19) 内田定槌「身元保証会社設立の必要」（『銀行通信録』第一九〇号、明治三十四年八月十五日）、三一七―三一八頁。
(20) 井上準之助「銀行支店制度の利害得失」（『銀行通信録』第一九二号、明治三十四年十月十五日）、六八―七二頁。
(21) 綿貫吉秋「京都金融界動揺の真相」（『銀行通信録』第一九三号、明治三十四年十一月十五日）、六五―六七頁。

むすびにかえて

本稿では、明治三十四年恐慌前後の地方銀行の銀行経営が招いた銀行破綻、休業などについて考察を加えてきた。

この当時、地方銀行が預金取付を受けたり、休業あるいは破綻に陥るケースには様々なパターンがあることを確認できた。基本的には、全国各地に小資本で経営基盤の脆弱な銀行が多く存立し、これらの銀行が放漫な融資を行ったために、景気の後退や会社経営の破綻によって直接的な影響を受け全国的な銀行恐慌に発展してしまうということが明治三十四年恐慌でもみられた。また、銀行合同の遅れ、支店制度の不備なども銀行破綻をひきおこしていた原因のひとつであることも間違いない。さらに、銀行破綻や支払停止などは、銀行制度の未整備、未熟な銀行経営によって引き起こされ、さらに風説などが加わって拡大するということも理解できた。

このように銀行破綻や支払停止、休業などは複合的な原因で拡大したのだが、銀行破綻の最大の原因は、銀行経営自体の未発展、銀行役員の銀行経営知識の欠如であった。つまり、日本においては明治二十年代に急激な銀行数増加が起ったために、銀行経営者には、銀行の社会的使命についての認識が欠如し、銀行の専門的な知識も明らかに欠如していたのである。もちろん、こうした点は、明治期の株式会社経営にも共通している。こうしたなかで、政府は、低資本金を避けるためにも銀行合同を推進しようとしていた。銀行合同によって一部の銀行破綻を減少させることはできたかもしれない。しかし、日本の銀行経営者に欠如していた銀行の社会的使命など経営理念あるいは経済思想についての言及をぬきにして健全な銀行経営は実現できるはずはなく、景気の後退局面では必ず金融恐慌を引き起こすことになっていた。こうした金融恐慌の諸原因、とくに銀行経営者自身の問題については、『銀行通信録』や『東京経済雑誌』などで頻繁に取り上げられており、銀行制度の改善と共に銀行経営者そのものの問題こそが日本の信用制度の発達にとって必要不可欠であると認識されていた。しかしながら、政府の銀行合同政策は銀行の制度的改善に大きな比重が置かれ、銀行の社会的使命や銀行経営者の経営理念の問題などには十分な取り組みがなされなかったのである。

【第5章】

【第6章】

【第４章】

挿図挿表リスト

【第1章】

【第2章】

【第3章】

【わ】

索　　引

＊本書で取上げた人物・団体名を主として掲出した。

【執筆者紹介】

＊掲載順

第一章

渡辺　隆喜

（わたなべ　たかき）

明治大学文学部教授

第二章

富田　信男

（とみた　のぶお）

明治大学名誉教授

第三章

柳澤　幸治

（やなぎさわ　こうじ）

市立大月短期大学教授

第四章

加藤　　隆

（かとう　りゅう）

編著者紹介参照

第五章・第六章

秋谷　紀男

（あきや　のりお）

明治大学政治経済学部教授

【編者紹介】

加　藤　　隆（かとう　りゅう）

1931年生まれ。

明治大学名誉教授

編著書：

『殖産興業と報徳運動』東洋経済新報社、1978年

『日米生糸貿易史料　第一巻』近藤出版社、1987年

『地方財閥の展開と銀行』日本評論社、1989年

『日本史小百科・近代　金融』東京堂出版、2000年　ほか

《明治大学社会科学研究所叢書》

日本産業革命期における　地方の政治と経済

二〇〇六年三月二〇日　初版印刷

二〇〇六年三月二八日　初版印刷

編　者　加藤　隆

発行者　今泉弘勝

印刷・製本　亜細亜印刷株式会社

発行所　株式会社　東京堂出版

東京都千代田区神田神保町一-一七（〒一〇一-〇〇五一）

電話　〇三-三二三三-三七四一

郵便振替　〇〇一三〇-七-二七〇

ISMN4-490-20582-1 C3021

Printed in Japan